公益慈善学系列教材

丛书主编 周如南

公益慈善项目管理

Charity Project Management

主　编 李　健
副主编 毕向林

 西安交通大学出版社
XI'AN JIAOTONG UNIVERSITY PRESS

国家一级出版社
全国百佳图书出版单位

图书在版编目(CIP)数据

公益慈善项目管理 / 李健主编. —西安:西安交通大学出版社,2018.7(2022.12重印)
ISBN 978-7-5693-0733-7

Ⅰ.①公… Ⅱ.①李… Ⅲ.①慈善事业-项目管理 Ⅳ.①C913.7

中国版本图书馆 CIP 数据核字(2018)第 147088 号

书　　名	公益慈善项目管理
主　　编	李　健
责任编辑	赵怀瀛
出版发行	西安交通大学出版社 (西安市兴庆南路1号　邮政编码 710048)
网　　址	http://www.xjtupress.com
电　　话	(029)82668357　82667874(市场营销中心) (029)82668315(总编办)
传　　真	(029)82668280
印　　刷	西安明瑞印务有限公司
开　　本	787mm×1092mm　1/16　印张 15.875　字数 381千字
版次印次	2018年9月第1版　2022年12月第2次印刷
书　　号	ISBN 978-7-5693-0733-7
定　　价	45.00 元

读者购书、书店添货,如发现印装质量问题,请与本社市场营销中心联系、调换。
订购热线:(029)82665248　(029)82667874
投稿热线:(029)82668133
读者信箱:xj_rwjg@126.com

版权所有　侵权必究

编 委 会

丛书主编：周如南

编委会成员：

马庆钰　国家行政学院教授、博士生导师

徐家良　上海交通大学国际与公共事务学院教授、博士生导师，上海交通大学中国公益发展研究院院长

邓国胜　清华大学公共管理学院教授、博士生导师，清华大学公益慈善研究院副院长

朱健刚　南开大学周恩来政府管理学院教授、博士生导师

周如南　中山大学传播与设计学院、医学院双聘副教授，中山大学残疾人事业发展研究中心副主任，中山大学国家治理研究院研究员

李　健　中央民族大学管理学院副教授、博士生导师

俞祖成　上海外国语大学国际关系与公共事务学院副教授、公共管理系执行主任

王银春　东华大学马克思主义学院讲师，上海交通大学中国公益发展研究院兼职研究员

杨志伟　北京师范大学珠海分校法律与行政学院社会工作系主任，宋庆龄公益慈善教育中心主任

陆　璇　上海复恩社会组织法律研究与服务中心理事长

总序 Preface

随着时代的进步,慈善事业在经济社会发展方面越来越发挥着不可忽视的作用。欧美国家的慈善发展也经历了由宗教和国家主导的"福利型慈善"到社会主导的慈善的转变。二战后,慈善作为一种社会性力量前所未有地登上历史舞台,并发生了传统向现代的转变。"慈善"发展到今天,已经不再是政府行为,而是社会或民间行为。在我国改革开放初期,世界主要发达国家已经进入慈善组织和慈善事业兴盛年代。20世纪七八十年代,韦斯布罗德(Burton A. Weisbrod)的政府失灵理论、汉斯曼(Hansmann)的市场失灵理论以及萨拉蒙(Lester M. Salamon)的志愿失灵理论共同构成了西方慈善事业的经典理论,这些理论认为无论是政府部门、市场部门还是慈善部门,它们的存在是因为其他部门在应对人类需要的时候具有某种内在缺陷,导致某一部门无法完全满足人类需求。作为有别于国家社会保障的一种制度安排,慈善事业运作模式应由社会主导,动员资源主要来自社会,是一种对国家和市场履行自身功能的补充。

当前我国正处在经济社会转型的重要战略机遇期,慈善事业在参与民生保障、调节收入分配、弥合贫富差距等方面发挥了不可替代的作用,是民生建设和社会事业的重要力量,是提升国家文化软实力的重要载体、完善国家治理体系的关键环节和实施大国战略的有效补充。尤其在经历2008年汶川地震救灾以后,我国慈善事业发展取得了长足进步。国家不断鼓励民间力量投入医疗、养老等产业,中央财政继续支持社会组织服务,使公益慈善机构在各项社会服务事业中扮演着越来越重要的角色。随着各级政府审批权限的下放和社会组织与网络治理的兴起,特别是大量民间背景、公民自发成立的公益慈善组织和社会服务机构积极涌现,其在社会基本公共服务补充供给及相关社会问题解决等方面发挥着越来越重要的作用,已经成为参与社会治理的重要力量。

2016年3月16日,中华人民共和国第十二届全国人民代表大会第四次会议通过了《中华人民共和国慈善法》,并将于2016年9月1日起正式施行。这标志着中国公益慈善事业走上规范发展的快车道。当前我国公益慈善事业发展呈现出几个重要趋势。

一是从传统计划慈善走向现代全民公益。改革开放以来,随着计划经济政策下"总体性社会"的逐步解体,由市场经济建设和社会转型需要所推动的各类公益慈善组织逐步恢复生机并蓬勃发展。官办计划慈善逐步让位给民间自下而上基于需求而涌现出的慈善力量,慈善事业去行政化成为基本共识并带动全民参与的社会氛围形成。

二是从传统感性慈善走向现代专业公益。随着慈善事业的发展和成熟,慈善不再局限于好人好事和捐赠,而是以社会创新思维和行动系统解决社会问题的整套方案和实施。其中包括慈善组织管理专业化、项目管理专业化、财务管理专业化、品牌管理专业化、评估专业化、人力资源管理专业化等等,因此,一套系统教材的产出也成为时代的需求。

三是从传统个人慈善走向现代组织慈善再走向互联网与跨界创新公益。技术进步是这个时代最大的变量之一。互联网技术的日新月异不但改变了人们接受信息和传播的方式,更颠覆性地重构了组织形态和社会关系。在这个意义上,互联网时代的慈善如何实践?甚至,我们对于"慈善"概念的理解也要重新思考。公众与政府、企业、传统媒体以及公益组织的力量形成对接与整合是现代公益的必然趋势,一个"共享慈善"的时代正在到来。

面对突飞猛进的时代变化,作为研究者和行动者的我们必须有所回应。更让我们奋进的是,《慈善法》明确提出:"学校等教育机构应当将慈善文化纳入教育教学内容,国家鼓励高等学校培养慈善专业人才,支持高等学校和科研机构开展慈善理论研究。"在这个共识基础上,本套教材丛书在各位作者的精诚协作下初现雏形。各位作者均为长期关注公益慈善领域不同层面和领域的优秀青年学者,大多拥有海外相关教育背景和国内公益实践经历,从而能够在理论与实践结合、国际与本土结合等方面做到较好平衡。

本丛书是《慈善法》颁布以来针对公益慈善学专业的系列教材,采用崭新的知识体系,涵盖公益慈善学的各个方面。丛书的出版离不开各位作者的心血努力,也要感谢出版社赵怀瀛编辑的促成。因为水平和时间有限,本套教材肯定有很多不完善的地方甚至纰漏,敬请大家谅解并提出改进建议。

周如南
于中山大学

目 录
Contents

第一章　公益慈善项目管理概述 ……………………………………………… (001)
　第一节　公益慈善项目的概念及特征 …………………………………………… (001)
　第二节　公益慈善项目生命周期 ………………………………………………… (005)
　第三节　公益慈善项目组织设计 ………………………………………………… (010)
　第四节　公益慈善项目管理的五个过程组 ……………………………………… (012)
　第五节　公益慈善项目的十个知识领域 ………………………………………… (018)

第二章　公益慈善项目计划管理 ……………………………………………… (026)
　第一节　公益慈善项目策划概述 ………………………………………………… (026)
　第二节　公益慈善项目策划步骤 ………………………………………………… (028)
　第三节　公益慈善项目策划的工具 ……………………………………………… (031)
　第四节　公益慈善项目计划书 …………………………………………………… (034)

第三章　公益慈善项目筹款管理 ……………………………………………… (039)
　第一节　公益慈善项目筹款渠道 ………………………………………………… (039)
　第二节　公益慈善项目筹款策略 ………………………………………………… (042)
　第三节　公益慈善项目筹款步骤 ………………………………………………… (045)
　第四节　公益慈善项目申请书 …………………………………………………… (047)

第四章　公益慈善项目合同管理 ……………………………………………… (055)
　第一节　公益慈善项目合同管理概述 …………………………………………… (055)
　第二节　公益慈善项目合同的订立与履行 ……………………………………… (056)
　第三节　公益慈善项目合同的变更和终止 ……………………………………… (061)
　第四节　公益慈善项目违约责任 ………………………………………………… (064)
　第五节　公益慈善项目合同纠纷的处置 ………………………………………… (068)

第五章　公益慈善项目范围管理 ……………………………………………（075）
第一节　公益慈善项目范围管理概述 ………………………………………（075）
第二节　公益慈善项目范围蔓延 ……………………………………………（077）
第三节　公益慈善项目范围管理的过程 ……………………………………（077）

第六章　公益慈善项目进度管理 ……………………………………………（093）
第一节　公益慈善项目进度管理概述 ………………………………………（093）
第二节　公益慈善项目进度管理的过程 ……………………………………（095）

第七章　公益慈善项目成本管理 ……………………………………………（107）
第一节　公益慈善项目成本管理概述 ………………………………………（108）
第二节　公益慈善项目成本管理的常见问题 ………………………………（109）
第三节　公益慈善项目成本管理的过程 ……………………………………（110）

第八章　公益慈善项目质量管理 ……………………………………………（120）
第一节　公益慈善项目质量管理概述 ………………………………………（120）
第二节　公益慈善项目质量管理的基本原则 ………………………………（121）
第三节　公益慈善项目质量管理的过程 ……………………………………（123）

第九章　公益慈善项目采购管理 ……………………………………………（138）
第一节　公益慈善项目采购管理概述 ………………………………………（139）
第二节　公益慈善项目发包规划 ……………………………………………（142）
第三节　公益慈善项目询价与卖方选择 ……………………………………（143）
第四节　公益慈善项目采购合同管理 ………………………………………（145）

第十章　公益慈善项目人力资源管理 ………………………………………（149）
第一节　公益慈善项目人力资源管理概述 …………………………………（150）
第二节　公益慈善项目人力资源管理的内容 ………………………………（151）
第三节　公益慈善项目主管的能力和职责 …………………………………（154）
第四节　公益慈善项目团队创建 ……………………………………………（158）

第十一章　公益慈善项目利益相关者管理 ………………………………… (165)
第一节　公益慈善项目利益相关者管理概述 ………………………… (166)
第二节　慈善组织项目利益相关者分析 ……………………………… (171)
第三节　公益慈善项目利益相关者服务 ……………………………… (172)

第十二章　公益慈善项目风险管理 ……………………………………… (181)
第一节　公益慈善项目风险管理概述 ………………………………… (181)
第二节　公益慈善项目风险管理的过程 ……………………………… (184)

第十三章　公益慈善项目沟通管理 ……………………………………… (196)
第一节　公益慈善项目沟通管理概述 ………………………………… (197)
第二节　公益慈善项目沟通管理的过程 ……………………………… (200)
第三节　公益慈善项目冲突管理 ……………………………………… (209)

第十四章　公益慈善项目收尾管理 ……………………………………… (213)
第一节　公益慈善项目收尾管理概述 ………………………………… (215)
第二节　公益慈善项目审计 …………………………………………… (217)
第三节　公益慈善项目工作总结 ……………………………………… (223)
第四节　公益慈善项目评估 …………………………………………… (224)

后记 ………………………………………………………………………… (243)

第一章 公益慈善项目管理概述

 引例

唇腭裂儿童免费修补项目

某基金会发起了一项专门为唇腭裂儿童免费修补的慈善项目,计划为省内100名贫困儿童修补唇腭裂。项目选择省内医科大学作为定点手术医院,手术费给予特别折扣。项目从贫困农村挑选儿童到省会城市接受手术,整个手术及康复时间约为两周。项目为儿童提供手术费,并承担一位家长的差旅费。在实施过程中,该项目得到了媒体的广泛宣传和报道。然而,好景不长,项目在实施过程中暴露出一系列问题:

①许多贫困家庭的家长从来没有来过省会,不懂得住院规则。
②家长没有生活费,孩子手术后没有得到营养补充。
③有的家长不懂普通话,无法与医护人员沟通。
④医院嫌弃项目太麻烦,不愿意合作第二期。
⑤儿童手术后还是不能说话。
⑥有一名孩子注射麻醉药后不省人事,家长要控告医院及项目办。

结合该项目出现的问题,谈谈公益慈善项目管理的重要性。

第一节 公益慈善项目的概念及特征

一、公益慈善项目的概念

(一)项目

自从有了文明,人类就开始了各种有组织的活动。随着社会的发展,有组织的活动逐步分化为两种类型:一类是连续不断、周而复始的活动,人们称之为"运作"或"运营",如企业日常生产活动等;另一类是临时性、一次性的活动,人们称之为"项目",如企业的技术改造活动、公共基础设施的兴建等。有关项目的定义有很多。世界银行认为项目是指同一性质的投资,或同一部门内一系列有关或相同的投资,或不同部门的一系列投资。该定义将项目更多描述为资金的投入,对项目的界定局限性较大。美国项目管理协会(Project Management Institute, PMI)认为项目是完成某一独特的产品或服务所做的一次性工作。尽管这一简洁的定义被广泛援引,但这一定义对临时性的项目和连续重复的日常组织工作之间区分并不清晰。德国标准化学会认为项目就是在总体上符合三个条件的唯一性任务,这三个条件是:具有特定的目标,具有时间、财务、人力和其他限制条件,具有专门的组织。

总结上述定义，本书认为项目就是以一套独特而相互联系的任务为前提，有效地利用资源，在一定时间内为实现一个特定的目标所做的努力。一般来说项目要满足五个基本要素：

第一，项目有一个明确界定的目标；

第二，项目的执行要通过一系列相互联系的活动；

第三，项目需要运用到各种资源；

第四，项目有明确的起点和终点；

第五，项目包括一定的不确定性。

(二) 公益慈善项目

一直以来，公益慈善项目在研究和实践领域有着不同的定义。在研究领域，邓国胜认为公益慈善项目是指在组织内实行的相互关联并构成一个整体的一系列活动，项目的最终目标是满足某种社会需求，解决某一社会问题。杨团认为公益慈善项目是指运用一定的组织或个人以捐赠财物、时间、精力和知识等形式在特定的时间、预算、资源限定内依据计划完成一个明确目标的非营利性和具有社会效益性的活动。在实践领域，公益慈善组织对于项目的认识各有侧重。例如，某境外非政府组织对项目的界定是运用机构资金，由机构员工或支持合作伙伴实施的特定的扶贫及发展活动，包括：①按项目资金审批权限审批的项目；②按年度计划及预算设定的活动；③按需要在年度计划及预算外加设的活动。世界宣明会认为项目是有时间性的，由一个或多个子项目互相协调，以达到预期的项目目标。

公益慈善项目可以跨越不同领域或主题，用多方协作的方式，涉及不同伙伴或机构，可以有几个不同的资助来源。再以筹款为例，回顾一下项目的五个要素：明确目标(扫码送礼品)、一系列相关的行为(拜访一位潜在的捐赠者)、消耗一定的资源(对内培训志愿者)、存在风险(发布筹款信息)、时间计划(筹款箱)。需要注意的是，杰弗里·K.宾图曾指出，建筑业、日常流程中心等组织的项目通常和日常组织工作相重叠，公益慈善领域尤其如此，区分的关键是项目必须要有明确的起点和终点。比如德国墨卡托基金会就在官网上明确规定不资助无时间限制的申请。

综合上述定义，本书认为公益慈善项目就是指公益慈善领域形成的一系列独特的、复杂的并相互关联的活动，这些活动有着一个明确的目标或目的，且必须在特定的时间、预算、资源限定内，依据一定的规范完成。公益慈善项目有广义和狭义之分。广义的公益慈善项目是指为社会大众或社会中某些群体谋求利益而实施的不以营利为目的的项目，比如：政府发起实施的救助灾害、救济贫困、辅助残疾人等社会困难群体和个人的活动；教育、科学、文化、卫生、体育事业；环境保护、社会公共设施建设；促进社会发展和进步的其他社会公共和福利事业等项目；民间组织发展实施的扶贫、妇女儿童发展等项目；企业所做的公益慈善项目。狭义的公益慈善项目仅是指由公益慈善组织发起的，利用社会资源为某些群体，特别是为弱势群体谋求利益，创造社会效应的不以营利为目的的项目。

(三) 公益慈善项目类型

按照不同的标准，可以对公益慈善项目进行不同的分类。

按照项目组织形式分，可以分为：民间非营利组织的公益慈善项目，如李嘉诚基金会的"长江新里程计划";公益慈善组织发起并联合其他机构实施的项目,如中国儿童少年基金会与恒源祥集团共同发起主办的"恒爱行动";由慈善总会及社会服务机构执行的公益慈善项目,如中华慈善总会的"格列卫患者援助项目";国家机构的公益慈善项目,如中国人民解放军空军的"蓝天春蕾计划"。

按照项目内容分,可以分为:健康与医疗项目,如民政部与李嘉诚基金会联合发起的"重生行动——全国贫困家庭唇腭裂儿童手术康复计划"项目;教育与研究、社会服务项目,如立德未来的"美丽中国乡村教师奖励计划"项目;扶贫、扶弱与发展项目,如中国扶贫基金会的"共享阳光——来沪务工人员子女教育就业援助行动爱心包裹"项目;人口与性别项目,如中国人口福利基金会的"晨露国际郑州爱童园——服刑人员未成年子女救助保护幸福工程项目";环保类项目,如中华环境保护基金会的"环保嘉年华"项目;其他领域项目,如银杏基金会的"银杏伙伴"项目和亿方基金会的"菁莪计划"项目。

按照受益对象分,可以分为:与学生、教师相关的项目,如中国社会福利基金会的"免费午餐"项目;扶助贫困及弱势人群包括残障人士、老人、妇女、儿童、灾民等的项目,如"母亲水窖"、中国残疾人福利基金会的"阳光伴我行"项目;其他项目,如上海市慈善基金会、共青团上海市委会和上海市社区青少年实务办公室联合发起的"共享阳光——来沪务工人员子女教育就业援助"项目等。

按照项目范围分,可以分为:全国范围的项目,如中国妇女发展基金会的"母亲邮包"项目;地方性项目,如福建林文镜基金会的"榕树伙伴成长计划"项目。

按照项目环节分,可以分为:筹款类项目,如深圳壹基金的"为爱奔跑"项目;运作类项目,如中国华侨基金会的"光明行"项目;资助类项目,如爱佑慈善基金会的"爱佑益+"项目。

按照项目性质分,可以分为:倡导类项目,如中国扶贫基金会的"饥饿24小时"项目;服务类项目,如爱德基金会的"乡村医疗计划"项目;研究类项目,如南都基金会资助的"资助型基金会价值(案例)研究"项目;支持类项目,如浙江敦和基金会支持的"公益筹款人联盟"项目。

二、公益慈善项目管理

(一)公益慈善项目管理的概念

项目管理是第二次世界大战后期发展起来的重大新管理技术之一。我们在讨论项目管理时,往往需要将下列一些术语区分开来,它们分别是:项目群(program)、项目(project)、任务(task)和工作包(work package)。项目群一词指代那些大型的长期工作,这些工作可以分解为一系列项目,这些项目可以进一步分解为很多任务,而这些任务又进而可以分解为许多工作包,这些工作包则是由多个工作单位(work unit)组成的。

项目管理作为组织实施管理的一种方式,已经形成了整体的专业知识体系。萨拉德提出通过项目进行管理是一种重大的突破,并阐述了这种方法可以应用于任何商业和非商业活动的原因。拉塞尔·胡德对服务导向组织的全面项目管理进行了研究,其中指出组织的发展和将来竞争的本质将使得项目化的管理方法成为标准管理方法。虽然公益慈善项目实施主体比较多元,但以上学者的观点都表明了公益慈善领域能够引入项目管理的理念主要是由于项目管理的理论和方法有着较为普遍的论证。

我国学者从非营利组织、社会组织等概念角度提出了项目管理的定义。比如王名认为非营利组织项目管理是指非营利组织为了实现其宗旨,通过项目申请的方式获取资金、人力等社会资源,优化配置所获得的资源,有效地组织、计划、控制项目的运作过程,从而达到项目的既定目标,实现组织的宗旨。周俊认为社会组织的项目管理是指这样一个系统的过程:社会组织为了实现其宗旨,优化配置人力、物力等资源,有效地组织、计划、控制项目的运作,实现项目目标的过程。韩俊奎认为非营利组织项目管理,即在秉持非营利理念的前提下,项目团队充分运用知识、技能、工具,为实现项目目标开展的一系列协调、组织和实施的活动。杨团认为慈善项目是指运用一定的组织或个人以捐赠财物、时间、精力和知识等形式在特定的时间、预算、资源限定内依据计划完成一个明确目标的非营利性和具有社会效益性的活动。

综合上述定义,本书中将公益慈善项目管理特指为将项目管理的知识体系与技术方法应用于公益慈善领域,有效管理慈善项目的过程。

(二)公益慈善项目管理的特征

在管理知识体系方面,公益慈善项目管理与其他类型的项目管理具有共性,都是运用专业性的项目管理知识来运营组织项目,实现组织目标。但是,公益慈善活动具有它的特点,这些特点直接决定了公益慈善项目管理与其他项目管理之间的差异性。

1. 非营利性

公益慈善项目通常是为了实现公益慈善目的,消耗社会资源提供社会服务,以志愿性、非营利性为特点,尽管个别项目也有可能伴随交易性活动,但收益也应用于公益慈善活动,而不允许在成员之间进行分配。

2. 复杂性

相比其他类型的项目,公益慈善项目投资规模小,项目周期短,但公益慈善项目要解决的问题通常较为复杂,利益相关者数量多,往往存在资助方(企业、资助型基金会等)、项目运作主体、项目服务主体和被资助方等。公益慈善项目管理不仅要致力于问题的解决,还需要协调好这些利益相关者的关系,如果在与一方的交流上出差错,项目就会很难实施下去。

3. 社会性

公益慈善项目管理的社会效益要大于经济效益。因为公益慈善活动作为社会保障体系的重要组成部分,还承载着应对社会风险、缓解社会矛盾、促进社会平等、保持社会稳定等诸多功能。在对公益慈善项目管理的评价上,不仅涉及经济效益评价,还包括重要的社会效益评价。此外,由于大多数公益慈善项目成果的政治和社会影响较大,因此对于项目交付期、成本和质量控制的要求都很高,也同时强调了在项目管理过程中应用各种项目管理技术的重要性。

4. 国际性

随着项目管理的不断增多,国内公益慈善组织的发展也如雨后春笋般成长起来,越来越多的公益慈善组织通过与境外非政府组织开展合作,掌握了较高的项目操作和管理水平。由于制度文化背景差异,在项目管理过程中更加强调跨文化因素,对项目成员的沟通和协调能力有着更高的要求。

5.公开性

在运营规则上,由于公益慈善项目运作包含着捐赠行为、筹款行为以及志愿服务等一系列蕴含了道德意识和社会信任等道德内涵的行为活动,因此公益慈善项目管理的运营更加强调项目管理的透明、公正以及规范性。在一些欧美发达国家,已逐步形成一套机构自律和政府监管并重的机制,慈善捐赠成为"玻璃口袋"里的透明事业。

第二节 公益慈善项目生命周期

一、公益慈善项目生命周期的概念

从本质上讲,项目需要在规定期限内完成特定的任务并实现相应的目标,从而经历一个从提出到完成的过程。项目生命周期(project life cycle)是通常按顺序排列而有时又相互交叉的各项目阶段的集合。公益慈善项目的生命周期,就是一个公益慈善项目从概念到完成所经过的各个阶段。公益慈善项目管理是通过公益慈善项目的生命周期管理得以实现的。赖因哈德·施托克曼将公益慈善项目的生命周期粗略地划分为规划阶段、项目期限内的实施阶段和项目资助结束后的阶段。一个公益慈善项目根据实际要求可以划分成多个阶段,例如:世界宣明会将公益慈善项目周期分为了六个环节:需求评估、设计、监测、后期评估、反思与过渡等;北京亿方公益基金会的项目周期包括项目筛选、审批立项、启动拨款、实施监测、结项总结、项目后续。在本书中,我们采取通用的方式,将公益慈善项目的生命周期分为项目立项期、项目启动期、项目发展成熟期以及项目完成期四个阶段(如图1-1所示)。由于项目的本质是在规定期限内完成特定的、不可重复的客观目标,因此,所有项目都有开始与结束。但许多项目,由于意料之外的环境变化,即使在接近原先规划的最后阶段时,也可能重新开始。即使在同一个项目中,这种周期也可能会有多种变化。比如大型、复杂、周期长的公益慈善项目,各方面进行调整的可能性较大;而那些小型、简单、周期短的公益慈善项目,管理起来相对简单,部分环节可以精简和压缩。此外,公益慈善项目的生命周期也与对工作细节的关注度、文档管理、项目交付等要求密切相关。

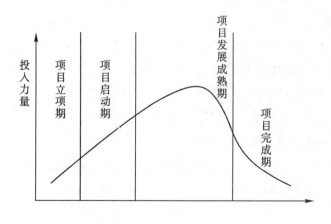

图1-1 公益慈善项目生命周期

二、公益慈善项目生命周期划分

（一）公益慈善项目立项期

在项目立项期，项目团队往往热情高涨、充满理想，但此时项目的目标却往往不够清晰。这一阶段的关键任务是明确项目概念和制定计划，使之能够指导未来的项目活动，具体包括阐明项目意义、确定项目规格、提出工作方案、明确职责划分。

1. 项目策划与设计

这是一种具有创造性、探索性的思维过程，通过把所有可能影响决策的因素总结出来，提出解决方案，最终实现目标。在策划与设计过程中，需要阐明项目的理念和发展方向，尤其应该以国家政策法规、社会现实需求与走向、捐赠者意愿、公益慈善组织自身能力和资源为基本依据，按照严格的程序和流程进行。这一阶段主要回答项目的必要性和可行性问题。

必要性是审查项目开展的实际意义和潜在价值，主要回答"该问题是否属于公益慈善项目范畴"这一问题。必要性分析一般包括现状描述、成因分析、发展趋势等方面核查判断，主要是通过搜集并分析丰富的信息资料，借助缺乏和没有项目支持情况的反面材料，论证开展项目的必要性，强调和突出实施项目的意义，并提出相应的解决方法。必要性论证需要立意高远，指向明确。因为公益与公共存在较多的重合，许多公益慈善组织的项目策划与设计不够严谨，设计成了政府公共项目。而一般公益慈善项目往往涉及的是政府或市场力量无力或不能解决的领域，而不是重复性工作。

可行性是编制项目任务的重要依据，也是进行初步设计和项目管理的重要环节，主要回答"该问题是否能够由公益慈善项目给予解决"这一问题。可行性分析不仅要对拟议中的项目进行系统分析和全面论证，判断项目是否可行，反复比较寻求最佳建设方案，还要明确项目目标的总体技术路线的可操作性审查，包括物质技术条件、人力资源条件、科技支持条件、关键技术指标、项目管理制度设计、财务管理考察等。

2. 项目立项

立项就是指项目获得资助方同意。要使一项策划与设计进入正式的实施阶段，需要通过立项这一关键环节。立项阶段主要解决是否做和选择谁做的问题。前者主要取决于项目的资助方，后者需要在国家的政策法律框架内，结合组织自身能力特点进行。

在公益慈善项目立项阶段，项目主管与项目资助方就项目概念和项目战略进行谈判是一项关键的任务，因为项目资助者是最关键的利益相关者，所以必须要与之达成一致意见。另外，还要与项目资助方就项目期限和全面资源计划进行谈判，这不仅关系到项目的执行，还能促进项目团队与项目资助方之间建立良好、清晰的合作关系。

（二）公益慈善项目启动期

在项目启动期，项目的规划将逐步成为现实，其中包括一些为了实现项目目标而采取的实际措施与行动。这一时期主要包括启动和计划两个环节的工作。

1. 启动

"项目不是在结束时失败，而是在开始时失败！"这句话深刻地解释了项目启动的意义。在项目的启动期,最有可能在各个方面产生矛盾与冲突,会产生许多管理上的挑战。要确保公益慈善项目的顺利实施,必须重视启动阶段的工作。启动阶段的主要任务是组建良好的项目团队,公益慈善项目团队要特别注重志愿奉献精神,坚持公益导向,而不是商业项目的利益导向。另外,公益慈善组织往往内部人员数量较少,项目团队也是少而精,分工也不够明确,往往要求成员具备多面手的能力。项目团队组建后,召开一次项目启动会议是项目正式开始的标志,具有里程碑的意义,其核心目标是组建一个执行力较强的项目团队,建立团队内外部的沟通制度。启动会最好有管理者参加,主要是进一步强化对项目开展意义的认识,向团队提出压力和期望。但并不是所有的项目都需要举行启动会议,一些小型的公益慈善项目通常并不举行启动会。

2. 计划

这一阶段主要是完成项目计划和进程的制定,为项目执行做准备。总体来说,项目计划应该以原始计划为依据,确定工作的详细划分及相应的产出,明确工作任务排序,确定任务所需要的资源,包括时间、人力、财力和物力在内的各种资源(如图1-2所示)。

图1-2 公益慈善项目运行计划流程

(三)公益慈善项目发展成熟期

随着项目的推进,团队之间的合作与沟通进一步强化,各项工作的进展都会加快。项目管理的重点,也从早期整合协调阶段发展到比较成熟的阶段。在这一时期的重点工作是:

1. 完善和优化工作流程

在项目发展成熟阶段,项目团队的关键工作是持续保持项目的动力,以及管理正在发展着的项目。大多数项目的主要问题不再是管理项目团队的个人工作,而是着重处理项目发展过程中对其他方面能够产生影响的特殊事件和互动关系。例如一项工作中关键资源欠缺,或者某一项工作拖延,都会迅速地影响到项目其他工作的正常进展。因此,在项目发展成熟阶段,管理工作的重点应该放在工作流程上,而不是项目团队中其他成员的实际工作上。

2. 明确关键路径

在项目工作网络图中存在一条数学意义明确的关键路径,项目过程中工作上的一些微小延误都会改变关键路径。因此,项目主管应该随时确认最新的关键路径,并且及时通知项目团队中的每一位成员。

3. 培养团队合作精神

每一位成员都要理解合作的价值,而不是通过互相争夺资源来维护自己"狭隘的利益"。但合作的目标是任务导向的,为此,团队应致力于发展适度竞争的氛围,并使其向健康的方向发展,这非常有利于公益慈善项目发展。

4. 评估关键节点

在项目中有许多相互依赖、相互影响的工作,因此,一些工作的结果往往直接影响到下一步的工作。项目主管必须时刻审查相互依赖工作之间的变化,以及这些变化对项目其他工作所产生的影响。不然任何一步工作出现了问题就容易产生多米诺骨牌效应,进而导致项目失败。

5. 及时准确的沟通

当项目的各项工作有序展开的时候,项目主管应担负起建立、维护组织沟通渠道的任务,并且成为沟通的平台。成功的项目主管应认识到,团队成员不仅需要了解他们所从事的工作,也需要了解所从事工作的背景。关于维护组织的沟通渠道主要应注意外部因素的影响、临时会议的重要性、提高沟通效果几个方面的内容。

6. 表彰与激励

作为成功项目的重要特征,表彰是一种非常重要的项目管理行为,它可以使项目成员获得成就感,以及对组织的归属感,另外,还可以使团队成员更加注重工作的成绩,从而使项目顺利开展。

(四)公益慈善项目完成期

即使对于成功的项目而言,项目的完成阶段也是最危险的时期。在项目的这个阶段,团队人员就会很容易认为,项目将很快完成,态度就会变得松懈,一些突发性的因素会积累出现,而项目的服务对象或资助方往往对项目抱着过高的期望。

在项目的这个阶段,需要大量认真的工作,项目主管应该在项目日常工作中发挥重要的积极作用,在这个阶段要更加直接地管理项目的各项工作。因此,在项目完成阶段,项目主管要面临许多特殊的挑战,需要采取更加细致周全的措施。

1. 要确保每项关键工作顺利完成

在项目最后阶段,项目主管已经失去了许多对项目合作方或利益相关者的约束力,项目成员以及合作方经常忽略一些非常重要的细节因素。因此项目主管必须使项目保持在持续运营的状态,坚持与项目的关键人员保持密切联系,避免可能阻碍项目进展的因素出现。

2. 避免项目范围蔓延

工作范围的扩大可能会导致项目周期延长,增加项目成本。必须意识到项目本身的有限性,防止无限扩大工作范围。

3. 帮助相关人员正常退出

项目具有临时性,随着项目的完成,团队成员解散是正常现象,这符合项目管理程序。但在实际工作中,项目团队成员对项目是有感情的,尤其许多项目是在干中学中不断完善的,从慈善组织可持续性发展和成员情感的角度,都希望项目能够持续进行,这一方面应给予灵活处理。

4. 传递学习经验

项目主管还要承担的一项义务就是将项目中的经验传递给同类项目的团队。因而,项目主管的工作重点应该放在项目记录和学习经验的整理方面。由于要等到项目真正完成后才进行项目的事后分析总结,这个时候就是收集相关资料的关键时期,因为随着项目成员和其他合作方的陆续退出,大量的数据和记录的获取就会变得更加困难。

综上所述,项目生命周期为管理项目提供基本框架,清晰明确地阐释各阶段在时间、人员、成本、资源投入、活动范围、可交付成果等方面的结构指导,以使项目主管更好地监测管理过程和可交付的成果。

表1-1列出了某基金会采取项目周期管理的方式监管项目进展。

表1-1 项目周期管理表

项目周期	活动流程/内容		产出	说明/备注
	×××项目周期管理情况表			
	项目管理流程	合作伙伴管理流程	文档内容	
意向洽谈			—	
审批立项				
启动拨款				
			—	
实施监测				
结项总结			—	
			—	

三、公益慈善项目生命周期的特点

公益慈善项目生命周期具有以下几个特征：

1. 项目资源投入的变动性

对成本和工作人员的需求最初比较少，在向后发展过程中需求越来越多，当项目要结束时又会剧烈地减少。

2. 项目风险的变动性

在项目开始时，成功的概率是最低的，而风险和不确定性是最高的。随着项目逐步地向前发展，成功的可能性也越来越高。

3. 项目变更费用随项目进程的急剧增长性

随着项目的推进，项目变更和纠错的花费将急剧增长，错误发现的越晚，修正的成本将呈现几何级数增长。因此，在每个项目阶段结束时应及时进行总结回顾，尽可能以较小的代价纠正错误，将偏差和错误"扼杀在摇篮里"。

4. 利益相关者的影响

在项目起始阶段，项目涉及人员的能力对项目的最终特征和最终成本的影响力是最大的，随着项目的进行，这种影响力逐渐削弱。这主要是由于随着项目的逐步发展，投入的成本在不断增加，而出现的错误也不断得以纠正。

第三节 公益慈善项目组织设计

一、公益慈善项目组织设计概述

基于项目的组织（project-based organizations，PBO）是指建立临时机构来开展工作的组织形式。采用PBO可以减轻组织中的层级主义和官僚主义，因为在PBO中，考核工作的成败依据是最终结果，与职位或政治因素无关。在PBO中，大部分工作都被当成项目来执行，或按照项目方式而非职能方式进行管理。项目组织设计是一个动态的工作过程，包含了众多的工作内容。公益慈善项目组织设计是指对以公益慈善组织结构为核心的组织系统进行的整体设计工作，管理者将组织内各要素进行合理组合，建立和实施一种特定组织结构的过程。新建的公益慈善项目、原有结构出现较大问题或项目目标发生变化的公益慈善项目、原有组织结构需要进行重新调整的公益慈善项目都需要进行公益慈善项目组织设计。

公益慈善项目组织设计的实质是对项目成员的劳动进行横向和纵向的分工。科学地进行组织设计，要根据组织设计的内在规律性有步骤地进行，才能取得良好效果。公益慈善项目组织设计的任务是设计清晰的项目组织结构，规划和设计项目组织中各部门的职能和职权，确定项目组织中职能职权、参谋职权、直线职权的活动范围并编制职务说明书。

二、基于公益慈善项目的组织

一般而言，公益慈善项目可以采取职能型、项目型和矩阵型三种。

职能型组织结构是一种自上而下的科层制。项目主管由组织内部人员兼任，负责项目的组织实施，他们听命于上级职能部门。项目团队工作人员分散在组织的各部门。在这种组织结构中，会产生权力分配问题进而影响到项目的实施及效果。该项目团队的设置在官方背景较强的公益慈善组织或小型公益慈善组织中比较常见。

项目型组织往往单独设立项目部门,项目主管有很大的权限对资金、人员、议程等进行设置。这种组织结构中,项目团队工作状态较稳定,项目主管需要处理的矛盾也小,每个团队的工作任务聚焦,团队成员对公益慈善事业的忠诚度较高。但设置这样的项目部门成本较高,技术支持难度较大,不同项目之间的交流和整合也比较困难。很多大型公益慈善组织的创新性项目会采取这一方式。

矩阵型组织试图结合前两种组织结构的优点,其结构居于职能式和项目式之间:项目主管获得部分权限,项目团队成员由全职和兼职混合组成。这在较大程度上解决了组织横向交流合作与纵向管理的问题,冲突较小,时间、成本和任务的协调较好。但矩阵式管理中容易产生双重领导、监督与控制难度加大等挑战。目前采用矩阵式结构的公益慈善组织较多。

上述三种类型的组织结构设计并无优劣之分,而是组织根据自身特点、项目需要以及外部环境所做出的理性选择。在项目组织形式的选择时,需要了解哪些因素制约着项目组织的选择。表1-2列出了一些可能的因素与组织形式之间的关系。

表1-2 影响公益慈善项目组织结构选择的关键因素

影响因素	组织结构		
	职能型	项目型	矩阵型
不确定性	低	高	高
所有技术	标准	新	复杂
复杂程度	低	高	中等
持续时间	短	长	中等
规模	小	大	中等
重要性	低	高	中等
服务对象类型	各种各样	单一	中等
对内部依赖性	弱	强	中等
对外部依赖性	强	强	中等
时间限制性	弱	强	中等

一般来说,职能型的组织结构比较适用于规模小、偏重于技术的公益慈善项目,而不适合于环境变化较大的公益慈善项目。因为,环境变化需要各个部门之间的紧密合作,而职能部门本身的存在以及权责的界定成为部门间密切配合不可逾越的障碍。当一个公益慈善组织有很多项目或项目的规模较大、技术复杂度高时,应该选择项目型的组织结构。同职能型组织相比,在对付不稳定的环境时,项目型组织显示出了自己潜在的长处,这来自于项目团队的整体性和各类人才的紧密合作。同前两种组织结构相比,矩阵型组织形式无疑在充分利用资源上显示出了巨大的优越性,由于融合了两种结构的优点,这种组织形式在进行技术复杂、风险以及规模较大的项目管理时呈现出了明显优势。图1-3列出了中国扶贫基金会的组织设计,可见矩阵型组织已经成为诸多大型公益慈善组织的基本项目运行方式。

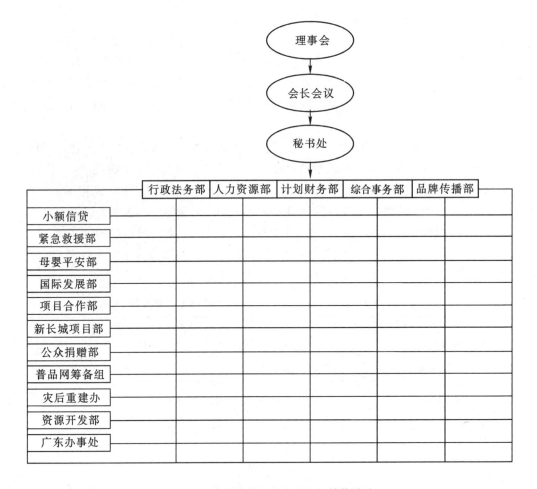

图1-3 中国扶贫基金会的组织结构设计

第四节 公益慈善项目管理的五个过程组

一、公益慈善项目管理过程

公益慈善项目管理知识体系是由具体的项目管理过程组成的,一般来说,每个公益慈善项目都包含两类基本过程:一类是项目的业务过程;另一类是项目的管理过程。这里的"过程"是指能够生成具体结果的系列活动,业务过程是指生成项目产出物的业务活动,管理过程则是指项目全过程及各个阶段所开展的项目管理活动。虽然不同项目的业务过程会有所不同,但是每个项目和项目阶段都需要有一个完整的项目管理过程。公益慈善项目管理是一个渐进的过程,千万不可盲目追求进度而压缩流程,遵循公益慈善项目管理的过程对公益慈善项目的顺利完成至关重要。

(一)启动过程组

1. 定义

启动过程组(initiating processes)是包含开始一个新项目或现有项目新阶段的一组过程,

即定义一个项目或项目阶段的工作与活动,决策一个项目或项目阶段的开始与否,或决策是否将一个项目或项目阶段继续进行下去的工作。

2. 主要内容

公益慈善项目启动过程组的主要内容有目标确定、范围界定、工作分解、工作排序、成本估计、人员分工、资源规划、质量保证和风险识别,这是由一系列决策性的项目管理工作所构成的项目管理过程。

3. 主要任务

公益慈善项目启动过程组的主要任务是:在确定公益慈善项目之前,对社会环境、资源等进行深入、具体、细致的调查和分析,结合组织自身条件确定公益慈善项目的价值与服务理念;识别那些将相互作用并影响项目总体结果的内外部利益相关者,确定公益慈善项目主管;同时还应该考虑到自身的资源,落实初步的人力资源、财务资源和物力资源。再将这些内容反映在项目合同中,一旦合同获得批准,项目也就获得了正式授权。

4. 主要作用

启动过程组的主要作用是保证利益相关者的期望和项目目标一致,让利益相关者明确项目目标,同时让利益相关者明白他们在项目和项目阶段中的参与,有助于实现他们的期望。本过程组有助于设定项目愿景——需要完成什么。让发起人和其他利益相关者参与启动过程,可以建立成功标准的共同理解,降低参与费用,提升可交付成果的可接受性,提高服务对象和其他利益相关者的满意度,从而保证项目能够有效实施。

其中,项目主管是项目团队的代表,是项目启动后项目全过程管理的中枢,是项目管理中的核心,是项目有关各方协调配合的桥梁和纽带。项目主管要负责沟通项目的各个方面,协调和解决矛盾和冲突。项目主管的职责主要有:指导和监测项目的日常工作;如实反映情况并妥善处理突发事件;及时回收所有应当收进的资金。

(二)计划过程组

1. 定义

计划过程组(planning processes)也叫规划过程组,是包含确定项目范围和细化目标,并为实现目标制定行动方案的一组过程。

2. 主要内容

计划过程组的主要内容有:拟定、编制和修订一个项目或项目阶段的工作目标、任务、工作规划方案和管理规划、范围规划、进度规划、资源供应规划、费用规划、风险规划、质量规划以及采购规划等。这是由一系列规划性的项目管理工作与活动所构成的项目管理工作过程。

3. 主要任务

项目计划过程组的主要任务是明确公益慈善项目的起点和终点,在了解各方需求后,确定公益慈善项目的对象、范围、期限、成本、风险等因素以及预期要达到的目标后,制定执行项目规划。项目计划包括时间进程、项目成本、资金筹措、风险控制等,项目流程要明确等款流程、资金管理流程、实施流程和信息披露流程等。公益慈善项目内容不同,方案和流程也会有所不同。同时,项目主管要以项目管理计划书和项目文件的形式向各部门阐述其各自的职责和任务,在计划项目、制定项目管理计划和项目文件时,项目团队应当征求所有利益相关者的意见,鼓励所有利益相关者参与。

由于不能无休止地收集反馈和优化文件,组织应该制定程序来规定初始计划何时结束。

在制定这些程序时,要考虑项目的性质、既定的项目边界、所需的监测活动以及项目所处的环境等。规划过程组内各过程之间的其他关系取决于项目的性质。例如,对某些项目,只有在进行了相当程度的计划之后才能识别风险。这时候,项目团队可能意识到成本和项目目标过于乐观,因为风险比原先估计得多。

4. 主要作用

项目计划过程组的主要作用是为成功完成项目或阶段确定战略、战术及行动方案或路线。对计划过程组进行有效管理,可以比较容易地获取利益相关者的认可和参与。

(三)执行过程组

1. 定义

执行过程组(executing processes)也叫实施过程组,是包含协调人员与其他资源,具体实施项目管理规划以满足项目规范要求的一组过程。

2. 主要内容

执行过程组的主要内容有:组织协调资源,组织协调各项任务与工作,实施质量保证,进行采购,激励项目团队完成既定的各项计划,生成项目产出物,等等。这是由一系列组织性的项目管理工作与活动所构成的项目管理工作过程。

3. 主要任务

项目启动过程组和计划过程组是进行公益慈善项目的前期准备,真正完成公益慈善项目进行的活动则始于执行过程组。这一阶段的主要任务是运用各种手段和技术执行项目规划,完成项目计划中确定的工作,以满足项目规范要求。在规划执行的过程中,要保证公益慈善项目的质量,通过激励等方式加强项目团队建设,注意利益相关者、合同管理等。在这一阶段占用了大量的资源,需要使用适当的专业知识,并且还充满风险。通常来说,小型公益慈善组织无力支付顾问费用来开发必要的表格和软件以成功地实施计划,为执行过程寻找专门的资金资助或寻求非全日制工作人员和志愿者的帮助,或许可以帮助小型公益慈善组织克服这些困难。

此外,在项目开始实施之前,项目主管要把项目任务书发放给参加该项目的主要人员。因为项目任务书中对项目进度、项目质量标准、工作内容、项目范围等都有跟踪记录,能够有效地督促项目按要求实施。此外,项目管理信息系统是项目执行过程中非常重要的手段,一定要充分加以利用。

4. 主要作用

项目执行过程组的主要作用是按照项目管理规划来整合资源,管理相关利益者期望,以及整合并实施公益慈善项目活动。

(四)控制过程组

1. 定义

控制过程组(controlling processes)是包含定期监测和评估绩效情况,发现偏离项目目标和项目管理规划之处,采取相应的纠正措施以保证项目目标实现的一组过程。

2. 主要内容

控制过程组的主要内容有:制定标准,监督和测量项目工作的实际情况,分析差异和问题,采取纠偏措施,整体变更控制、范围核实与控制、进度控制、费用控制、质量控制,团队管理、利益相关者管理、风险控制以及合同管理,等等。这是由一系列控制性的项目管理工作与活动所构成的项目管理工作过程。

3. 主要任务

由于公益慈善项目的一次性特点,导致公益慈善项目管理的控制无现成的标准参考,而且公益慈善项目的运作过程中常常会有突发事件,使得公益慈善活动的风险巨大,影响因素极为复杂。为了保证项目的有序进行,需要对项目实施风险控制管理。

控制过程组的主要任务是:跟踪、审查和调整公益慈善项目进展与绩效,识别必要的计划变更,推荐纠正措施,或者为可能出现的问题推荐预防措施;对照项目管理计划和项目绩效测量标准,监督正在进行中的项目活动,如果发现出现了偏差,一定要及时仔细地对引起偏差的原因进行分析,并制定适当的应对措施;对导致规避整体变更控制的因素施加影响,确保只有经批准的变更才能执行。

4. 主要作用

控制过程组的主要作用是:首先,监测实施过程,检验实施结果,及时发现工作中存在的问题,总结经验,为下一步工作明确方向。其次,可以及时了解成员的工作情况,调整工作安排,合理利用资源,促进完善规划内容,促进项目统筹对人员的认识,统计并了解项目总体进度,有利于项目人员考核。同时,也能对服务对象及社会做出交代,为专业问责做好准备,从而增加公益慈善项目透明度,维护公益慈善组织公信力,给予公益慈善事业正能量。

(五) 收尾过程组

1. 定义

收尾过程组(closing processes)是包含完结所有过程组的所有活动,并有序地进行结束项目或项目阶段的一组过程。

2. 主要内容

收尾过程组的主要内容有:制定项目或项目阶段的移交与接收条件,完成项目或项目阶段成果的移交,进行项目收尾和合同收尾,使项目或项目阶段顺利结束,等等。这是由一系列文档化和移交性的项目管理工作与活动所构成的项目管理工作过程。

3. 主要工作

根据公益慈善项目规模大小,结束时可能集结了或多或少的资源。临近结尾时,绝大部分资源已经耗尽或转化。如何保证余下的项目质量,并合理充分转化剩余资源,是提高项目管理效益的关键。由于收尾时组织相对混乱,收尾工作又比较琐碎,容易被忽视,因此,该过程既重要又困难。收尾过程组的主要工作包括项目验收、合同收尾和行政收尾,它们彼此之间的关系如图1-4所示。

项目验收是指公益慈善项目在正式结束前,验收方面的人员要对已经完成的工作成果或项目活动结果重新进行审查,核查项目规划规定范围内的各项工作或活动是否已经完成,可交付成果是否令人满意。如果项目没有全部完成而提前结束,则应查明有哪些工作已经完成,完成到了什么程度,哪些工作没有完成,并将核查结果记录在案,形成文件。参加范围核实的项目班子和接收方面的人员应在有关文件上签字,表示对项目已完成范围的认可和验收。

合同收尾就是了结合同并结清账目,包括解决所有尚未了结的事项等。而且项目在交付最终成果或因故终止时,必须做好行政收尾工作。行政收尾工作就是编写和散发信息、资料和

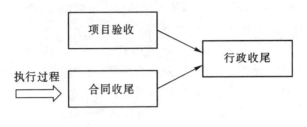

图1-4 项目收尾工作

文件,正式宣布项目或项目阶段的结束。

公益慈善项目的收尾环节是影响项目公信力的一个重要环节,在项目实施完毕后,对其进行经验总结与反思是极其必要的,也就是将项目执行过程中所显现或未显现的各类问题加以汇总,并将项目执行过程中的优点进行量化或质性分析,从而避免类似问题的发生或继续保持好的方面并加以优化提升。

4. 主要作用

项目收尾过程组的主要作用是总结经验教训,正式结束项目工作,为开展新工作而释放组织资源。

二、公益慈善项目过程组的关系与作用

(一)公益慈善项目管理过程组循环

公益慈善项目管理过程组之间是以它们所产生的成果而相互联系的,是一种过程交互的关系。项目管理过程的五个过程组构成了一个项目管理过程的循环,启动过程组是循环的开始,收尾过程组是循环的结束,而控制过程组与其他过程组的所有方面相配合。各个项目管理过程组通过它们的工作成果相互关联,一个过程的输出往往是另一个过程的输入或项目的最终产出物。项目规划过程组的输出为项目执行过程组提供了输入。在项目执行过程中,还需要对项目的管理规划进行变更。公益慈善项目管理过程组的依据和成果是它们相互之间的关联要素。一个公益慈善项目管理过程组的结果或成果可以是另一个公益慈善项目管理过程组的依据,所以各个公益慈善项目管理过程组之间都有文件和信息的传递。当然,这种依据和成果的关系有时是单向的,有时是双向的。例如,一个公益慈善项目管理过程组中的规划过程组,首先要为执行过程组提供公益慈善项目规划文件,然后又从执行过程组获得各种新的情况和更新资料。图1-5说明了公益慈善项目管理过程组之间的这种关系。

由图1-5可以看出,在一个公益慈善项目管理过程的计划过程组、执行过程组和控制过程组之间的依据和成果都是双向的,而启动过程组和收尾过程组之间的依据和成果则是单向的。

另外,控制过程组不仅会直接影响执行过程组,而且会影响计划过程组。这就是说,当控制过程识别到某些变化影响到了计划的内容,就需要从控制过程组重新进入计划过程组,修改计划后再进入执行过程。这样就保证了任何变化都不会使慈善项目的发展脱离正确的轨道,保证变化后的执行阶段的工作仍然有章可循。同样地,要进入收尾过程组,就必须通过控制过程组,而不是从执行过程组直接进入收尾过程组,这样就保证了项目在满足目标要求的前提下才能结束。这五大过程组并非一定对应慈善项目的阶段划分。但不论阶段如何划分,不论阶段规模大小,在每个阶段中都应该可以运用这五个过程组。也就是说,如果把公益慈善项目的

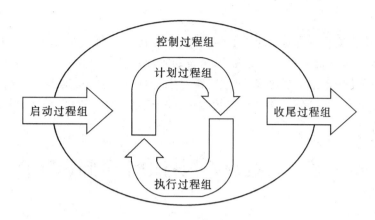

图 1-5 项目管理过程循环

某个阶段视为一个子项目,那么这五个公益慈善项目管理过程组仍然有效。因此,在公益慈善项目的不同层次、不同阶段,虽然各方面的条件可能差异很大,但作为一套方法,这五大过程组对于所有的公益慈善项目都具有一定的普遍意义。

(二)公益慈善项目管理过程组的相互作用

公益慈善项目管理过程组不是孤立的事件或一次性实践,公益慈善项目启动、计划、执行、监测和收尾五个过程组按一定顺序发生,以它们所产生的输出相互联系,在整个项目期间互相重叠。在实践中,公益慈善项目管理各过程组之间是相互制约、循环作用的,项目控制过程组应该与其他所有过程组相互作用。另外,公益慈善项目具有临时性,故需要从启动过程组开始,收尾过程组结束。项目控制过程组从公益慈善项目开始直至公益慈善项目收尾都一直存在,跨越了整个公益慈善项目全过程;而项目计划过程组和项目执行过程组也几乎如此。因此,公益慈善项目管理是一个综合性的过程,需协调好每一个过程组与其他过程组的配合、联系和作用。

图 1-6 体现了各过程组在项目的不同时间段是怎样相互交叉重叠的。启动过程组最先开始,但在其尚未完成之时,项目的计划过程组就已经开始了。控制过程组在计划过程组之后开始,但它的开始先于执行过程组,因为控制过程组中有很大一部分管理工作属于事前控制工作,因此它必须预先开始。收尾过程组在执行过程组尚未完成之前就已经开始,这意味着收尾工作中涉及许多文档准备的工作可以提前开始,在执行过程完成以后所开展的收尾工作就只

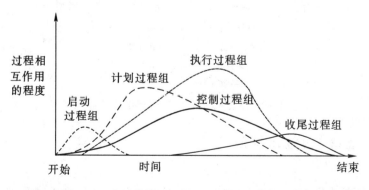

图 1-6 公益慈善项目管理过程组之间的相互作用

剩下交接工作了。

总之,公益慈善项目管理是一个综合性的过程,需协调好每一个过程与其他过程的配合、联系和作用。为了让项目顺利的取得成功,公益慈善项目管理团队必须注意:选用合适的过程来实现项目目标;使用已定义的工具、方法来满足慈善项目要求;遵循要求以满足慈善项目利益相关者的需要和期望为原则,并进行持续改进;平衡项目范围、进度、成本、质量、资源和风险等知识领域的作用。

第五节 公益慈善项目的十个知识领域

一、十个知识领域

公益慈善项目的十个知识领域(project management knowledge areas)是在公益慈善项目管理中所要用到的各种知识、理论、方法和工具及其相互关系的集合。慈善项目管理知识领域中包含许多方面的内容,这些内容按一定的方式构成一套完整的公益慈善项目管理知识领域。在具体的公益慈善项目实践中,项目团队应该根据需要使用这十个知识领域。这十个知识领域如图1-7所示。

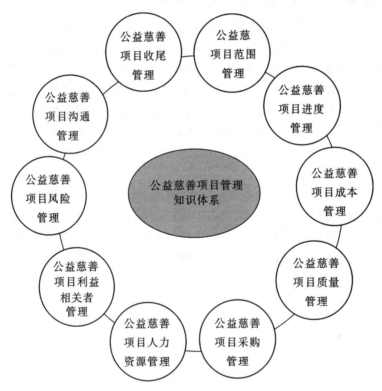

图1-7 公益慈善项目管理十个知识领域

(一)公益慈善项目范围管理

1. 内容

公益慈善项目范围管理(project scope management)包括确保公益慈善项目包含且只包

含所需要完成的工作,以顺利完成项目的各个过程。

2. 目的

公益慈善项目范围管理的根本目的是要在公益慈善项目开始时能很好地界定项目范围,在项目实施中能很好地控制项目范围,从而确保公益慈善项目成功。

3. 主要工作

项目范围管理的主要工作包括五个部分:第一,需求调研,为实现项目的目标而定义并记录利益相关者的需求的过程;第二,定义范围,即制定项目详细描述的过程;第三,创建工作分解结构(work breakdown structure,WBS),即将慈善项目可交付成果和项目工作分解为较小的、更易于管理的组成部分;第四,控制范围,即正式验收项目已完成的可交付成果的过程;第五,核实范围,监督项目的范围状态,管理范围基准变更的过程。

(二)公益慈善项目进度管理

1. 内容

公益慈善项目进度管理(project schedule management)包括为确保公益慈善项目按时完成所需的过程。

2. 目的

公益慈善项目进度管理的根本目的是采用科学的方法确定进度目标,做好项目进度的计划与安排、项目进度的监督与控制等管理工作,从而确保公益慈善项目能够按时完成。由于公益慈善项目实施过程中目标明确,而资源有限,不确定因素和干扰因素较多,主客观条件不断变化,计划也随着改变,因此,在公益慈善项目实施过程中必须不断地掌握项目实际状况,并将实际情况与计划进行分析对比,必要时采取有效措施,使项目进度按预定的目标进行,确保目标的实现。

3. 主要工作

项目进度管理的主要工作包括:第一,定义活动,识别完成项目需要采取哪些具体行动;第二,排列活动顺序,识别和记录公益慈善项目活动之间的逻辑关系;第三,估算活动资源,活动所需人员及物品的种类和数量;第四,估算活动持续时间,根据资源估算的结果,估算完成单项活动所需的时间;第五,控制进度,监督项目状态以更新项目进展、管理项目基准变更。

(三)公益慈善项目成本管理

1. 内容

公益慈善项目成本管理(project cost management)包括为确保项目在批准的预算范围内完成而对成本进行估算、预算、筹集、管理和控制的各个过程。

2. 目的

公益慈善项目成本管理的主要目的是实现项目价值,尤其鉴于公益慈善项目的非营利性和公益性,更需要合理地制定公益慈善项目的成本和预算。

3. 主要工作

项目成本管理的主要工作有:第一,估算成本,为项目提供预算基准规划,确定项目资源,并按照资源在项目过程中的参与程度进行分阶段预算;第二,制定预算,就是汇总所有单个活动或工作的估算成本,建立一个经批准的成本基准的过程。

(四)公益慈善项目质量管理

1. 内容

公益慈善项目质量管理(project quality management)包括为确保项目质量所开展的各种活动。

2. 目的

公益慈善项目质量管理的主要目的是保证公益慈善项目满足其利益相关者预定的需求,服务社会。

3. 主要工作

项目质量管理的主要工作包括:第一,计划质量管理,确认与项目有关的质量标准以及实现方式,将质量标准纳入项目设计是质量计划编制的重要组成部分;第二,控制质量,对整体项目效果进行预先评估以确保项目能够满足相关的质量标准;第三,实施质量保证,质量保证过程不仅要对项目的最终结果负责,而且还要对整个项目实施过程承担质量责任。

(五)公益慈善项目采购管理

1. 内容

公益慈善项目采购管理(project procurement management)是为确保能够从组织外部采购或获取物品与服务的各个过程。

2. 目的

公益慈善项目采购管理的根本目的是要对项目所需的物质资源和劳务资源的获得与使用进行有效的管理,从而从资源的供应和使用方面确保整个公益慈善项目的成功。

3. 主要工作

项目采购管理的主要工作包括:第一,计划采购管理,即确定项目外部需要采购哪些商品和服务以便满足项目实施的需要;第二,询价,即搜寻市场价格获得投标报价或供应商的报价单;第三,选择产品供应商,即根据不同供应商的报价,选择一个或多个供应商作为项目采购产品的供应来源;第四,合同管理,即组织与各个供应商进行谈判,确定供应条件,签订合同;第五,结束采购,即公益慈善项目采购工作完成,或因故终止之后,所开展的一系列管理工作。

(六)公益慈善项目人力资源管理

1. 内容

公益慈善项目人力资源管理(project human resource management)是为确保有效地利用公益慈善项目所需人力资源来组织、管理和领导项目团队的各个过程。

2. 目的

公益慈善项目人力资源管理是为了激发项目团队的积极性,做到人尽其才、人事相称,同时保持组织高度的团结性和战斗力,从而优化团队结构来促进公益慈善项目的完成。

3. 主要工作

项目人力资源管理的主要内容有:规划人力资源管理,确定项目管理需要哪些角色,各角色应承担的责任,以及诸角色间的从属关系,确定之后,将责任分配给各角色,同时还要写出书面文件,记载确定下来的各事项;任命项目主管,项目主管是公益慈善组织的灵魂,将直接关系到项目的成败。创建项目团队以及建设团队,从而开展后续的项目活动。

(七)公益慈善项目利益相关者管理

1. 内容

公益慈善项目利益相关者管理(project stakeholder management)是识别受公益慈善项目影响的所有个体、社区、群体或者机构,分析他们的期望和对项目的影响,并制定合适的管理策略来有效调动利益相关者参与项目决策和执行的各个过程。

2. 目的

公益慈善项目利益相关者管理的根本目的是正确识别并合理管理利益相关者。

3. 主要工作

利益相关者管理的主要内容有:识别利益相关者、规划利益相关者管理、管理利益相关者参与、控制利益相关者参与。公益慈善项目在开展时就要解决出现的问题和矛盾,还要得到资助方的认可与资助,同时要争取公众、媒体和政府的支持与配合。公益慈善项目的利益相关者遍布于项目管理的各个阶段,在项目规划阶段要做好利益相关者的分析,制定出现实有效的策略和规划,在项目实施和控制阶段要与利益相关者进行良好的沟通和协调。公益慈善组织要使项目能够成功,必须平衡好这些复杂的关系,灵活适度地处理好各种矛盾和冲突。

(八)公益慈善项目风险管理

1. 内容

公益慈善项目风险管理(project risk management)包括确认、分析和应对项目风险的各个过程。在项目实施的过程中,由于一些不可控因素和不确定性事件的存在,项目运作存在一定的风险。在项目风险出现后,公益慈善组织可采用的风险应对策略主要有回避、转移、缓和与接受。风险回避是指改变项目规划以消除风险,风险转移是指通过应对措施将风险转移到对自己不构成威胁的地方,风险缓和是指将风险概率或其影响降至可接受的水平,风险接受是指项目团队决定勇敢应对挑战。

2. 目的

公益慈善项目风险管理的根本目的是对项目所面临的各种不确定性和应对由此引发的项目风险。

3. 主要工作

项目风险管理的主要内容有:第一,规划风险管理,即规划和设计如何进行项目风险管理的过程;第二,识别风险,是指确定风险的来源和类别,研究风险事件是否会对项目产生影响;第三,风险评估,即对风险发生的可能性及风险事件对项目的影响进行定性分析;第四,风险量化是对风险发生的概率及其对项目目标的影响进行定量的分析;第五,风险监控,就是要跟踪识别的风险,识别剩余风险和出现的风险,修改风险管理规划,保证风险管理规划的实施;第六,制定风险应对措施,为了使风险对项目的威胁降低,应制定风险的应对措施。

(九)公益慈善项目沟通管理

1. 内容

公益慈善项目沟通管理(project communication management)包括为确保公益慈善项目信息及时且恰当地生成、收集、规划、存储、处理和使用项目信息的管理过程。

2. 目的

在公益慈善项目中,经常会出现一些问题和矛盾,需要通过项目成员的有效沟通加以化解。沟通是信息交流的重要途径,使各方能增进彼此了解。沟通关注的是沟通的效果,它取决于沟通能力。项目管理活动中任何沟通的最终目的都是为了更好地提供服务、提升服务品质。公益慈善项目沟通管理的根本目的是更好地获得和使用决策中人们所需的信息,其次是为了更好地实现利益相关者之间的沟通以消除冲突。

3. 主要工作

项目沟通管理的主要内容有:第一,沟通规划,即决定项目利益相关者的信息沟通需求;第二,管理沟通,即根据沟通管理规划,生成、收集、分发、储存、检索及最终处置项目信息的过程;第三,控制沟通,即在整个项目生命周期中对沟通进行监督和控制的过程,尤其是对项目冲突源的识别以及管理,以确保项目的顺利开展。

(十)公益慈善项目收尾管理

1. 内容

公益慈善项目收尾管理(project closing management)包括:确认本次项目实施的结果;实现项目的各方利益;总结本项目中的经验教训,以期改善未来项目的工作绩效。此阶段的工作任务是采取各种适当措施以保证项目的妥善结束。

2. 目的

项目的成功终止标志着项目规划任务的完成和预期成果的实现。没有公益慈善项目收尾管理,项目利益相关者就不能终止所承担的责任和义务,也无法从项目的完成中获益。因此,做好项目收尾阶段的工作对项目各参与方都是非常重要的。

3. 主要工作

公益慈善项目收尾管理的主要工作包括:进行项目验收,以核实项目范围;进行项目审计,对项目的完成情况做出整体的评价;编写项目总结报告;记录项目历史;反映项目的整体实施效果;进行项目资金的审计;做出项目总结报告;对项目进行评估;等等。

二、公益慈善项目管理过程组与项目管理知识领域的映射关系

公益慈善项目管理的启动、规划、执行、控制和收尾五大过程组以及公益慈善项目管理具体过程,同这十大知识领域之间的映射关系可以用表1-3来表示。

表1-3 公益慈善项目管理过程组与知识领域的映射关系

知识领域	启动过程组	计划过程组	执行过程组	控制过程组	收尾过程组
公益慈善项目范围管理		公益慈善项目范围计划编制 公益慈善项目范围定义 工作分解结构WBS		公益慈善项目范围确认 公益慈善项目范围控制	
公益慈善项目进度管理		活动定义、活动排序、活动资源估算、活动历时估算、制定进度计划		公益慈善项目进度的控制	

续表 1-3

知识领域	启动过程组	计划过程组	执行过程组	控制过程组	收尾过程组
公益慈善项目成本管理		公益慈善项目成本估算及成本预算		公益慈善项目成本控制	
公益慈善项目质量管理		公益慈善项目质量计划	公益慈善项目质量保证	公益慈善项目质量保证	
公益慈善项目采购管理		公益慈善项目采购及发包规划 公益慈善项目采购合同编制	请求供应商响应 公益慈善卖方选择	公益慈善项目合同管理	公益慈善项目合同管理 公益慈善项目合同收尾
公益慈善项目人力资源管理		公益慈善项目人力资源规划 公益慈善项目团队的组建	公益慈善项目团队组建	公益慈善项目主管的能力和职责	
公益慈善项目利益相关者管理	公益慈善利益相关者识别	公益慈善利益相关者规划	公益慈善项目管理利益相关者分析	公益慈善项目利益相关者服务	
公益慈善项目风险管理	公益慈善项目风险规划	公益慈善项目风险管理识别、分析及应对	公益慈善项目风险应对	公益慈善项目风险控制	
公益慈善项目沟通管理	公益慈善项目冲突管理	公益慈善项目沟通规划；公益慈善项目冲突管理	公益慈善项目信息发布；公益慈善项目冲突管理	公益慈善项目冲突管理	公益慈善项目冲突管理
公益慈善项目收尾管理					公益慈善项目行政收尾 公益慈善项目审计 公益慈善项目工作总结 公益慈善项目评估

本章小结

本章围绕公益慈善项目管理相关的一些基本定义和公益慈善项目管理的整个管理流程框架的概述导入了公益慈善项目管理这个概念。本章主要将项目管理的方法用于公益慈善项目管理之中，结合公益慈善领域的特点，从而总结出公益慈善项目管理概念以及方法论。公益慈善项目管理知识体系是指在公益慈善项目管理中所要使用的各种知识、理论、方法和工具的总称。公益慈善项目管理知识体系中主要包括公益慈善项目管理的五个过程组和十大知识领域，这些内容按一定的方式构成一套完整的项目管理知识体系。本章旨在阐述一个公益慈善项目管理的概括性理论知识，让初学者对这个新的概念有一个大致的了解。之后的章节将展开介绍公益慈善组织项目管理中各个流程的细节。

课后习题

1. 公益慈善组织有哪些特点？请结合实例进行分析。
2. 公益慈善项目管理与传统的项目管理相比有什么特殊性？
3. 阐述公益慈善项目管理中项目周期的几个阶段及其基本内容。
4. 公益慈善项目可以选择哪些项目组织形式，不同的组织形式适用条件如何。
5. 阐述公益慈善项目的五个过程组。
6. 阐述公益慈善项目管理的十大知识领域。
7. 案例分析。

中国扶贫基金会的爱心包裹项目

爱心包裹项目是中国扶贫基金会为持续关爱汶川地震灾区中小学生，联合多家单位共同实施的全民公益行动项目。具体负责部门为扶贫基金会新长城项目部。项目主题为"寄一份包裹，送一份关爱"。主要内容是依托中国邮政，授权其遍布全国城乡的3.6万个电子化支局、邮电所为爱心捐赠站，爱心人士通过这些家门口的邮政网点认捐包裹，就可以将自己对灾区孩子的爱心一对一地投寄到孩子手中。

爱心包裹分为学生包裹和学校包裹，认购标准分别为100元和1000元。学生包裹内的善品是根据灾区孩子愿望，区分高年级、低年级和不同季节后统一配备的学习、生活用品。100元的支出由三部分构成：80元为礼包的采购、包装、回音卡和捐赠票据（挂号信）的邮寄等费用，12元为"新长城512自强奖学金"，剩余8元为项目执行与推广费用。学校包裹内的善品以体育用品为主，包括篮球、足球、乒乓球、跳绳、军棋、象棋等多种物品。为了更充分地传达和保护捐赠人对灾区孩子的爱心，每个包裹还装有一份致学校或学生的信、一张用于受赠学校或学生回复捐赠人的邮政明信片。

为了最大限度地体现捐赠人的爱心，爱心包裹项目精选物品供应商，使学生包裹物品的市场价格达到130元。其供应商有首批供应商和长期指定供应商。因公开招标需要一定时间和周期，为了保证第一批爱心包裹能及时到位，首批1万个包裹的生产商通过邀请6家十大品牌供应商，提供设计方案和产品实样，比选产生。长期指定供应商则由基金会委托北京市京发招标有限公司公开招标比选产生。基金会还公开承诺，关心招标的人可以到基金会查阅相关档案。

问题：
(1) 该项目是否经历了一个完整的生命周期？一个生命周期包括哪些阶段？
(2) 该项目体现出来了哪几个周期？请结合案例进行分析。

参考文献

[1] Peter M. Kettner, Robert M. Moroney, Lawrence L. Martin. Designing and Managing Programs:An Effectiveness-Based Approach[M]. Log Angeles:Sage Publications,2016.

[2] Russell-Hodge. Total Project Management:The Customer-Led Organization[J]. International Journal of Project Management,1995,13(1):11-17.

[3] Nancy R. Lee, Philip Kotier. Social Marketing:Changing Behaviors for Good(3th ed)[M]. Los Angeles:Sage Publication,2008.

[4] Sharad D. Management Projects-An Ideological Breakthrough[J]. Project Management Journal,1986,17(1):63-67.

[5] Yates B. Outcomes Measurement in the Human Services:Cross-Cutting Issues and Methods[M]. Washington D. C:NASW Press,2015.

[6] 美国项目管理协会.项目管理知识体系指南[M].5版.许汉文,等,译.北京:电子工业出版社,2009.

[7] 韩俊奎.非营利组织项目管理[M].北京:社会科学文献出版社,2015.

[8] 杰弗里·K.宾图.项目管理[M].2版.鲁耀斌,赵玲,译.北京:机械工业出版社,2012.

[9] 杨团.中国慈善发展报告[M].北京:社会科学文献出版社,2010.

[10] 王名.非营利组织管理概论[M].北京:中国人民大学出版社,2010.

[11] 王冬芳.慈善项目管理[M].北京:中国社会出版社,2014.

[12] 陈旭清,金红磊,吴雅杰.公共项目管理[M].北京:人民出版社,2010.

[13] 白思俊.现代项目管理[M].北京:机械工业出版社,2010.

[14] 赵俊岭.基于项目生命周期的风险管理方法研究[D].天津:河北工业大学,2004.

[15] 邓国胜.公益慈善概论[M].济南:山东人民出版社,2015.

[16] 周俊.社会组织管理[M].北京:中国人民大学出版社,2015.

[17] 赖因哈德·施托克曼.非营利机构的评估与质量改进:效果导向质量管理之基础[M].唐以志,景艳燕,译.北京:中国社会科学出版社,2008.

[18] 戚安邦.项目管理学[M].2版.天津:南开大学出版社,2014.

[19] 夏立明.项目管理概论[M].天津:天津大学出版社,2008.

[20] 张雷,吴永春,王悦.项目管理[M].北京:中国人民大学出版社,2016.

[21] 黄浩明.国际民间组织合作实务和管理[M].北京:对外经济贸易大学出版社,2000.

[22] 郭俊华.公共项目管理[M].上海:上海交通大学出版社,2014.

[23] 金罗兰.我国非营利组织与项目管理[J].北京工商大学学报(社会科学版),2005,2(6):63-67.

[24] 耿立新.国际非政府组织的项目管理研究[J].江南社会学院学报,2004,6(3):36-40.

第二章 公益慈善项目计划管理

 引例

旨在禁止售卖鳄鱼皮的环保倡导项目

湿地所有者正在向鞋厂售卖鳄鱼皮,其速度被环保组织担心认为会导致佛罗里达的鳄鱼消失。为了保护鳄鱼,环保组织发起了一个面向佛罗里达州立法者的倡导项目,最终在压力下,佛罗里达州立法者通过了一项法律,禁止销售鳄鱼皮。这看起来好像是一个简单明了的决定,目标是让鳄鱼在佛罗里达不断繁衍。比较禁令颁布之前数年的销售量,可能很好地表面倡导了项目,成功地减少了可用的鳄鱼皮的数量。不过真正的目标不是让销售的鳄鱼皮数量变得更少,而是让鳄鱼在佛罗里达不断繁衍。人们假定,无法销售鳄鱼皮的土地所有者会维持他们的土地作为鳄鱼栖息地。如果事实是这样的话,那么立法的目标就实现了。然而,所发生的事实是土地所有者试图寻找土地替代性使用途径。通过抽干土地,他们可以开发新的农地。一旦他们这样做了,鳄鱼栖息地的数量就会减少,由此对预期的结果产生消极影响。

有时候许多项目是在缺乏深思熟虑的情况下设计并得到实施,这其中,包含很多未被明示的假定。时常这些未被明示的假定是令人难以置信的。如此,该项目往往会带来设计与执行之初未预想到的结果。

资料来源:Sieber, J. E. Fatal Remedies: The Ironies of Social Intervention [M]. New York: Plenum,1981.

第二章从项目管理者的角度对公益慈善项目计划管理的概念及重要性进行了阐述,提出了公益慈善项目策划过程中应遵循的原则以及公益慈善项目策划的步骤和工具,为编制公益慈善项目计划书提供借鉴和参考。

第一节 公益慈善项目策划概述

一、公益慈善项目策划的定义

项目策划也称为项目设计,是一种具有建设性、逻辑性思维的过程,在此过程中,总的目的就是把所有可能影响决策的决定总结起来,对未来起到指导和控制作用,最终借以达到方案目标,其作用类似于施工阶段的施工组织设计。公益慈善项目策划是指在项目管理实施之前,通过对项目的目标进行分析,结合项目的具体特点,对项目的管理措施、手段及方法等管理活动进行系统性、整体性的分析论证,制定具体可行的管理制度和纲领性的文件。

根据设计工作的对象和性质不同,公益慈善项目策划可以分为项目构思策划、项目实施策划两个环节,其中项目实施策划还可以进一步细分为项目目标策划、项目组织策划、项目融资策划、项目管理策划等。项目策划具有"指南针"和"路线图"的作用,但其背后却是大量的实际工作。公益慈善项目的执行过程计划是实现公益慈善项目管理策划目标的方法和手段,必须在公益慈善项目管理策划管理思路的指导下进行编制,以保证项目目标的实现。

二、公益慈善项目策划的原则

项目策划是实现公益慈善项目目标的保障,公益慈善项目管理的任何策划失误都有可能带来难以挽回的损失。为了使项目科学、有序地顺利完成,实现项目目标的最优化,在公益慈善项目管理策划过程中要坚持如下原则:

(一)公益性原则

公益性是一切公益慈善事业的核心理念和根本属性。公益慈善项目在项目策划时需要注意的是,组织规模壮大只是手段,通过提供有效服务以最大限度地满足目标群体的需求才是目的。公益慈善项目的发起人、主要捐赠人以及管理人员,不得利用其关联关系损害公益慈善组织、受益人的利益和社会公共利益。公益慈善项目的发起人、主要捐赠人以及管理人员与公益慈善组织发生交易行为的,不得参与公益慈善组织有关该交易行为的决策,有关交易情况应当向社会公开。

(二)可行性原则

项目策划考虑最多的便是其可行性。"实践是检验真理的唯一标准",同样,项目策划的创意也要经得住事实的检验。进行项目策划必须要根据项目自身特点,结合外部环境条件,经过科学详细的分析调研,制定针对性的方案措施,才能保证项目策划的实施效果。

(三)系统性原则

在进行项目管理策划时,需要将整个项目作为一个有机整体,从系统的角度出发,保证项目管理策划的完整。项目策化过程是一个复杂的过程,需要按照一定程序有序地进行,这是确保项目顺利实施的关键和保证。助人自助、激活目标人群的社会支持系统或修补其受损的支持系统,对于公益慈善项目来说非常重要。例如,艾滋病患者、失独家庭的社会支持系统非常弱,原有的支持系统损坏,不再积极发挥作用,于是这类群体变成了"漂浮物"。仅仅为这一群体投入资金远远解决不了其面临的问题,因此,需要从这些人群的自组织及其支持系统入手,方能最大程度给予他们帮助。

(四)创新性原则

项目策划作为一门新兴的策划学,也应该具备策划学的共性——创新性。社会问题的复杂性导致我们在解决问题时必须要坚持创新性,"鹦鹉学舌、照葫芦画瓢",照搬、模仿、抄袭别人的项目都难以成功。公益慈善项目策划应随具体情况而发生改变,需要创造性的思维,不能抱残守缺,因循守旧,要想不断地取胜,必须不断地创造新的方法。

(五)自治性原则

自治性是公益慈善项目的基本原则,因此项目策划方案的实施过程必须落实自治性。公益慈善项目应当根据法律法规以及章程的规定,建立健全内部治理结构,明确决策、执行、监督等方面的职责权限,开展公益慈善活动。在民主自治的基础上还要接受政府监督检查。公益慈善组织应当执行国家统一的会计制度,依法进行会计核算,建立健全会计监督制度,并接受政府和社会的监督管理。

三、公益慈善项目策划的目标

(1)在前期评估资料分析的基础上,从当地或目标人群的实际情况出发,预测未来实施的项目在多大程度上能够回应目标人群的需求,项目能改变什么,无法改变什么,并据此制定清晰的项目目标,作为未来项目开展的战略性指引。

(2)围绕项目目标,在策略层面,从资金和组织能力的角度出发,按重要程度对子项目或活动进行排序,并用逻辑框架和指标将子项目或活动予以整合。

(3)在逻辑框架、指标约束下,进行项目风险分析,落实项目周期、评估督导、与项目活动匹配的资金预算、财务管理制度等内容,为接下来具体的行动提供指南。

(4)以书面形式确定各利益相关者的角色、责任,为未来合作提供稳定的预期,并作为各方行动和问责的依据。

(5)通过风险分析与管理最大限度保证后续项目的顺利实施。

> 某公益组织在设计项目时,会重点考虑以下方面:
> - 期望的改变是否具体清晰;
> - 不同阶段的目标是否具体清晰;
> - 质量指标是否具体清晰;
> - 目标是否简洁易懂;
> - 活动与目标关联是否清楚、活动是否能有针对性地指向目标;
> - 活动达致目标的可行性;
> - 参考同类项目经验和教训分析;
> - 对项目资助完成后,是否有退出机制。

第二节 公益慈善项目策划步骤

公益慈善项目策划的步骤如下:项目调研、目标群体细分与选择、创意过程及可行性研究。当然,这是一个标准并非强制性的流程,不同的公益慈善组织会根据项目复杂程度、策划方法和要解决的具体问题采用不同的步骤。

一、项目调研

项目调研是指在一定的社会环境下,系统地搜集、分析和报告有关项目信息的过程。项目策划要作出正确的决策就必须通过项目调研,准确地掌握目标群体存在的实际问题和需求,使项目建立在坚实可靠的基础之上。只有通过科学的项目调研,才能减少项目的不确定性,使决策更有依据,从而降低项目策划的风险。一方面,开展项目调研的策划结果往往更符合实际,更有助于社会问题的解决并实现项目目标;另一方面,开展项目调研的策划结果也通常更容易获得资助方的认可,从而顺利地得到资助。

(一)项目调研的内容

作为项目决策的依据,项目调研涉及项目活动的全过程,调研内容一般包括目标群体的特征、目标群体的需求、项目的可及性、项目的发展潜力及同类公益慈善项目的开展情况等。项目调研一般需要了解谁是受益者及其需求是什么,问题的根源及目前有谁在试图解决这些问题,不同的利益相关方及其关注点如何,项目的可行性和策略方向如何等。

(二)项目调研的原则

项目调研是一项重要又复杂的工作。其质量关系到最终获得需求信息的可靠性,进而影响整个项目活动的开展。在调研中要坚持以下原则:

1. 科学性原则

由于项目调研工作的复杂性,需要有一套科学的调查方法作为成功的保证。一般而言,项目调研包括桌面调研和实地调研两种。组织需要根据项目的规模、时间和经费充裕程度进行选择,比如全国范围的项目可以借助官方统计数据等开展桌面调研,而服务某一社区的公益慈善项目则最好开展实地调研,无论哪种调研方法都必须遵循科学性原则。在项目调研过程中,组织必须贯彻实事求是的精神,保证调研结果的客观性,不可用主观臆测来代替对客观事实的观察。一些公益慈善组织为了让项目更具有可复制性和规模化,以获得资助方的充分重视,喜欢夸大项目目标群体的数量来显示问题的严重性。比如上海市一家社工机构在申报政府购买为老服务项目时,根据上海市总人口和老龄人口比例简单换算,估计出该社区有580位老人,根据估算机构在项目申请书中承诺在未来一年内要为社区内300位老人提供服务,但实际上该社区是新建小区,主要以中青年和外来人口为主,老人只有200多位,在实际开展项目的过程中发现为时已晚,最后未能按照约定完成项目承诺。其次,调研者必须能够透过复杂的社会现象,探求问题的原因和本质。一些公益慈善组织因为缺乏专业性,调研提纲设计的不科学,调研发现的都是表面问题而非问题背后的深层次原因,在此基础上策划的项目干预方案往往进行了错误的归因,造成了资源的浪费。

2. 复合性原则

在项目调研中,调查者切忌过分地依赖某一种自己熟悉或偏爱的调查方法。对同一个问题采用不同的方法进行调查研究,可以将通过不同的方法获得的调研结果互相验证和补充,提高项目调研的可靠性。目前,许多公益慈善组织在开展项目策划时不愿意开展项目调研,而是普遍依赖团队成员的前期经验。在项目计划书中喜欢用个案来描述问题,这种做法尽管可以带来较强的冲击性,但由于方法较为单一,缺乏具体的数据,无法说明问题的普遍性。另外,项目策划也应从多个渠道获取信息,包括专业机构发表的研究报告、官方的统计年鉴、学术研究机构公开发表的科研成果等,如此不仅可以丰富调研报告的内容,也有利于通过多源验证进而提高调研结果的可信度。

3. 价值性原则

项目调研获得信息可以为企业带来一定的价值,但是调研也需要投入一定成本。公益慈善组织在进行项目策划时,往往还没有拿到资助,在缺乏资金的情况下,公益慈善组织对项目调研的投入就较为困难。尤其是很多公益慈善组织自身并不具有专业调研的能力,往往要委托专业机构开展调研,也需要一笔不菲的经费支出。对此,公益慈善组织必须明确,调研成果的价值大小取决于它本身的可靠性。在进行项目调研时,必须注意所获得的信息投入产出比例关系,公益慈善组织应明确调研可能取得的价值效用,来决定采取哪些调研方法,应投入多少成本等。

(三)项目调研的程序

项目调研是一种有计划、有组织的策划活动,必须遵循一定的程序。具体来说,包括确定调研的对象、确定调研目标、确定调研计划、实施调研计划、撰写调研报告。项目调研的最终产出通常是一份调研报告。调研报告是将调研数据分析结果书面化的形式，也是对整个调研工作的总结。项目调研报告着重报告调研的成果，提出调查人员的结论与建议，供慈善组织或资助方进行决策时参考。

二、目标群体细分与选择

目标群体细分就是按照项目受益群体的特征将其划分为若干个细分群体的过程。目标群体细分的客观基础是需求的差异性。

（一）目标群体细分的作用

（1）项目目标群体细分有利于公益慈善组织集中使用和分配资源，优化资源配置。对目标群体进行细分，深入了解每一个细分群体，衡量细分群体问题严重性与公益慈善组织自身能力的匹配度，然后集中投入人力、物力和财力，形成相对的力量优势，从而有利于问题的解决。

（2）项目目标群体细分有利于提高公益慈善项目的成功率，产生社会影响力。目标群体细分充分关注了受益对象的需求差异性，以受益对象为中心进行理性思考，使广大受益对象需求得到满足，从项目活动中获益，从而建立起项目的社会影响力。

（3）项目目标群体细分有利于增强公益慈善项目的适应能力和应变能力。对目标群体进行细分，增加调研的针对性，信息反馈速度快，公益慈善组织能够更及时、准确地规划项目活动的开展。

（4）项目目标群体细分有利于提高项目的竞争力。目标群体细分的过程中，不仅要对受益对象进行细分，还要对同类项目进行细分，以此能够清楚地知道，哪一类群体已经有机构或项目服务了，哪一类群体的服务还是空白，诸如此种情况，以制定合理的项目方案。

（5）项目目标群体细分有利于挖掘项目机遇。通过对目标群体细分，可以全面了解受益对象在需求程度上的差异。而找到需求的空白点，无论对于商业项目还是公益慈善项目而言，都意味着机会和空间，也更容易获得资助方的支持。

（二）目标群体细分的程序

目标群体细分是一个由一系列活动组成的连续过程。对这一过程的任何割裂，对有机联系的各个环节的舍弃，都有可能破坏细分结果的有效性。一般而言，标准的程序为：

1. 划定细分范围

这主要是指对项目整体范围以及要在哪一区域进行细分这两个前提加以界定。

2. 确定细分依据

细分依据也就是用来细分目标群体的基本标准，是指那些影响消费者对某一项产品的需求出现差异的主要因素。其主要包括人口因素（性别、年龄、收入等）、心理因素、地理因素等。

3. 权衡细分变量

细分变量也叫细分尺度，是构成细分依据的具体要素，是用来分析目标群体需求差异程度的分析单位。

4. 开展项目调查

这是指对细分范围内的目标群体进行调查，以获得第一手数据和相关资料。

5. 评估细分对象

这是指根据调查所得信息，对各个细分群体的需求及问题的可解决性进行评价、分析。最常用的方法是按照加权平均方法综合考虑相关因素。

6.选择目标群体

通过分析评估,可能发现适合干预的目标群体往往不止一个,但慈善组织的资源和服务能力又是有限的,因而公益慈善组织可以按一定的标准排序选择目标群体。甚至在未来设计阶段性的多个项目,逐步解决目标群体面临的多重问题。

三、可行性研究

完整的项目可行性研究,应分为以下几个步骤:

(1)对资金使用方向进行设想。在环境分析的基础上,区分各种资金使用方向,拟定一个粗线条的资金使用建议,并对现有的各类项目进行调查,提取各个经验数据,进行项目估算,因此该阶段也被称为机会研究。这一阶段的工作在项目调研中通常已经完成。

(2)对项目进行初步设计,称为初步可行性研究。这个阶段的工作在实际工作中也可以省略。

(3)进一步编制计划,为决策提供技术、经济、社会依据。该阶段称为技术经济社会可行性研究,简称为详细的可行性研究。

(4)最终可行性研究。即对技术经济社会可行性研究方案进行审议、评价和优选,从而做出最优的项目决策。

公益慈善项目策划的可行性研究往往在其他项目一般流程基础上进行了简化,主要是指完整的可行性研究的第三和第四阶段,即详细可行性研究和最终可行性研究。其主要内容包括项目背景和历史、公益慈善组织服务能力、项目投入物、项目开展范围、项目方案、项目团队人员、项目时间周期、技术经济社会评价、项目的综合评价和建议等。

四、项目策划书

公益慈善项目策划的最终结果是形成一套合理可行的纲领性文件,即项目策划书。不论项目策划书的形式如何,其主要内容可以用 5W1H 概括,即 Where(工程地点及环境)、What(项目的目标要求及范围)、Who(什么人做,各自的责权利)、When(项目的起止日期)、Why(何种方法来实现管理目标)、How much(项目所花费用)。编写项目策划书要注意以下要求:

(1)文字简明扼要;
(2)逻辑性强、顺序合理;
(3)主题鲜明;
(4)综合运用图表、照片、模型来增强项目的主体效果;
(5)注意可操作性。

第三节 公益慈善项目策划的工具

设计思维是以传统分析思维方式为蓝本,融合视觉化和社会化思考的创新思维方式。它帮助设计师以用户为中心,以合作创新的方式解决问题。作为一种设计理念,设计思维所关注的重点不再是"使用"本身,而是通过理解用户内在心智模型、用户所处的环境,以及观察在心智模型和所处环境双重作用下的使用行为,去设计一种真正能够融入他们的生活,被他们所依赖的产品。用简单的话来描述,设计思维不单单思考用户如何使用,更多的是理解用户本身以及其所处环境。

设计思维的创新方法适用在发现用户未满足需求,注重在模糊的前端创新(fuzzy front-end)中识别创新机会与进行价值创造。设计思维身为以人为本的创新方法已经在商业、教育与公益慈善领域有广泛的应用,并且有效地应用在解决产品、服务、体验、流程等创新中面临的问题。本教材以斯坦福大学 Hasso-Plattner 设计学院的设计思维五个步骤,即同理心(empathize)、定义(define)、构思/发散(ideate)、原型(prototype)、测试(test)为主线对其展开介绍。

一、同理心

设计思维流程的第一阶段是项目策划者获得对试图解决社会问题的共鸣。项目策划者利用图表工具将目标群体进行细分,并逐一分析目标群体的差异性需求。为建立对于目标群体需求共同的认识与假设,项目策划者既可以咨询相关领域的专家,也可以通过观察与目标群体产生共鸣,从而了解他们的经验和动机,也可以融入到物理环境中,以便更深入地了解所涉及的问题。同理心对于以人为中心的设计过程(例如设计思维)至关重要,同理心要求使用设计思想的人放弃他的假设,切身实地了解目标群体及其需求。根据项目时间要求,在该阶段收集大量信息以供下一阶段期间使用,深入解读目标群体及其需要以及特定项目的策划中可能会出现的问题。

二、定义

在定义问题阶段,项目策划者将在同理心阶段创建和收集的信息放在一起,分析观察结果并进行合成,以便定义项目团队确定的核心问题,以人为中心的方式将问题定义为一个问题陈述。比如,我们不能按自己的想法或组织的需要定义问题:"我们需要将我们儿童营养午餐项目的年筹款收入增加5%。"更好的定义方式是,"十几岁的儿童需要摄入有营养的食物,以健康茁壮成长"。定义阶段将帮助团队中的策划人员收集好的想法,以确定特点、功能和以最小的难度解决问题。在定义阶段就开始进展到第三阶段构思,通过提出问题来寻找解决方案的想法,可以问:"我们如何才能……调动受益对象参与,吸引社会关注,既有益于儿童,还增加组织的筹款额?"

三、构思

在第三阶段,项目策划人员开始创造想法。在同理心阶段,项目策划人员已经逐渐了解目标群体及其需求,并且在定义阶段分析和合成了观察结果,最终提出以人为本的问题陈述。有了这个前提,项目策划人员及团队成员可以开始跳出思维局限,为创建的问题陈述寻找新的解决方案,项目策划人员可以从另一个角度来思考问题。创意技巧有数以百计,如头脑风暴、书面头脑风暴法、列出最糟糕的想法和奔驰法。头脑风暴和列出最糟糕的想法刺激自由思维和扩大问题空间。在构思开始阶段尽可能多地获得想法或问题解决方案。在构思结束阶段选择一些其他技巧,调查和测试项目策划人员的想法,找到解决问题的最佳方法,或提供规避问题所需的元素。

四、原型

项目策划人员将做出许多粗糙的、简单的服务方案或服务方案中特定功能的原型,这样能够测试上一阶段提出问题的解决方案。原型可以在团队中,由其他部门或项目策划人员之外的一小群人共享和测试。这只是一个实验阶段,目的是为前三个阶段确定的每个问题找出最佳可能的解决方案。所有解决方案通过原型中实现,并对每个方案进行调查,基于用户体验的这些方案可能会被接受、改进和重新检查,或者被拒绝。到本阶段结束时,项目策划人员将更好地了解项目方案内部的局限和目前出现的问题,对目标群体与项目方案的互动过程中的行为、想法和感觉有一个更全面的理解。

五、测试

项目策划人员使用原型设计阶段确定的最佳解决方案严格测试整个产品。这是五级模式的最后阶段,但也是一个迭代过程,在测试阶段所产生的结果常常用来重新定义一个或多个问题,并告知对用户、使用条件、用户思维方式、行为和感觉的理解,并产生同理心。即使在这个阶段,为了排除一些问题,对解决方案还会进行更改和改进,并尽可能深入地了解项目及目标群体。

总之,设计思维不应被视为一种具体和僵化的设计方法,为了获得特定项目的最纯粹和最翔实的见解,这些阶段可能被切换,同时进行和重复多次,以扩大解决方案空间,并缩小最佳可能的解决方案,如图2-1所示。要注意的是,五个阶段并不总是按顺序进行的,它们不必遵循任何特定的顺序,而且它们通常可以并行地发生,可以迭代地重复。因此,阶段应被理解为促成项目的不同模式,而不是按顺序步骤。然而,五个阶段设计思维模式的优点在于,它系统化地识别了在设计项目和任何创新的问题解决项目中要进行的阶段和模式。每个项目都将涉及正在开发的产品的具体活动,但每个阶段背后的核心思想仍然相同。这一模式的另一个优点是在后期阶段获得的知识可以反馈到早期阶段。信息被不断地用于对问题和解决方案空间的理解,并重新定义问题。这创造了一个永恒的循环,在这个循环中设计师可以不断获得新的见解,提出新的方式思考产品及其可能的用途,以及获得用户和他们面临的问题更全面的了解。

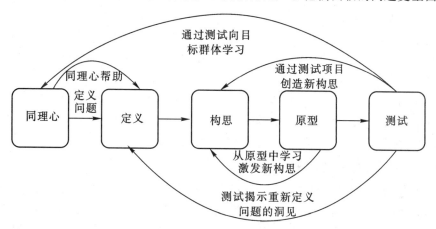

图2-1 设计思维的非线性过程

在国内,设计思维已经逐步地应用在各种公益慈善项目或产品开发中,比如:新思课团队帮助红丹丹视障文化交流中心设计实用的产品以提升盲人的生活质量;北京惠泽人公益发展中心对专业志愿者课程的研发;歌路营对于偏远地区留守儿童的"新一千零一夜"睡前故事公益产品。以歌路营团队为例,创业伊始,他们利用设计思维的方法走访了十多个省上百所农村寄宿学校,发现学生们课余时间生活匮乏、与外界信息隔绝、视野局限,简陋的、类似军事化管理的宿舍缺乏归属感,一天从早到晚的学习让学生厌学,以及过早的住校带来的心理不适应等真实需求。歌路营团队成员认为"单调而匮乏的住校生活"是农村寄宿留守儿童成长中最突出的困境。2013年,歌路营提出了"以睡前故事"的方式,对寄宿留守儿童进行睡前15分钟的干预,并在重庆43所学校进行一年的试点和评估,一经播放就受到孩子们的强烈喜爱,老师们也发现孩子们听故事很快就能入睡,睡前管理压力大大降低。一年后,评估结果也告诉歌路营,孩子们在负面情绪、阅读能力、写作水平、同伴关系、归属感等多项指标方面显著改善。于是,"新一千零一夜"项目就这样诞生了。

第四节　公益慈善项目计划书

制作公益慈善项目计划书的目的是为获得上层的批准与支持,也可以是机构就某一项目寻求资金上的支持。它和项目策划书的区别在于策划书更多供团队内部参考和决策使用。从先后顺序上来看,先有策划书再形成计划书。相对于策划书,项目计划书显得更为正式,通常指的是后一种情况。虽然项目计划书的目的是寻求资金上的支持,但它决不能只是一个"购物清单"。一般来讲,一个公益慈善项目计划书要包括以下几个方面的内容:

(一)封面页

这是容易被忽视的部分。有很多机构认为内容比形式更重要。其实,形式是可以更好地表现内容的。另外,项目计划书也是能使资助机构了解和认识公益组织的一个很重要的窗口,表现得专业与严谨是非常必要的。封面可以只简单地写上项目名称和日期,也可以包括以下信息:项目名称、申请(执行)机构、通讯地址、电话、传真、E-mail、联系(负责)人,还可以把银行账户、律师、审计机构等信息列在封面页上。

(二)项目概要

这是最重要的一部分,也是读者最先阅读、浏览的部分。要知道基金会的项目主管们每天都会收到大量的申请要求,他们也许没有足够的时间"看"完所有的项目计划书。所以,项目概要部分将成为影响"初选"结果的决定因素。在概要部分,要把认为重要的所有信息汇集起来。概要一般要包括以下内容:机构的背景信息、使命与宗旨;项目要解决的问题与解决的方法;项目申请方的能力和以往的成功经验;等等。需要特别指出的是,尽管项目概要部分排在计划书的前半部,但实际上,这一部分是要在写完所有计划书以后才动手写。

(三)项目背景、存在的问题与需求

在这一部分,需要详细介绍存在的问题以及为什么要设计这个项目来解决这些问题。要充分地说明问题的严重性与紧迫性,最好能提供一些数据,这样不但可以充分地说明问题,同时还能表明对这一项目的了解。此外,项目官员还可以使用一些真实、典型的案例,以便在情感上打动合作方,进而引起他们的共鸣。要说明项目的起因、逻辑上的因果关系、受益群体及其与其他社会问题之间的关联等。一般来讲,这一部分包括以下主要信息:

(1)项目范围(问题与事件、受益群体);
(2)导致项目产生的宏观与社会环境;
(3)提出这个项目的理由与原因;
(4)其他长远与战略意义。

(四)目标与产出

在使资助方确信"问题"存在以后,明确提出解决方案。机构间的合作是被鼓励的。如果

项目还有其他的机构合作伙伴，也要明确说明。在这一部分中项目主管要详细地介绍项目计划、项目的总体目标、阶段性目标与任务，以及各目标的评估标准。总体目标是一个长期的、宏观的、概念性的、比较抽象的描述。由总体目标可以分解成一系列具体的、可衡量的、可实现的、带有明确时间标记的阶段性目标。比如"减少文盲"是总体目标，"到2010年10月，使200个农村妇女达到认识1000字"就是一个具体目标。对目标的陈述一定要非常清楚。最重要的是，制定的目标要切合实际。不要承诺做不到的事情。要牢记，资助方希望在项目完成报告里看到的是：项目实际上实现了这些既定目标。

（五）目标群体

在这一部分中，项目主管要对项目的目标群体做一个更加详细的描述。有必要时，项目主管还可以把目标群体分为直接受益和间接受益群体。比如 NPO 信息咨询中心的能力建设项目的直接受益群体是国内公益慈善组织从业人员，但间接受益群体却是公益慈善组织的服务对象。因为通过能力建设，提高了公益慈善项目服务能力与效率，从而使之能为其服务对象提供更好、更多、更完善的服务。又比如一个残疾人服务机构，其直接受益群体是残疾人群，间接受益群体却是公益慈善组织的服务对象。因为通过能力建设，提高了公益慈善组织的服务能力与效率，从而使之能为其服务对象提供更好、更多、更完善的服务。又比如一家残疾人服务机构，其直接受益群体是残疾人群，间接受益群体则是他们的家庭，甚至是整个社会。

许多资助方都希望受益群体能从始至终地参与到项目之中，尤其是在项目的设计阶段，受益群体的参与更加重要。项目主管可以在附件中列出受益群体参与项目的活动，包括组织受益群体参加的讨论会、会议主题、时间、参加人员等；同时，也让资助方了解到项目不但是针对受益群体而设计的，而且得到了他们的广泛支持与认可。

（六）解决方案与实施方法

通过以上的部分，项目主管已经清楚地解释了存在的问题及希望完成的事情。现在，需要介绍项目如何达到目标，即采用什么方法、开展什么活动来实现这些目标。在介绍方法时，项目主管要特别说明这种方法的优越特性。项目主管可以同时列举出其他相关的方法，并对它们进行比较，还可以引用专家的观点和其他失败或成功的案例等。总之，要充分说明项目选择的方法是最科学、最有效、最经济的。同时，也要说明公益慈善项目在采用这种方法时，也存在一定的风险与挑战。此外，还要提到为了执行这一解决方案，都需要哪些条件与资源，受益群体是公益慈善项目的服务对象。

（七）项目进程计划

在这一部分中，要详细地描述出各项任务的先后顺序以及起始时间。可以用一个带有时间标记的图表来表示，这样，就可以一目了然地告诉读者"在什么时候做什么"，以及各项活动之间的关联与因果关系。

（八）项目组织架构

在这一部分中，要描述为了达成上述目标，需要什么样的项目团队和管理结构。项目团队应包括所有项目组成员：志愿者、专家顾问、专职人员等。他们与这个项目相关的工作经验、专业背景、学历等也非常重要。项目团队的经验与能力往往在很大程度上决定了项目的成败，所以，这也是资助方非常关心的问题。另外，还要明确项目的管理结构。应该明晰地写出项目总负责人、财务负责人及其他各分项目的负责人。如果是两个或多个机构合作完成一个项目，还要说明各机构的分工。工作流程也要很清楚,要说明各项工作的先后顺序、逻辑关系等。

(九)费用、预算与效益

这一部分所要提供的绝不仅仅是一个费用预算表(当然,预算表也是很重要的,可以把它放在附件中),而是要叙述和分析预算表中的各项数据、总成本与各分成本,包括人员、设备的费用等。其中,人员经费类别可以包括工资、福利和咨询专家的费用,非人员经费类别可以包括差旅费、设备和通信费等。如果已经有了一部分资金来源也要注明。而且,要很明显地写出还需要总数为多少的经费上的支持。上面提到的是投入,还有一个很重要的部分是产出的效益。很多公益慈善组织在项目计划中往往不谈效益,错误地认为公益慈善组织的服务是不谈效益的。事实上,除国际上正在推行的公益慈善组织合理收费外,公益慈善组织服务的另一大特点是产生巨大的社会效益。尽管社会效益比较难以量化,但还是可以尽量找一些数据来分析一下社会效益。比如,一个戒毒人员的服务机构虽然为吸毒人员提供免费的服务,没有任何收入,但是,还是可以估算出通过服务于一个吸毒人员,可以减少哪些方面的社会问题,可以对吸毒人员的医疗费用、失业、犯罪等相关费用进行估算。总之,越明确地算出单位成本的投入可以产生的效益,就越能说明方法的优越性,也就越能得到资助方的同意。另外,与项目相关的财务与审计方法也要在这部分中提到。

(十)监测与评估

监测是公益慈善项目实施过程中非常重要的部分,监测的执行机构与人员(可以是理事会、资助方或其他第三方机构)、监测任务等都应该写在项目计划中。与之相关的还有项目团队的自我评估计划。项目进行中的评估报告比项目结束的评估还要重要。在项目的不同阶段进行评估,可以使公益慈善组织及时地发现问题,尽早地解决。同时,可以使资助方得到一个信息,那就是公益组织不但提出了一个很好的计划,而且可以很好地实现这个计划。请注意,项目的实施方法是资助方评判是否给予资助的一个非常重要的因素。有两种可供参考的监测和评估方式:一种是衡量结果,另一种是分析过程。选择何种方式将取决于项目的性质和目标。无论选择何种方式,都需要说明组织准备怎样收集评估信息和进行数据分析,以及在项目进行到哪些阶段时,进行阶段性的评估。评估活动及时间也应该包括在项目实施计划的时间表当中。无论是监测报告还是评估报告,都应该包括项目的进展与完成情况、原定计划与现实状况的比较、预测未来实现计划的可能性等。除总体评估报告外,还要提供一些子评估报告,比如项目中期的审计报告等。

(十一)附件

重要的文件或篇幅太长而不适于放在正文中的文件,都可以被放在附件当中,比如机构的介绍、年报、财务与审计报告、名单、数据、图表等,也可以把那些在正文中会干扰读者或使他们的兴趣偏离主题的部分放到附件当中,但一定不要忘了在正文中标明"详细情况请查看附件"。

本章小结

公益慈善项目活动实施的成功需要科学合理的项目策划进行指导,需要有效的项目管理实施控制,二者相辅相成。公益慈善项目策划作为项目管理实施控制的纲领性文件,几乎对项目管理成功起到决定性作用。成功的公益慈善项目管理策划包括了公益慈善项目管理的各个方面,从而使得公益慈善项目各个实施阶段衔接更加紧密,资源分配更加合理,保证了公益慈善项目的顺利实施。本章主要阐述了公益慈善项目策划与设计的相关概念、公益慈善项目策划的设计方法、项目章程与初步范围说明书的主要内容,以及编制公益慈善项目计划书的具体步骤和内容。

课后习题

1. 简述公益慈善项目策划应坚持的原则。
2. 简述公益慈善开展项目调研应坚持的原则。
3. 简述斯坦福大学总结的设计思维五个阶段及其相互关系。
4. 假设你要在一家青少年服务中心工作两年,现在要为其策划一个"防止性骚扰"的项目,谈谈你的思路。
5. 项目策划书和项目计划书是一回事吗?两者的联系和区别是什么?
6. 案例分析。

贫困地区小学生缺鞋状况调查报告

2013年中国扶贫基金会委托某研究机构进行了"贫困地区小学生缺鞋状况调查"。"中国贫困地区小学生缺鞋状况"调查团队于2013年2~3月以集中连片特困地区县——自然条件十分恶劣、基础设施落后、农民增收渠道少、贫困人口数量大、自我发展能力先天不足、扶贫开发难度大的四川省大凉山地区M县和贵州省毕节地区N县为例,调查了中国贫困地区小学生缺鞋状况,从2县小学生缺鞋的状况反映出中国集中连片特困地区以及其他贫困地区小学生的缺鞋状况。

调查团队采用文献研究、实地问卷调查、典型案例调查、深度访谈、观察等方式对小学生缺鞋状况、缺鞋状况相关因素、获得捐赠情况、需求等进行了深度调查。调查团队对M县2所乡中心校和2所村小的127名小学生和N县1所乡中心校和2所村小的187名小学生进行了问卷调查,对其中79名和77名学生的家庭情况进行了问卷调查;从受访学生中选择7名家庭状况差或/且家庭负担重的学生进行了典型案例调查;与2县教育局相关人员、学校校长、班主任、村委进行了深度访谈。

调查团队入校、入村、入户调查结果显示,2县小学生的缺鞋现象确实严峻,值得关注。

大部分学生上学路途崎岖险峻,多为山路、土路、石子路,路途较远,最远的甚至需要往返6公里。如M县,83.9%的学生上学的路是山路、土路或泥巴路,9.7%的学生上学的路是石子路,N县的比例分别为72.7%和11.2%。在M县,44.1%的学生从家走到学校一般需要花半小时到1小时的时间,26.8%的学生要花1~2小时的时间,在N县这一比例分别为40.1%和19.8%。

学生们通常一年需要三双结实、防水、防滑、保暖的鞋子,才能应对当地冬季寒冷、夏季多雨的气候状况。但是,现实中学生们的鞋子一般是从乡镇集市、小摊或小商店里买的便宜、质量较差的单薄解放鞋或胶鞋,既不保暖,也不防滑,很多学生在上学放学途中摔倒过。在M县,鞋子是买来的这部分学生中,87.3%的学生表示自己最贵的鞋不超过20元,极个别学生最贵的鞋子超过30元。在N县,鞋子是买来的这部分学生中,51.4%的学生最贵的鞋不超过20元,25%的学生最贵的鞋为20~30元,仅有10.3%的学生最贵的鞋超过了50元。一些学生穿姐姐哥哥穿过的,有的学生的鞋子是家里做的。

M县100%的受访学生都缺鞋,N县高达96.6%的学生缺鞋。其中,M县严重缺鞋的学生比例达95.3%,N县为79.5%。这些严重缺鞋的学生通常一年只有一双鞋或两双鞋,更严重的两年只有一双鞋穿。他们的鞋子有的破了、裂了、开线,脚有时会被扎破;有的要与兄弟姐妹合穿一双鞋;有的冬天没有保暖的鞋,脚会生冻疮或皲裂;有的鞋子不合脚,脚会被磨破。

部分严重缺鞋的学生有过光脚上学的经历。在M县严重缺鞋的学生中,14.9%的学生有光脚上学的经历,N县该比例为22.9%。一些是因为偶尔没鞋子穿,一些是因为舍不得穿,极个别是因为习惯。光脚时,学生们的脚有时会被扎破或磨破。

大部分学生上体育课没有运动鞋穿。一般来说,软底、弹性好、防滑的运动鞋比较适合在水泥操场上或土操场上运动,但在M县,只有6.3%的学生能穿运动鞋上体育课,N县也仅有29.4%的学生如此,大部分学生只能穿胶鞋、布鞋,有的甚至穿拖鞋、凉鞋上体育课。

缺鞋对学生们的身心健康产生了一定影响。缺鞋使学生们运动或活动不方便,遭遇冻伤、扎破、摔倒甚至摔断腿,以致无法挽回的伤害。不仅如此,在M县,28.3%的学生会因为自己的鞋子不好感到难为情,甚至有17.3%的学生因为鞋子不好而苦恼,或觉得比别人低一等。N县也是如此,比例均达到21.1%。

学生的缺鞋情况与其家庭人均年纯收入显著正相关,与其家庭存款弱正相关,与家长观念也有一定的关系。绝大多数家长根据家庭条件决定孩子的鞋子情况,一部分家长会考虑孩子的自尊心,极少部分家长会考虑自己的面子。

部分学生获得过少量捐赠,其中鞋类捐赠极少。例如,2012年N县受访的一所村小学生基本上人均获得了一件衣服和一个书包,仅有6.8%的学生获得了鞋子捐赠。M县受访小学生却均未获得过鞋子捐赠。

试析该份项目调研报告存在哪些优点和不足?

参考文献

[1] 美国项目管理协会.项目管理知识体系指南[M].5版.许江林,等,译.北京:电子工业出版社,2009.
[2] 王冬芳.慈善项目管理[M].北京:中国社会出版社,2014.
[3] 戚安邦.项目管理学[M].2版.天津:南开大学出版社,2014.
[4] 凯文·福斯伯格,等.可视化项目管理[M].许江林,刘景梅,译.北京:电子工业出版社,2011.
[5] 刘春湘.社会组织运营与管理[M].北京:经济管理出版社,2016.
[6] 夏立明.项目管理概论[M].天津:天津大学出版社,2008.
[7] 韩俊奎.非营利组织项目管理[M].北京:社会科学文献出版社,2015.
[8] 于仲明.项目设计与计划[M].天津:南开大学出版社,2007.
[9] 陈文俊.项目策划研究[D].武汉:武汉理工大学,2002.

第三章 公益慈善项目筹款管理

 引例

失败的"一元众筹拯救民间剪纸艺术"

2014年9月,佛山本土首个众筹平台"蚂蚁众筹"和佛山市华财职业技术学院联合发起了"一元众筹拯救民间剪纸艺术"项目,项目希望在60天的时间里,通过线上、线下互动的形式,筹集到10万元的资金。为了吸引关注,蚂蚁众筹平台还自行购买了10台iPhone6、30台iPad air、100个充电宝以及500个佛山精美剪纸,用于活动结束后的抽奖。但是线上84000元的众筹目标(资金将用于学校民间艺术创意中心的启动资金)只筹到了1189元,与目标相去甚远,在线上乏力的情况下,线下的众筹也被迫停止。组织者原本计划在众筹成功后,继续发动项目,保护剪纸,但这一切随着众筹失败戛然而止。众筹停止的一大原因就是参加人数过少,公益众筹还存在管理真空。此众筹项目的目标是发动10万人参与进来,但截至活动结束,只有294人真正参与。不仅社会公众参与度不够,项目工作的专业素质也达不到项目运作要求。蚂蚁众筹平台负责人说:"我们现在也没有人手可以专门来管理这一块的东西。"

第一节 公益慈善项目筹款渠道

在考虑公益慈善项目的筹款渠道时,就必须考虑政府、基金会、企业和社会公众外部资助方。只有充分了解不同外部资助方的特点,做到审时度势、知己知彼,才能从多方面拓展公益慈善项目的筹资渠道。

一、政府

在我国,政府不仅是公益慈善组织的管理者,更是公益慈善项目资金的主要提供者之一。政府资助公益慈善的方式主要是直接补贴与购买服务。近年来,随着政府购买服务的不断增加,公益慈善组织资金问题得到了一定的缓解。

政府资助形式包含资金和场地、贴息贷款等方面的直接支持和政府购买服务形式的间接支持。政府资助的规模较大,往往在几十万元以上。政府购买服务的渠道包括公开招标、邀请招标和竞争性谈判,公益慈善组织可以视情况选择。政府资助的稳定性较强,项目多以年度为单位。

获得政府资助对组织和项目通常会设置一定要求,更适合于正式登记注册、成熟度较高、已经具备一定资质和规模的公益慈善组织;项目必须符合政府相关政策、年度要求与指标,而且项目内容是面向低收入群体、受灾群体、疾病群体、老年儿童群体、残疾人群体等的民生类项目。

二、企业

企业掌握着较多的经济资源,往往是公益慈善项目筹集资源的重要对象。企业资助公益慈善项目,对双方而言是一种双赢的效果。一方面,社会公益竞争是现代企业竞争的重要组成部分。通过资助公益慈善项目,企业可以塑造良好的企业形象、企业文化,打响"软广告"。出于自身考量,企业可能会主动寻找相关公益慈善项目。另一方面,公益慈善组织与企业合作可以获得自身项目开展所需的资金、物品、人力资源等,同时还可以借助企业品牌宣传项目,提高公益慈善组织和项目的知名度,为项目的开展做好宣传与铺垫。相较而言,公益慈善组织对资金有更加迫切的需求,因此,多数想从企业筹款的公益慈善组织会积极主动地联系相关企业。一般的大企业都会在各自的网站上公开自己的CSR(corporate social responsibility)政策,想要从企业筹款的公益慈善组织必须认真了解与解读企业的CSR政策。

企业对选择资助的公益慈善组织和项目同样有较高要求。与个体捐赠不同,企业捐赠主要建立在理性选择的基础上,更为关注公益慈善项目的社会意义和企业本身的取向。企业对公益慈善组织的要求集中于该组织与企业的CSR战略目标、企业业务性质的匹配程度;对项目的要求较高,比如项目设计要有可量化的产出,辅助企业对外宣传;项目能够凸显企业参与公益的利益诉求,即企业究竟为什么要参与公益慈善项目以及他们想从公益活动中获得什么;项目设计能够考虑员工的参与,能够起到加强员工对企业的归属感等作用。

反过来,公益慈善项目也不是"有奶就是娘",对捐赠企业的选择也应该仔细考量,避免影响组织的声誉。比如一些环保组织接受高污染企业的捐赠,针对呼吸道等疾病的救助机构接受烟草企业的捐赠时都应该谨慎。

▶

2016年11月7日,来自国家卫生和计划生育委员会、中国疾病预防控制中心、新探健康发展研究中心以及中国控制吸烟协会等专家联名呼吁,在慈善法中禁止烟草捐赠。据了解,国家卫计委在全国人大征求意见时,已明确提出建议禁止烟草企业以捐赠名义开展慈善活动,并且增加处罚条款。

人们担忧和抵制烟草企业的慈善捐赠,主要缘于慈善捐赠少不了对捐赠者的登记与宣传,也就是说烟草商做慈善,在承担社会责任的同时,也无形中提升了社会对于烟草企业及其产品、品牌的市场认同,从而诱导人们愿意接纳烟草制品和吸烟行为,这势必会造成对社会的负面影响。在笔者看来,此番推理看似不无道理,但却潜藏着以偏概全和因噎废食的认知偏颇。

透过"禁止烟草捐赠"的言论,人们或许不难窥测其背后的逻辑思维,即烟草企业是一个害人的"恶"企业,其拿以损害民众健康为代价赚来的钱做"捐赠",显然是借机自我炒作的别有用心。不过,此番慷慨激昂却似乎忽略一个必须直面的基本现实,那就是烟草企业也是一个经政府部门批准、正经八百的合法性企业,其销售烟草并不同于贩卖毒品,当属社会日常生活中被法律允许、被民众认可的正当商品经营活动。慈善作为一项全民参与的社会化与公益性事业,没有理由拒绝一个合法企业的捐赠诉求。

诚然,我国《广告法》《商标法》及《公共场所控制吸烟条例》相关法律,都对烟草的经营活动有着具体严格的行为界定,但其着眼点都集中在对各类烟草广告的限制上。2003年我国正式签署的《烟草控制框架公约》中,第十三条所禁止的也是"所有的烟草广告、促销和赞助",其中的"赞助"就包括借捐赠之名的变相营销。由此解读,《慈善法》所规避的当为捐赠企业对慈的"利用"而并非"捐赠"本身。最终出台的《慈善法》第四章第四十条第二款"任何组织和个人不得利用慈善捐赠违反法律规定宣传烟草制品,不得利用慈善捐赠以任何方式宣传法律禁止宣传的产品和事项"的规定,也反映出对建议的采纳。

三、公众

近年来,随着人民收入水平的不断提高,社会大众参与公益活动的意识也逐渐增强,这使得个人捐赠在社会捐赠中所占的比例越来越高。近年来,随着互联网微公益的兴起,个人捐赠的门槛逐步降低,捐赠人数快速增长,这成为公益慈善项目获取资金的一种重要形式。

当前个人捐赠的资助形式分为线上与线下两种,资助规模和平均捐助金额较少,捐赠者的主观意识性强,个人在捐赠中更加注重慈善组织的品牌和公信力,如慈善组织的信誉、能力、款项使用信息披露的完整程度。个人对慈善组织开展的项目也有较高要求,首先,项目目标明确,对捐赠者具有感召力,能激发其责任感。个人捐赠者的主体意识较强,往往选择自己较关注的或者与自己关联度较高的对象捐赠。其次,项目能满足捐赠者的社交需求,塑造其社会形象。最后,项目的捐款方式应当易于操作,劝募信息清晰完整,才能较好地吸引更多的个人捐赠者。公益慈善组织应设计个性化、人性化的慈善项目和募捐方式,以便更好地募集所需要的资源。乔思福总结了人们决定捐赠的内在和外在动机,如表3-1所示。

表3-1 个人决定捐赠的原因

内在动机	外在动机
个人的或"我"的因素 • 自我承诺或自我尊重 • 成就感 • 认知上的兴趣 • 成长 • 减少内疚 • 生活意义及目标 • 个人利益 • 神圣使命	报酬 • 认知上的报酬 • 个人的实质报酬 • 社会的期待
社会的或"我们的因素" • 地位的需求 • 联盟力量的驱使 • 团体力量的驱使 • 相互依赖的关系 • 利他主义 • 家庭及子孙的影响 • 权力(政治、社会等)	刺激 • 人类基本需求的刺激 • 个人需求的刺激 • 愿景 • 企图心(政治或社会层面) • 避税或税制刺激

续表 3-1

内在动机	外在动机
负面的或"他们的因素" • 安抚挫折的期待 • 减低不安全或危险 • 减低害怕及焦虑的心理	特定情境 • 个人本身参与组织 • 参与计划与决策 • 同伴压力 • 家庭参与压力 • 传统文化 • 传统习惯 • 个人角色定位的压力 • 富裕的收入

资料来源：Joseph M. R. Principes of Professional Fundraising: Useful Foundations for Successful Practice[M]. Indianapolis: Jossey-Bass Publishers, 1993.

四、基金会

基金会成立的目的便是通过募集资金支持公益慈善事业的发展。由于基金会具有筹集善款的功能，在整个公益慈善组织中通常作为筹款的渠道之一。近几年，基金会的数量和其受捐助的总额的比例均处于增长态势，资助方向广泛，发展势头良好。2015 年民政部印发《关于鼓励慈善款物募用分离充分发挥不同类型慈善组织积极作用的指导意见》，着力推动在款物募集方面有优势的慈善组织（"资助型组织"）负责慈善资源的募集和管理，并以一定方式分配给有服务专长的慈善组织（"服务型组织"）运作项目、开展活动，这是通过筹募与使用的适度分离和不同慈善组织之间的分工协作，提升慈善款物使用效率的一种做法。这种发展源于其向公益慈善组织提供资金、服务等方面的强力支持有助于公益慈善组织提高运作能力，拓展项目规模，进而充分发挥公益慈善组织的专业优势，扩大项目影响及受益范围。

第二节 公益慈善项目筹款策略

常言道："工欲善其事，必先利其器。"公益慈善项目若想要顺利地从筹款对象手中获取到自己想要的资源，必须考虑的是筹款的策略和方法。考虑到筹款的效率和不同筹款方式之间的差异，针对不同的捐赠者市场，公益慈善项目宜采取不同的筹款方式。总的来说，公益慈善组织需要动用可以利用的组织资源，采用不同的筹款策略，充分调动工作人员和志愿者的积极性，有计划地开展筹款活动。以下介绍一些常见的筹款策略与方法。

一、组织、举办筹款活动

组织、举办筹款活动是公益慈善项目筹集资源的常用方法。筹款活动的类型丰富多彩，包括：①文艺演出活动，如慈善音乐会、舞会、文艺晚会、时装表演、电影首映式等；②体育竞赛活动，如慈善步行、慢跑、骑行、游泳、乒乓球、篮球比赛等；③社交活动，如慈善晚宴、户外活动、拍卖会、义卖会、展览会、沙龙、周年庆典等。

组织和管理筹款活动需要注意的是：首先，要有明确的活动目标，即尽可能地筹集资金，同时也要让参与者能在活动中享受快乐,只有这样才能让筹款活动变得更加持续和有意义;其次,要根据筹款对象,确定合适的活动类型、方式、时间和场所等;再次,要有精确的预算,控制筹款成本,并寻求较好的赞助商让其承担活动开支,以降低筹款活动亏本的风险;然后,要对筹款活动进行宣传和推广,最好能够获得各种媒体的支持,以扩大活动的影响力,如果有可能,可以邀请相关名人(政界人士、明星或公众人物)出席活动,以增加活动的吸引力和可信度;最后,也是最重要的,要获取相关许可,需要在主管部门进行活动备案,并得到政府的同意和支持。

二、公共募捐

公共募捐是公益慈善项目较为普遍的一种筹款方法,它的优势在于不仅可以向众多的民众直接募捐,而且在募捐的同时还能起到项目宣传的作用,扩大项目的影响力。当然,因为要向许多人募集资金,所以也需要投入较多的人力,故而适合工作人员及志愿者等人手充足的公益慈善组织。公共募捐包括如下几种方式:

(1)上门募捐。即敲开企事业单位或住户的门,请求他们提供支持;或者是留下联系地址及有关你的组织工作的相关信息,之后通过电话联系。

(2)街头募捐或公共场所募捐。该种筹款方式的典型做法就是设立募捐箱,通常会为捐赠人设置一些小礼品或卡片作为回报和纪念。

(3)设置在商店柜台中的募捐箱。这样可方便人们投放零钱,如果募捐箱比较大,也可以放在柜台外面。

(4)放置在支持者单位的募捐箱。支持者可以把零钱投放到募捐箱里,或者要求他们的朋友或同事也这样做。

三、私人募捐

私人劝募是劝募者利用个人资源、人际关系与潜在的捐赠者进行面对面的会谈,寻求捐赠的方式。私人募捐的方式有:

(1)拜访面谈。基于人际交往,通过登门拜访或约定地点,面对面对于筹款对象进行沟通交流,了解其在慈善捐赠方面的能力、兴趣、偏好,建立更进一步的联系,然后适时对其提供捐助请求。

(2)信函或邮件募捐。通过信函或邮件方式募捐,是公益慈善组织常用的筹款方式。这种方式的优势在于成本相对低廉,而且可以发现一些新的捐赠者,因此比较适合刚成立的公益慈善组织、规模小的公益慈善组织或现有捐赠者很少的公益慈善组织。例如,"希望工程"刚开始运作,资金还非常困难时,就采用邮寄筹款方式,并获得成功。但是这种方式的缺点在于非常麻烦,效率也不高,筹款的资金量也不会太大。因此,我国许多公益慈善组织在发展壮大之后,其筹款方式也逐渐多样化。在西方国家,通过信函筹款的方式更为普遍,这与政府的相关政策有关。例如在美国,根据有关规定,公益慈善组织通过邮局募款时可以享受一定优惠,邮寄费比普通信函低得多,下面就是一则示例。

亲爱的××女士:

去年欢乐营圆满结束,共有120位来自破碎家庭的孩子参加,一同踏青戏水,在星光缀饰的夜幕下共入梦乡,这一切及促成都要感谢您的善行。

您也了解我们的一贯初衷,五年以来资助该活动从不收取任何费用,因为参加的孩子们负担不起长达两周的活动的开销,如果没有您的支持,我们根本不可能办到,我们与孩子们都期盼您再慷慨解囊赞助 50 美元,让一切再变成可能。

(3)电话募捐。在西方国家,电话募捐也是一种常用的募捐方式。这种方式的成本比邮寄信函还低,如果是利用志愿者进行则成本更低,而且效果也会好得多,因为捐赠者可能认为志愿者不是为了挣钱而打电话,其行为本身就是一种捐赠形式,只不过捐赠的是事件而不是金钱。电话募捐的难度要高于邮寄方式,需要志愿者在简短的时间内向潜在的捐赠者介绍自己和组织情况、募捐目的与资金的用途,因此要求劝募者有一定的技巧。

四、会员制

会员制是公益慈善组织为参与者、支持者提供个人归属感和团体接受度的一种良好制度,它确保了公益慈善项目每个年度都有稳定的收入来源。会员制是国外公益慈善组织经常采用的筹款方式之一。例如著名的狮子会就是采取会员制度筹款,加入狮子会的会员,每人每年需要捐赠一定数额的资金;再比如一些大学基金会,也会采用会员制度筹款,不同等级会员捐赠的数额不同,享受的权利与待遇也不同。但是会员制的目的并非是单一筹款,它主要是针对一些有兴趣和有意愿从事某种公益慈善活动的人,使其出席或帮助公益慈善组织开展项目,以及为公益慈善组织贡献自己的志愿时长和专业技能等。

公益慈善组织采取会员制筹款可以获得四个方面的好处:一是承诺,即可以让会员承诺长期支持公益慈善项目;二是参与,会员制能为公益慈善项目提供一种很好的民主参与与管理机制;三是资金,会员所缴纳的年度会费,为公益慈善组织提供了稳定的收入来源;四是社会影响,会员名单还是公益慈善组织获取进一步捐赠的理想基础,它可以增加公益慈善组织的社会影响力,通过会员的社会网络关系带动更多潜在的支持者加入项目。

五、网络信息传媒等方式

随着现代信息传媒技术的飞速发展,运用数字传媒工具进行宣传、筹款,已逐渐成为公益慈善组织的新型筹款方式。具体来讲,公益慈善项目可运用的筹款工具有:

(1)互联网。通过创建组织自身的网站,或专门的筹款网站,或新媒体如微博、微信等,发布公益慈善组织的项目信息和筹款宣传广告,可实现在线实时募集资金。

(2)电子邮件。这是指公益慈善组织向筹款对象发送电子邮件,说明项目信息、筹款内容和募捐方式等,恳请对方给予公益慈善项目支持。

(3)短信。由资金劝募者通过通信运营商创建固定的短信筹款平台,向潜在的捐赠者发送筹款倡议短信,号召捐赠者捐赠。

(4)数字和纸质媒体。通过电视台、电台播放公益宣传片、广告以及在期刊报纸上刊登公益慈善项目信息,向受众传递信息,呼吁捐赠。

六、计划性捐赠

计划性捐赠是指捐款人承诺在一定的时间范围内进行捐赠,最常见的就是遗产捐赠。人们在临终前往往会决定其财产(包括金钱、不动产、投资和其他有价证券等)的分配,除了给自己的亲属之外,也有很多人将财产捐赠或通过慈善信托的方式给予公益慈善组织。因此,公益慈善组织应尽量争取遗产捐赠的目标群体,如组织的支持者和参与者。计划性捐赠虽然时间周期可能会很长,对其关系的运作和维护需要投入较多的精力,但往往金额巨大,是公益慈善项目获得稳定资源的重要途径。

七、公益众筹

众筹是指通过互联网方式筹资项目并募集资金的活动。筹款由发起人、支持者和平台三个部分组成。任何希望通过筹款平台获取资金的人均可发起筹款活动，对发起人的慈善项目感兴趣的人均可以成为支持者。通常，众筹模式的支持者是普通大众，而不是公益创投机构、基金会或企业；各类众筹网则成为连接项目发起人和支持者的平台。

公益众筹有不同的模式。一种是无利息或低利息众筹。例如发起人可以设计一个小额信贷扶贫项目，通过众筹平台发布。由于是帮助弱势群体，支持者的贷款是无利息或低利息贷款，属于公益众筹，贷款将用于帮助贫困人口发展有机农业或家庭畜牧业等。另一种公益众筹则属于捐赠众筹，与其他众筹模式所不同的是，支持者出于认同发起人的公益理念，不需要任何回报。例如，"冰桶挑战赛"就是一个非常成功的捐赠众筹案例。冰桶挑战赛采用娱乐化方式，并充分利用移动互联网快速传播优势，迅速吸引了公众对于渐冻人罕见病的关注和捐赠，在短短两周内，发起人美国ALS协会通过众筹平台就收到了共400万美元的捐款。

良好的筹款方式应考量公益慈善项目特点、与捐赠人的关系、筹款人员和志愿者的素质以及竞争状况，最重要的是为筹款活动注入重要性、紧迫性和相关性，如果项目的目标与社会关切的议题、个人的兴趣、忠诚度息息相关的话，筹款策略或活动的实施才能得到极大的注意力与回应。当然，公益慈善项目筹款的方式多种多样，不会也不可能仅仅采用单一的筹款方式获取资源。

第三节 公益慈善项目筹款步骤

公益慈善项目筹款一般包括以下五个步骤：成立募捐团队，收集资料与分析，确立筹款目标，设计、实施筹款计划，评估、总结筹款活动。根据具体筹款活动的不同，公益慈善项目的筹款步骤可以进行适当的增减或修改。

一、成立募捐团队

这是开展筹款活动的第一步，也是最重要的一步。只有拥有有效的筹款团队，才能正确细分市场、确立目标并实施计划。筹款团队只负责筹款，不分担管理工作。这样做的好处是使筹款团队更加系统和有策略地开展筹款和资源动员工作，提高组织的筹款效率和筹款团队的专业化水平。筹款团队的人员都具备专业化的筹款知识和技能，有丰富的筹款经验。为了尽可能动员组织资源，一般筹款团队都由公益慈善组织的主要领导人或项目主管牵头，大部分高层管理者亲自参与。在西方国家，大量志愿者的参与也是募款成功的有力保证。

二、收集资料与分析

资料收集与分析是有效劝募的基础，有助于决策者有效掌握对组织有利的信息。收集相关的资料包括资料来源、与相似的公益慈善组织进行对标分析、分析募款对象特性以及陈列募款分析表。收集资料应该详细了解慈善组织本身的募款资源并分析募款对象的特性。组织可以通过陈列募款分析表的方式来清楚地了解组织的优势，并充分利用这些资产达到募款最大化的目的。

募款对象的特征包括社会大众、政府、企业、基金会的相关资料，也包括他们的捐款动机、记录和兴趣等。

收集资料完成后就需要对捐赠市场进行分析。筹款的过程就是一个市场化运作过程,市场分析的目的是要寻找更多的潜在捐赠者,占有更多的市场份额。了解人们捐赠的动机是把握捐赠市场的基础,只有了解人们为什么捐赠,公益慈善组织才可能制定切实可行的方案。表3-2列出了公益慈善项目筹款分析的常见问题。

表3-2 公益慈善下面筹款分析表

组织自身	使命是否清晰?组织管理是否完善?
领导者风格	理事会是否积极协助筹款?高层管理人员是否授权?组织是大人物筹款模式,还是小人物筹款模式?
公众形象	组织的社会形象如何?与媒体关系如何?
筹款内容	筹款目标是否明确?筹款项目是否与组织使命一致?是否能得到公众认可?
劝募对象	谁是潜在的捐赠人?他们的需求是什么?动员捐赠人的关键因素是什么?
志愿者	志愿者是否认同组织的使命?是否有基本的筹资知识?是否有热情协助筹款?
筹款渠道	组织是否有公募资格?是否有良好的筹款渠道?是否有专业的筹款人员?
筹款管理	组织是否有健全的筹款管理?是否能够及时披露捐赠信息及捐款使用信息?是否有捐赠数据库?

资料来源:林雅莉.非营利组织之筹款管理[M]//江明修.第三部门经营策略与社会参与.台北:台湾智胜文化事业有限公司,2000.

三、确立筹款目标

筹款目标是指一定时期(通常是一年)内组织计划筹到的具体数额。筹款的目标要在上一步对组织本身和募款对象详细了解和分析的基础上确立,设立的目标必须切实可行,每部分都要是可以量化的目标,按照活动的阶段而设定,同时需要将目标落实到个人以便最后检查。通常,一个公益慈善组织在确定筹款的目标时,主要依据组织年度发展目标与资金需求,同时参考历年组织筹款的数额,分析未来筹资的环境,只有这样,制定的筹款目标才既符合需求,又有较大的可行性。

四、设计、实施募捐计划

设计与实施募捐计划是整个募捐活动的中心环节。在募捐活动之前,要对筹款活动进行详细的计划与筹备。筹款计划的制定是一个相对复杂的过程。首先,应对组织内外部环境有一个全面的分析和把握,包括组织内部的优劣势及组织外部的机遇和挑战。其次,设计多种募捐方法,然后对每种方法进行评估。评估时应考虑:如果使用这种方法,它的优势是什么?组织有哪些资源?有什么责任与风险?还需要哪种志愿者和特殊的员工技能?这种筹款方式能为组织带来哪些改变?最后,根据评估结果选定最终的几种方案,并对每种方案实行细化。

五、评估、总结筹款活动

通过总结评估寻找优点和不足,提高未来的筹款效果和效率。尤其是在面对越来越激烈的竞争时,组织的评估将对下次筹款产生重要影响。筹款的总结评估主要包括:筹款的收入总额、总成本、间接成本、筹款净收入、每单位筹款的平均成本、筹款的成本回收率、捐赠结构、达到目标的百分比及参与筹款的员工的工作绩效等。公益慈善组织常在意筹款总收入而忽视筹款成本,仅在意直接成本而忽视了间接成本。因为当间接成本过高时,容易吞没筹款的成果,而且暗箱操作容易滋生腐败。此外,为了便于市场分析,也为了保持和捐助者的良好关系,应该建立捐赠者数据库,显示捐赠者的详细信息并定时更新数据库。

第四节 公益慈善项目申请书

公益慈善项目的资金来源以外部资助为主,因此更重视申请环节。公益慈善组织通常向外部组织申请,比如基金会、支持机构、中介机构、境外非政府组织、政府部门和企业等,要经过严格的申请程序,并准备大量的申请资料。项目申请书与第二章的计划书在内容上有所重合,但政府、企业和基金会等不同的资助方对项目申请书有不同的要求,有些资助方要求申请资助者填写特定的表格。但是无论怎样,出具项目申请书,并根据不同要求生成不同文本是非常必要的。

一、公益慈善项目申请书结构

公益慈善项目申请书由三部分构成,即申请机构信息、项目基本信息和项目详细信息。

申请机构信息有助于资助方对公益慈善组织的概况形成一个基本而全面的了解,这些信息一般包含机构名称、机构成员人数、机构注册备案地点、机构注册时间、机构基本情况及机构负责人的信息等。

项目基本信息要求对所申请项目进行全面而简要的介绍,让资助方在阅读后对所申请项目的基本信息有所了解,该部分包含项目名称、项目目标、项目周期、项目领域、项目受益人数、项目实施地点、项目评估方式、项目主要负责人的信息和项目成果及影响。

项目详细信息要求通过对项目背景、受益群体描述、项目目标、项目创新性、项目实施计划五方面的介绍,达到一系列的效果:让资助方清楚地了解所申请项目的重要性和必要性;让资助方看到项目预期的社会效果、可持续性和创新性;让资助方充分认识慈善组织有足够的能力完成项目;让资助方了解受益群体信息和具体实施计划,进而明白他们的资助将被充分利用,达到预期效果。总而言之,该部分要求项目主管对项目信息进行充分、详细的说明,达到说服资助方支持所申请项目的目的。

公益慈善项目申请书要求准确、完整、简明、无遗漏,不得含有任何虚假成分。

二、公益慈善项目申请书撰写步骤

(一)撰写申请书前的准备工作

在撰写项目申请书前,首先,公益慈善组织要了解资助方的资助方向,对各个资助渠道进行全面了解,若申请的项目不是资助方向,就会徒劳无功。其次,公益慈善组织需了解资助方的资助历史,这有助于预估自身申请成功的概率。最后,公益慈善组织对于所申请项目的背景、重要性、必要性、可行性、可持续性、具体实施方案等要熟练把握,这是让资助方通过申请书对项目进行充分了解的前提。

(二)撰写申请书的要点

项目申请书通常包括以下内容:申请机构信息、项目名称、项目详细信息、方案的阐述、项目进度表、相关财务预算与审计方法、附件。不同的资助方有自己特定的要求和模板。一些申请书还要求具备一个逻辑框架。

1. 申请机构信息

一定要正确书写机构名称、机构成员人数、机构注册备案区、机构注册时间、机构基本情况及机构负责人的信息六项数据。尤其机构负责人一项中所附的联系方式，如通信地址（邮政编码）、电话、邮箱等务必核对无误。

2. 项目名称

项目名称是对于所申请项目目标和内容的高度概括，特点是简洁明了，令人通过项目名称就能明确其归属于什么工作领域。例如，项目名称"'让留守不再延续'——××市××县'三留'人员社会工作综合服务"，从该名称可以初步得到的信息是，这是一个综合服务项目。该项目名称说明了项目的领域（社会工作综合服务）、目的（改善目标人群的生活）、目标人群（"三留"人员——农村留守儿童、老人、妇女）。

3. 项目详细信息

此部分是让资助方了解项目的最重要资料。关于项目背景、受益群体、目标、产出、预期成效及创新性的陈述应让资助方感受到所申请项目的重要性和必要性，产生资助意愿。因此，除进行完整的背景介绍外，将一些调查和分析得出的精确、具体的证据加入申请书中会增加说服力。一般来讲，项目详细信息部分应包括以下主要信息：

（1）项目地区的宏观社会环境，有关项目方面的地区政策和利弊条件。

（2）提出这个项目的理由。例如，目标人群的数量、分布、生活情况、行为特点、面临的具体问题等与项目目标紧密相关的因素。

（3）项目范围。项目范围包含实施地点、资助额度、受益人数等因素，切忌不切实际的描述。

（4）项目目标。项目目标实际上描述了项目所针对的问题得以解决之后的结果。在该部分中要简要介绍项目的总目标、具体目标以及衡量指标，让资助方对组织所申请项目有一个明确的目标预期。

总目标是一个长期、宏观、具有概念性的描述。

具体目标是一系列的在项目周期内具有可行性的、有具体衡量指标的任务。具体目标一般而言应遵循五个原则，即具体的、可测量的、可现实的、具有相关性、具有时限性，即SMART原则（specific、measurable、attainable、relevant、time-bound）。申请书中对于目标的陈述一定要非常清晰，做到切合实际，切记不要承诺无法做到的事情。要牢记一点，资助者希望在项目完成报告里看到的项目实际上是实现了申请书中的既定目标，而不是凭空渲染。

明确的具体目标有助于阐明所有活动的最终目的，然后可以了解项目是否有任何进展或是否有效。在实践中，阐明具体目标的难度很大，因为通常会有不同层次的具体目标，从具体到更广泛等。

▶

确立具体目标时的常见问题

• 项目在规定时间内无法实现的具体目标。由于具体目标无法实现，实施人员会感到很灰心。例如，资助方经常鼓励机构制定一些过于艰巨的具体目标，这些具体目标在规定时间内很难实现。解决这个问题的方法之一是制定分阶段计划，确立一些有利于实现长期具体目标的中间目标。

- 具体目标被表达成一项活动。例如"开展活动来提高青少年对艾滋病的认识",开展这项活动可能根本就改变不了任何事情,具体目标可以更好地表述为"提高×区11岁至18岁青少年的艾滋病相关知识"。
- 过于艰巨或含糊不清。例如"改善生活条件",很难判断这个目标是否已经实现。

(5)项目产出。这是指基于目标的实现,在项目执行过程中所生产出的产品,可以是一本书、一份报告、一个服务性的物品或者是可交付使用的实体等。产出的描述,有助于目标的评估。

(6)预期成效。这是指该项目在执行前期望达到的效果,主要基于项目总目标与具体目标的描述,预设解决社会问题的有效性,是各相关利益方共同期待的最终结果。

以上六点是项目分析的重要逻辑框架,基于不同资助机构的需求,会适当有所调整,比如会增加实现策略、衡量指标、评估方法等部分内容。

(7)目标人群。目标人群通常指项目的受益人群。在此部分中,一定要清楚写明目标人群及其数量,必要时还应把目标群体分为直接目标群体和间接目标群体,这直接关系到所申请项目投入与产出的效益。此外,应对目标人群参与项目的活动也进行一些阐述,比如项目设计、项目活动、活动主题与时间等。要让资助方项目不但针对目标人群所设计,并且得到了他们的支持,让资助方对项目产生信心,增强资助意愿。

(8)相关利益方分析。社会问题在整个社会生态系统中尤为复杂,一个项目的实现往往是不同的相关利益方共同努力的结果,即要实现集合影响力。因此,需要对该项目的各相关利益方进行分析,比如,捐赠方、相关政府部门、媒体等各自在项目中的作用,以共同推进项目进展,以助于实现项目目标,扩大影响力,这也是资助方在项目执行过程中尤为关注的方面。

(9)项目工作人员。该部分内容应对项目团队的概况进行阐述,包括所有项目组重要成员的姓名、资历、专业背景、工作经验及所在机构等信息。项目工作人员的资历、经验与能力往往决定了项目的成败。对相关信息进行叙述,可以让资助方对团队产生信心,进而对整个项目产生信心,增强资助意愿。

(10)项目实施计划。该部分旨在让资助方对组织所申请的项目如何实施有一个整体把控,了解通过何种方法、开展何种活动来实现项目目标。

4. 方案的阐述

要写明选用方法的优越性,可以通过比较、引用案例和专家观点等方式充分说明问题解决方案的科学性、经济性和有效性。同时,也不要忘记说明问题解决方案面临的风险和挑战。此外,要阐明执行解决方案所需的条件与资源,包括人员、时间、设备、地点要求等,最好对涉及的主要岗位的职务要求进行说明,必要时可附上附件。

5. 项目进度表

在这一部分中,应根据各项工作开展的先后顺序、逻辑关系等写明工作流程、完成时间、项目活动的描述以及相关负责人等,然后在表格中将各项项目活动的顺序和起始时间标注清楚,最后以项目进度表的形式呈现出来。这样使得资助方在阅读申请书时就能一目了然地明确计划在什么时点应进行到什么程度,并明确各项活动之间的逻辑关系。

6. 相关财务预算与审计方法

根据项目执行实际需求,调查市场价格,制定该项目财务预算表,并设定财务监管方法。

这一部分也是资助方较为关心的内容,有助于其了解所申请项目投入与产出的效益。公益慈善项目的一大特点是社会效益,虽然社会效益难以量化,但通过所用的财务与审计方法对其进行估算,得出单位成本的投入可以产生的效益,这对说明项目计划的可行性与有效性是一个很好的补充,有助于投资方增进对项目的信心,增强资助意愿。

7. 附件

附件的内容包含重要的文件或篇幅太长而不适合放在申请书正文中的文件,如机构的详细介绍、重大事项叙述、年度报告、审计报告以及各类名单、数据和图表等。此外,一些与申请书正文内容相关性不大,放于正文中会扰乱思路的文件也可放于附件中。切记无论何种附件,一定要于正文中注明,如"详细情况,请查看附件"。总而言之,采用附件的目的是使得正文逻辑紧密、结构清晰,不含多余的叙述,并让读者可以按自身需求在附件中找到相关内容。

行动援助中国办公室村级/社区项目申请书

(项目名称)

一、问题的提出和分析(为什么做这件事?)

1. 本项目要解决什么问题。
2. 如果这个问题不解决,对村里有什么影响,尤其是对村中的哪些人群有较大影响。解决这个问题对大家有什么好处。

二、项目产出的过程(这件事怎么提出并讨论的?)

1. 提出问题的过程(谁提出的、时间、地点)。
2. 问题讨论的过程(召开会议的时间、参会的人员、大家对问题的看法和分析、如何解决的行动方案)。
3. 项目实施和管理方案的产出过程(时间、地点、开会的人员和讨论过程的简述)。

以上内容可直接描述,也可以填在下表内。

时间	地点	参与者	事件/讨论内容	结果描述

三、项目的整体设计(打算怎么做?)

1. 目标/结果(要在什么时间里完成什么样的工作,例如多长、多宽的村级路)。
2. 落实的步骤(时间进度表):

活动内容	时间安排	牵头人	参加人	备注
1.启动村民大会宣布项目的启动与村民公布相关的管理制度和资金安排等（必须做的工作）				
2.放款				
3.购买材料				
4.铺路基等				

3.监测评估计划表：关键点监督（监测小组任务）。

方面	指标/	谁收集信息	方法	时间/时段	频率

4.预算。

此项目所需总金额为_____元人民币。

其中村民资金投入为_____元人民币，投工投劳折合为_____元人民币。

行动援助资助_____元人民币。

政府配套资金为_____元人民币。

序号	时段	名称	规格/型号	数量	单价	总额	分担数额			购买地及供应商电话
							村民	政府	AA	
		购买建筑材料								
		投劳折价								
						合计				

四、管理的制度和方案

1. 管理小组成员名单和分工、监督小组成员名单和分工。
2. 采购方案。
3. 账目管理方法/制度。
4. 投工投劳方法/制度。
5. 集资方法/制度。
6. 监测和评估方法/制度与反思。

监测要求：

①按活动内容要做好每次活动的详细记录（包括参与的人员、做了哪些活动、如何做的）。

②按活动内容要做好每次活动中的学习（征集村民的意见发现在项目启动、实施和结束时村民的评价，包括做的好的方面、做的不好的方面、发现的问题等）。

③活动结束后一个月内征集村民对此工作的评价，包括效果影响等。

7. 风险管理方法（请考虑可能存在的影响项目进度的因素和不可抗拒的风险，例如连续下雨或其他灾害，并说明如何应对和解决的对策）。

8. 后续管理方案/制度。

申请人：   申请日期：

管理小组成员签字：

资料来源：行动援助DA工作指南2008版。

本章小结

  筹款管理是公益慈善项目管理的重要一环，是公益慈善项目得以运行的基本保障。本章首先介绍了公益慈善项目四种筹款渠道，即政府、基金会、企业和公众，以及这四种筹款渠道的运作方式及特点；其次对公益慈善项目申请书的结构、撰写要点及注意事项进行了阐述；最后详细介绍了公益慈善项目筹款的策略与步骤。通过分析公益慈善项目的筹款的相关事宜，为其筹款管理提供思路。

课后习题

1. 公益慈善项目筹款对象包括哪些？
2. 除互联网公益筹款外，我国公益慈善项目筹款渠道的新发展有哪些？
3. 简述公益慈善项目筹款的流程。
4. 都说做好事不留名，当你所在的慈善组织接受到一笔"来历不明"的巨额捐赠时，你第一感觉这笔钱可能是有问题的，此时你会如何做？

5. 面对筹款困境,公益慈善组织该如何从自身做起,切实提升组织自身筹款竞争力?
6. 选择一个感兴趣的公益慈善项目,试着撰写一下这个项目的项目申请书。
7. 案例分析。

一个鸡蛋的暴走

"一个鸡蛋的暴走"是上海联劝公益基金会于2011年发起的公益徒步筹款活动,旨在为联劝U积木计划及U泉计划筹款,致力于让0~18岁儿童健康成长、平等发展。暴走参与者需要在12小时内走完50km,并通过创意的方式向熟人网络募集善款,实现个人挑战和公益参与的双重价值。"一个鸡蛋的暴走"希望带给公众身体力行的公益实践和丰富快乐的公益感受,让公益不再遥远,未必苦情,也不止于捐款。作为上海乃至全国影响力最大的公益徒步活动之一,截至2017年,"一个鸡蛋的暴走"累计参与人数超过15828人,累计筹款超过3290万元,累计获得支持17万次。所筹善款资助了21个省区共计200个儿童公益项目,帮助的孩子超过33万。

启发大众:让每一个普通人以多元方式走进公益

"一个鸡蛋的暴走"十分注重公众参与与民间属性。无论是新鲜的初来者,还是年年参与的筹款达人,暴走都抱着最大的热忱欢迎每个参与者与围观者,希望通过激励与引导培养大家的筹款意识与公益参与度。联劝每年都会举办公众评审会、项目分享会、义工招募、后续探访等活动,鼓励普通人通过多元的方式走近公益。

跨界探索:运动×公益的鼻祖,参与式公益体验

"一个鸡蛋的暴走"是国内首个公益徒步筹款活动,将运动代表的健康生活方式与公益结合起来。不同于传统的公募活动,"一个鸡蛋的暴走"不博眼泪,强调快乐的参与式公益体验。活动鼓励参与者发挥创意,展示个性,因而诞生了不少经典案例。比如,有参与者每年背着自制的鸡蛋人来参加暴走,有人通过定时减肥、奇装异服、现场求婚、点歌卖艺、旧物寄售、徒步积分等创意方式来筹款。

有效传播:不忘初心,坚持为儿童领域的公益项目传播筹款

更重要的是,"一个鸡蛋的暴走"始终不忘初心,坚持为儿童领域的公益项目传播筹款,为优秀的民间公益项目提供支持,帮助更多有需要的孩子。一方面,联劝是一个可靠的公募平台,通过官网、在线筹款平台联劝网、微博微信邮件等自媒体实时公布捐赠动态,定期公布善款流向与发布资助故事,传播公益正能量。另一方面,联劝与品牌合作,活动前推出帆布袋手绘活动、晒老照片赢限量衍生品活动,活动中搭建照片分享平台、发布微博话题,活动后举办公益征文摄影比赛、暴走颁奖典礼、义工趴、暴走资助展等活动,各种线上线下互动活动拉近了参与者与公益机构的彼此距离,让公益变得好玩而更有参与性。

高效筹款,高效公益

作为一个高效透明的公益筹款活动,"一个鸡蛋的暴走"致力于实现社会资源的最优配置,调动各种合作伙伴的全方位参与,从而大幅降低活动和组织成本。

相较于同类商业徒步活动,"一个鸡蛋的暴走"保持了极低的运营成本。一方面,活动严格控制各类物资和管理的硬性成本,且积极争取各类物资、场地、志愿团体等优质资源,共同为公益投入活动发声,创造1+1>2的规模效应;另一方面,活动极大减少了传统线下活动的传播和公关成本,积极调动每位参与者的社交圈和公益传播的热情,善用自媒体和免费的互联网资源宣传公益。暴走活动的平均筹款效率因而远优于国际标准。

此外,"一个鸡蛋的暴走"活动秉持低碳环保、可持续的公益理念,活动各类文件均采用电子版本,节约用纸。每年尽可能重复利用搭建物料与活动物资。最近一次的暴走,主办方提前联系了沪上环保机构"绿洲公益"在活动结束后回收食品物资,捐赠给社区困难户。另一公益机构"爱芬环保"在参与暴走活动之余,应主办方反复宣传沿途环保的倡导,发起了"走路捡垃圾"的活动,成为现场一道亮丽的风景。在徒步筹款的同时,减少了沿途环境的负担。

最后,"一个鸡蛋的暴走"在善款使用上同样高效透明。善款的资助过程经过项目申请、尽职调查、电话面试、实地探访、项目评审、公众投票等一系列环节,全程通过微信和网站进行公示。项目执行过程中,联劝履行监督反馈等职责,充分确保公益善款的有效、高效使用。

试从"一个鸡蛋的暴走"项目中总结你所学到的一个优秀的公益慈善项目筹款的经验。

参考文献

[1] 苟爱萍,田江.影响公益众筹中项目筹款能力的一些相关因素——以众筹网为例[J].物流工程与管理,2016,38(10):139-142.

[2] 胡兵.非政府组织的筹款困境[J].科技经济市场,2016(7):175-178.

[3] 高一村.慈善法背景下的互联网公益筹款之路如何走?[J].中国社会组织,2016(9):26-27.

[4] 余芳.移动互联网时代下公益筹款的趋势[J].新闻传播,2016(2):25-27.

[5] 王茜.中国公益众筹发展研究[D].长春:吉林大学,2015.

[6] 张蕴慧.当前中国慈善组织筹款及筹款策略研究[D].北京:北京林业大学,2015.

[7] 徐宇珊,韩俊魁.非营利组织筹款模式研究——兼论世界宣明会筹款模式[J].中国非营利评论,2009(1):185-199.

[8] 邓国胜.公益慈善概论[M].济南:山东人民出版社,2015.

[9] 江明修.第三部门经营策略与社会参与[M].台北:台湾智胜文化事业有限公司,2000.

[10] 谢晓霞.民间非营利组织财务管理理论与实务[M].北京:经济管理出版社,2013.

[11] 米歇尔·诺顿.全球筹款手册——NGO及社区组织资源动员指南[M].张秀琴,江立新,译.北京:中国人民大学出版社,2005.

[12] Joseph M. R. Principes of Professional Fundraising:Useful Foundations for Successful Practice[M]. Indianapolis:Jossey-Bass Publishers,1993.

[13] 林志刚,彭建梅.如何劝募:慈善组织筹募实务[M].北京:企业管理出版社,2012.

[14] 金罗兰.我国非营利组织与项目管理[J].北京工商大学学报(社会科学版),2005,2(6):63-67.

第四章　公益慈善项目合同管理

 引例

困惑的李总

　　李总在深圳注册了一家社会服务机构,主要承接政府采购服务项目。近年来随着政府采购服务的力度不断加大,机构承接了越来越多的项目,对人力资源的需求也不断提高。为了满足组织发展的需要,机构开始面向社会招聘项目官员。由于政府采购服务项目通常对项目中的行政成本有较多限制,李总机构聘请的项目官员薪酬上限为7000元人民币,如果据实缴纳社会保险的话,员工能够拿到手的薪水不到5000元。为了让薪酬更具有竞争力,李总在与拟聘员工签订合同的时候,会询问对方是否希望按照最低标准缴纳社会保险,在工资上限一定的情况下,员工到手的工资能够增加数百元。员工希望能够拿到更多的薪水,也通常会同意机构按照最低标准缴纳社会保险。经过协商后,双方在签署的劳动合同中特别注明了该条款。然而近期发生的一件事却让李总很困惑。原因是一位工作两年的员工离职了,但几天之后,李总收到了劳动部门通知,理由是该员工因李总的机构没有给她足额缴纳社会保险向机构申请劳动仲裁。李总带着双方签订的劳动合同去往劳动仲裁部门,最后的仲裁结果是,李总要从员工正式入职一个月后开始向其支付经济补偿金。按照新的劳动法规定,机构未及时足额缴纳社会保险费的,劳动者可以解除劳动合同,而且用人单位还要向劳动者支付经济补偿金。按照上位法规定,仲裁部门判定双方之前签订的劳动合同无效。李总后来才听说,凡是用人单位和劳动者按照最低标准签订劳动合同的,只要员工去劳动部门告状,往往是"一告一个准儿"。李总很困惑,以后这劳动合同该怎么签呢?要按照足额给员工缴纳保险的话,多出来的支出算谁的呢?

第一节　公益慈善项目合同管理概述

一、公益慈善项目合同管理的定义

　　参照合同管理的相关定义,公益慈善项目合同管理可定义为组织依法对本单位涉及公益慈善项目合同的签订、履行、变更、解除以及合同纠纷所进行的计划、组织、控制、调解、诉讼和监督检查等一系列活动的总称,它贯穿于公益慈善项目合同实现的全过程。

　　相对完善的公益慈善项目合同管理制度对合同的订立与履行、变更、解除和终止、违约责任与合同赔偿都做出了具体规定。由此可见,完善的合同管理是公益慈善项目正常运营,防范和控制项目风险,规范双方交易行为,保证合同纠纷恰当处理的有效途径。

二、公益慈善项目合同管理的作用

（一）有利于实现其合同规定的权利和义务

公益慈善组织与其他法人和组织签订的项目合同协议，规定了合同双方的民事权利和义务关系。对于合同双方来说，合同的法律效力，既保证了他们可以在法定范围内直接享有合同规定的权利，又保证了合同义务的顺利履行。

（二）有利于规避合同中的风险

任何项目合同都存在一定的合同风险。公益慈善项目合同也同样受外界环境、项目执行方资质等因素影响，存在着主客观风险。公益慈善项目合同的客观风险，如不可抗力等，是合同双方无法避免的，不受合同双方主观努力的影响。合同的主观风险，例如项目合作方在无正当理由的情况下违约等，则可通过人为控制或避免。控制主观风险也是公益慈善项目合同管理的重要意义所在。

（三）有利于推动公益慈善项目的有序开展

就公益慈善组织内部而言，有效的项目合同管理保证了各个部门权责明确，积极配合。合同的内容通常需要公益慈善组织的各个部门在各自授权范围内相互配合、相互监督、共同完成。没有合同管理，公益慈善项目难以系统、高效的展开，这也阻碍了项目目标的实现。

三、公益慈善项目合同管理的内容

公益慈善项目合同管理是一个系统的过程，具体来说包含了合同的订立、生效及履行、变更、解除与终止等各个环节。

（一）公益慈善项目合同的订立

公益慈善项目合同的定义包括动态协议和静态协议。其中动态协议是指公益慈善项目合同正式成立生效前，公益慈善组织及合作方就合同内容开展的邀请、要约等一系列动态活动。静态协议即双方就各自合同权利与义务达成一致，合同成立。

（二）公益慈善项目合同的履行过程

为了做好合同的履行工作，在管理相关项目的同时，公益慈善组织必须做出清晰的履行章程，确保相关部门明确自己的监管内容，从而保证项目围绕合同顺利开展。

（三）公益慈善项目合同的变更、解除与终止

公益慈善组织应针对新出现的情况或问题与合作方进行及时的协商，确认问题的解决方案，对合同规定的相关条款做出变更。这些变更条款和处理意见等都应该作为原有项目合同的补充，并与正式合同文本一样管理和履行。

当出现使得合同无法进行的情况时，要特别注意在合同解除或终止过程中的协商，明确责任方，正确处置合同纠纷，把损失降到最低。

第二节 公益慈善项目合同的订立与履行

一、公益慈善项目合同订立概述

公益慈善项目的合同订立，是公益慈善组织依法与项目受益方、捐赠方等合同当事人就合

同所规定的各自的权利和义务达成一致的意思表示。项目合同的订立是项目得以顺利进行的前提,因此,正确的订立合同对于公益慈善项目来讲意义重大。

二、公益慈善项目合同的订立程序

合同订立必须经过要约和承诺两个阶段。《中华人民共和国合同法》第13条规定:"当事人订立合同,应当采用要约、承诺方式。"

此外合作方针对要约作出的承诺也必须采用通知的方式,除非根据交易习惯或者要约表明可以将行为作为承诺,即除特殊情况之外不得以缄默或不承诺来作出承诺。

(一)要约

要约是当时当事人向他人发出的希望拟定合同的意思表示。公益慈善项目合同的订立过程中首先要有明确要约,即组织针对某一公益慈善项目以拟定合同为目的,而向他人所作出的意思表示。这也是项目合同成立的前提。组织作为要约发出方称为要约人,接受这一要约的法人或组织则称为受要约人或相对人。

1. 要约成立的要件

组织做出的要约需满足特定的条件才具有法律约束力。要约的有效要件主要有以下四点:

(1)要约是特定人作出的意思表示。

组织作为要约的发出者,不仅需要具备相应的合同订立和履行能力,还必须指定客观上能够确定的人作为要约人。只有这样,受要约人才能对之作出承诺。

(2)要约必须向有意愿与之签订合同的相对人发出。

一般情况下,公益慈善项目的受要约人也应该是特定的相对人,否则要约就失去了承诺对象,因此也不能产生法律效力。

(3)要约的内容必须确定。

公益慈善项目要约的内容应清晰明确,不能模棱两可。只有这样,受要约人才能明确要约的真实含义,从而作出承诺。

(4)要约必须以订立合同为目的。

组织发出要约的目的必须为订立合同,不以订立合同为目的的意思表示不构成要约。要约具有订立合同的目的是指"足以使受要约人合理地相信自己已经被授予创设合同的权利"。

2. 要约的法律效力

要约的法律效力,是指要约的生效及要约对要约人和受要约人的约束力。组织作为要约人,在要约生效后,不得撤回、撤销或者对要约加以限制、变更或扩张。因此,组织在发出要约时,应反复确认,以确保要约内容准确清晰。

要约开始产生法律效力的时间会因组织要约的形式而有所不同。具体而言,若要约为对话形式,则要约从受要约人了解要约开始生效;若要约为非对话形式,则要约在到达受要约人时生效。此外,为保障组织"缔约权的安全性,敦促受要约人及时行使权力,尽早明确合同关系",组织在发出要约时,还应尽量明确承诺期限。

(二)承诺

承诺,是受要约人同意要约的意思表示,即公益慈善项目的合作方同意签订合同。承诺的生效也是合同成立的要件,《中华人民共和国合同法》第25条规定:"承诺生效时合同成立。"

1. 承诺的要件

承诺应具备以下要件，才能产生法律效力：

(1) 承诺须为受要约人向要约人作出。

组织在接受承诺时应注意，承诺须由组织指定的特定受要约人或其代理人作出。任何的其他第三方作出的同意要约的意思表示，均不构成承诺。

(2) 承诺内容必须同要约内容一致。

承诺内容与要约内容一致是承诺成立的核心要件。组织有权拒绝对内容有实质性变更的承诺。《中华人民共和国合同法》第30条规定："承诺的内容应当与要约的内容一致。受要约人对要约的内容作出实质性变更的，为新要约。有关合同标的、数量、质量、价款或报酬、履行期限、履行地点和方式、违约责任和解决争议方法等的变更，是对要约内容的实质性变更。"《中华人民共和国合同法》第31条规定："承诺对要约的内容作出非实质性变更的，除要约人及时表示反对或者要约表明承诺不得对要约内容作出任何变更的以外，该承诺有效，合同的内容以承诺的内容为准。"

(3) 承诺须在承诺期限到达要约人。

公益慈善项目合同中规定了承诺期限，项目合作方必须在承诺期限内作出承诺，否则组织的要约就失去了法律效力。此时，承诺变为新的要约。若组织在要约中未明确承诺期限，则需根据要约的形式确定承诺期限。若要约为对话形式，受要约人应立即承诺；若要约为非对话形式，受要约人的承诺应在合理期限内到达。

2. 承诺的方式

承诺的方式是受要约人将同意订立合同的意愿传达给要约人所采用的形式。组织应在要约中规定承诺方式，要求受要约方以规定的方式，如书面通知等，作出承诺，以保证承诺的有效性。

(三) 公益慈善项目合同订立的具体步骤

公益慈善项目合同的订立具体可以参照以下步骤：

1. 对项目合作方的资格审查工作

组织应对项目意向合作方的经营范围、主体资格合法性、履约能力、履约信用等资格和资信情况进行审查和确认。如果组织无法通过书面审查确认项目意向合作方的主体资格合法和资信能力充足，可派遣专门人员实地考察。所有被审查的文件和审查报告均应列入合同档案。在公益慈善项目审查阶段，尤其要注意该项目是否已经同时获得其他项目的支持或资助，避免出现同一项目重复资助的情况。

2. 对合同具体条款的谈判工作

组织与有意向开展合作的单位进行项目合同洽谈，谈判过程应聘请专业法律顾问一同参加。

3. 合同起草

组织根据合同谈判结果与专业律师一起进行合同文本的起草和修订。组织应就合同起草工作召开专门会议商讨。在起草过程中还应征询财务部和法务部或专业法律人员的意见。

此外，合同文本应尽可能使用成熟的合同范本，无范本的组织应争取本组织起草为主。合同所涉及的特殊术语、重要概念等应予以专门解释。组织对合同标的的质量、数量、履行期限和方式等如有特殊要求，也应在合同中特别明确。总之，订立合同的内容一定要尽可能详尽，以保证合同内容清晰明确、方便履行,并在发生意外情况时可明确违约责任,保障组织的利益。

4. 合同审查会签

合同起草完成后,组织还需做好项目合同审查工作,一般应由法务或者专门人员负责。合同审查应重点注意以下几点:①审查项目合作方资质,确认其符合公益慈善项目要求,承诺明确项目成果的公益属性。比如某制药企业资助了一家研究院从事某一种药物的研发,而这个研发的药物恰恰是该制药企业想要上市的商品,如此就构成了利益的回报。还有非常多的情况是,制药企业通过公益慈善项目接近医生或进入医院等,借此规避招标来实现自身的商业目的。②确认合同风险得到充分评估。③审查项目预算,确认结算方式明确,金额正确。④审查项目标的条款,确认项目标的数量、质量等规定清晰明确,将项目申请书作为有效的法律附件。如果公益慈善项目本身较为复杂,合同文本难以涵盖所有细则,一般可以考虑配备一个相对详细的执行手册作为合同的附件,借此可以避免合同执行中的许多风险,从而保证后续项目执行的可控性。⑤审查合同规定的变更及解除、违约责任承担、索赔及争议解决等条款,确保这些条款完备并具有可操作性。

(四)合同补充协议的订立

组织在与合作方订立合同后,可能会因某些客观状况的发生而出现使双方合同难以履行或危及双方利益的状况。此时,组织可与项目合作方签订补充协议,对项目合同双方的权利和义务进行调整和补充,以保证项目的顺利运行。组织在与合作方制定补充协议时,也应遵循相应的合同订立原则和法律法规。《中华人民共和国合同法》第61条规定:"合同生效后,当事人就质量、价款或者报酬、履行地点等内容没有约定或约定不明确的,可以协议补充;不能达成补充协议的,按照合同有关条款或者交易习惯确定。"

三、公益慈善项目合同的效力

合同的有效性是公益慈善项目合同依法履行的必要前提。合同的生效是指已经依法成立的合同所具有的法律约束力。《中华人民共和国合同法》第8条规定:"依法成立的合同,对当事人具有法律拘束力,当事人应当按照约定履行自己的义务,不得擅自变更或者解除合同。"由此可见,合同生效必须建立在合同依法成立的基础上。

合同的成立必须经过要约和承诺两个阶段,这也是合同成立的基本规则。在合同成立的基础上,合同有效还必须具备以下要件:

1. 项目合同主体具有相应的民事行为能力

这里是指组织及其项目合作方作为合同主体必须适格,符合法律规定。

2. 意思表示真实

意思表示真实即合同内容与组织及其项目合作方的真实意思一致,不存在欺诈、胁迫、乘人之危或重大误解等情况。

3. 不违反法律和社会公共利益

公益慈善项目合同订立目的及合同中的各项条款不能违反法律和社会公共利益,这也是合同有效的根本性要件。

四、公益慈善项目合同的履行

合同履行,是指合同当事人按照合同约定依法完成合同义务的行为。组织及其项目合作方订立合同的目的就是为了履行合同,实现合同内容。因此,合同的履行是公益慈善项目合同管理的重点。

(一) 合同履行的原则

组织在履行合同时必须遵循以下原则：

1. 正确履行原则

正确履行原则，又称适当履行原则或全面履行原则。这一原则也是判断组织或其项目合作方是否应承担违约责任的依据。《中华人民共和国合同法》第60条规定："合同当事人应当按照约定全面履行自己的义务。"因此，组织在履行合同时，必须按照约定的全部义务，而不是部分义务履行合同。

2. 协作履行原则

这是指组织在履行合同时，应积极配合项目合同对方履行合同义务。项目的顺利开展离不开组织与各方参与者的互相协作。《中华人民共和国合同法》第60条规定，当事人在履行合同中，根据合同性质、目的和交易习惯履行通知、协助和保密等义务。

(二) 项目合同履行的要素

1. 履行主体

一般情况下，组织及其项目合作方应亲自履行合同内容。但合同履行过程中的情况复杂，可能出现这样或那样的问题，例如合作方无法按期完成项目等。因此，在不违反法律法规、当事人特别约定，并符合合同性质的前提下，可以允许第三人成为合同履行的主体。

2. 履行标的

组织应监督公益慈善项目合作方严格按照合同的约定履行。属于实物履行合同的，组织应及时注意确认履行标的的数量、质量、价款等是否符合合同约定。

3. 履行期限

组织应在项目合同中明确约定履行期限，没有约定履行期限的应尽量通过补充协议来约定；如果依旧不能确定履行期限，组织可按照我国合同法第62条的规定，随时要求对方履行，但应当给对方必要的准备时间。

4. 履行方式

合同的履行方式对公益慈善项目的顺利进行有重要影响。若项目合作方不按照约定的方式履行合同，可能造成标的物缺陷、费用增加、履行迟延等后果。因此，组织应尽量监督对方按照约定的履行方式履行合同。

若组织未与对方约定履行方式，可就履行方式与对方达成补充协议；不能达成补充协议的，按照合同有关条款或者交易习惯确定；若依旧未能确定履行方式，组织可按照我国合同法第62条第3款规定，要求对方"按照有利于实现合同目的的方式履行"。

5. 履行地点

履行地点与项目费用的负担和时间都相关，因此，组织应在合同中明确约定项目履行地点并监督对方按照约定履行。合同中没有明确履行地点时，组织可按照法律规定与对方签订补充协议；不能达成补充协议的，按照合同有关条款或者交易习惯确定。组织也可依据我国合同法第62条第3款规定："履行地点不明确，给付货币的，在接受货币一方所在地履行；交付不动产的，在不动产所在地履行；其他标的，在履行义务一方所在地履行"，要求对方履行。

6. 履行费用

组织及其项目合作方应按合同要求负责履行合同产生的费用。合同中没有明确约定履行费用的负担时,组织可按照法律规定与对方签订补充协议;不能达成补充协议的,按照合同有关条款或者交易习惯确定;仍不能确定的,由合同履行义务一方承担。一般公益慈善项目的资金都是分阶段拨款,在项目合同订立后拨付一部分比例,在项目结项后拨付尾款。也有一些资金量较大的项目会分三阶段拨付。一般而言,具体资金拨付比例通常由双方协商进行,但分阶段拨付最好是依据上一阶段项目执行的评估结果,在通过验收后再拨付下一阶段的款项,可以适当保持项目合同风险的可控性。这里还需要注意的问题是,首付款和尾款的比例最好设置合理,如果首付款比例过高,很可能就无法形成对项目质量的激励;如果首付款比例过低,也可能产生项目资金不足的情况。

第三节 公益慈善项目合同的变更和终止

一、公益慈善项目合同变更

(一)合同变更的概念

组织在与项目合作方签订合同后,可以依据法律法规或经双方协商对合同进行变更。《中华人民共和国合同法》第77条规定:"当事人协商一致,可以变更合同。法律、行政法规规定变更合同应当办理批准、登记等手续的,依照其规定。"

合同变更有合同内容变更与主体变更两种情形。仅指合同内容的变更是狭义的合同变更,它是指合同成立之后,还未履行或未完全履行之前,不改变合同主体而仅改变合同内容的情况。合同内容与主体均发生变更则为广义上的合同变更。仅变更合同主体的情形属于合同的转让。

合同发生变更后,合同项目中原有的合同权利与义务会转变成新的权利和义务。组织及其他合同当事人应该按照变更后合同规定的权利和义务来履行合同。此外,除了法律法规有特殊规定,或组织与其他当事人有约定的情况,合同变更对于已履行的部分均无溯及力,仅对未履行的部分有效力。

(二)合同变更成立的要件

组织要想使项目合同变更成立需满足以下条件:

1. 原合同关系必须合法有效

合同变更是以原合同合法有效为基础作出的。组织在作出合同变更时,首先应确保原合同合法有效。

2. 必须存在合同内容的变化

公益慈善项目合同变更必须存在合同内容的变更,仅变更合同主体称为合同转让。此外,合同变更的内容不能为要素变更,即变更部分应为除公益慈善项目合同标的物以外的关于数量、履行期限、价款等内容。

3. 合同变更必须按照法定的方式

我国合同法对于合同的变更做出了具体规定,组织在变更合同时应严格遵守。《中华人民共和国合同法》第77条第2款规定:"法律、行政法规规定变更合同应当办理批准、登记等手续的,依照其规定。"

4. 合同变更的内容必须明确

组织在与合同其他当事人协商变更合同时,应注意明确约定合同变更的内容,保证合同变更内容合法有效。《中华人民共和国合同法》第 78 条规定:"当事人对合同变更的内容约定不明确的,推定为未变更。"

某公益基金会规定,项目如有调整,合作伙伴应提前至少 2～3 周向基金会提出并填写项目预算(活动)变更申请,然后由基金会项目团队审核,秘书长批准。项目调整可能涉及内容但不局限于:

(1)项目实施目标、地点、受益人群发生变化;
(2)工资及行政支持性的产出和项目产出之间的调整;
(3)单个产出/活动预算变更超过原预算的 10%;
(4)产出/活动推迟 1 个季度以上(一年或一年以上项目);
(5)项目产出指标变更 10% 以上;
(6)产出/活动取消;
(7)项目结束时间的任何延迟。

二、公益慈善项目合同解除

(一)合同解除的含义

合同解除是指依法订立的有效合同,在尚未履行或尚未全部履行前,因某些情况的出现使得履行合同成为不必要或不可能时,当事人双方可协商提前终止合同。

(二)合同解除的种类

根据解除原因的不同,合同解除的方式可分为以下几种方式(如图 4-1 所示):

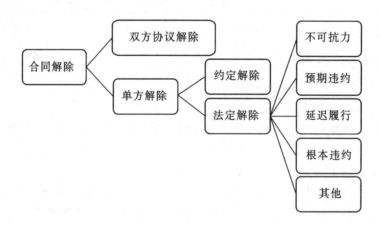

图 4-1 合同解除的方式

1. 双方协议解除

协议解除是指"双方当事人协商一致而解除合同"。《中华人民共和国合同法》第 93 条规定:"当事人协商一致,可以解除合同。"因此,在出现难以使项目合同履行的情况时,组织与项目合同其他当事人可以通过协商解除合同。

2. 单方解除

单方解除包含约定解除和法定解除。约定解除是指根据合同约定的解除条件，拥有解除权的一方可以解除合同。《中华人民共和国合同法》第93条规定："当事人可以约定一方解除合同的条件。解除合同的条件成就时，解除权人可以解除合同。"组织与其他项目合同当事人可在合同订立时设定合同解除的条款，也可在之后另行约定。例如2018年7月末，北京市丰台区源头爱好者环境研究所创始人冯某因个人事件引发热议，而该机构是爱佑慈善基金会"爱佑益＋"项目资助机构之一。该基金会基于冯某公开回应以及被明确的事实，依据"爱佑益＋"项目与北京市丰台区源头爱好者环境研究所签订的资助协议有关条款的约定，决议立即停止对北京市丰台区源头爱好者环境研究所的资助并对外发布声明。

法定解除，是指合同履行中发生法律规定的解除情形时，组织或其他合同当事人有权行使解除权，解除合同。我国合同法第94条规定了法定解除的主要事由，包括不可抗力、一方违约等。

(三) 合同解除的条件

根据解除方式的不同，合同解除需要满足不同的解除条件。解除的条件包括约定条件和法定条件两种。

约定条件，即组织若想通过约定解除的方式解除合同，需同其他当事人事先约定合同解除条款。

法定条件，即组织及其他当事人可依据法律法规解除合同的条件。我国合同法第94条规定有下列情形之一的，当事人可以解除合同：

(1) 因不可抗力致使不能实现合同目的；

(2) 在履行期限届满之前，当事人一方明确表示或者以自己的行为表明不履行主要债务；

(3) 当事人一方迟延履行主要债务，经催告后在合理期限内仍未履行；

(4) 当事人一方迟延履行债务或者有其他违约行为致使不能实现合同目的；

(5) 法律规定的其他情形。

(四) 合同解除的程序

合同解除采取的程序取决于解除的方式，其主要有以下两种情况：

1. 双方协议解除的程序

组织因故需要解除合同时，应对公益慈善项目合同对方当事人发出解除合同的要约。对方作出承诺后，解除合同的协议即成立。应当注意的是，解除合同应尽量采取书面形式。此外，法律法规明确规定需有关部门批准的，应按规定办理相关手续。

2. 单方解除的程序

约定解除和法定解除都是单方解除。若合同履行过程中出现了公益慈善项目合同约定的或法律法规规定的解除条件时，拥有解除权的一方可以单方面解除合同，无须对方同意。若组织属于享有解除权的一方，在解除合同时应注意，虽然合同解除无须对方同意，但组织仍需通知对方当事人。合同解除自到达对方当事人之时生效。

若组织不享有解除权且与对方当事人对解除合同存在争议，则可请求人民法院或仲裁机构确认合同解除的效力。

A市某慈善组织承接了一家基金会资助的有关该市社会组织信息公开调研报告,理由是该慈善组织与当地的民间组织管理局关系良好,能够协调相关调研。项目周期是2年。在项目合同签订后的第二个月,全国人大出台了《中华人民共和国慈善法》,为了让项目更加有影响力,资助方希望将这个研究议题改为慈善组织,恰好该慈善组织还没有开始正式调研,经双方协商后变更了合同内容,整个项目的研究方案重新进行了调整。然而,一波三折的是,在调研问卷设计完毕之后,当地民间组织管理局突然发生人事调动,导致项目因无法获得官方支持而陷入停滞。最终经过双方协商一致解除了该合同。

三、公益慈善项目合同终止

合同终止,即合同权利义务的消灭。项目合同终止后,组织与公益慈善项目合同对方当事人之间的权利义务将不复存在。应当注意的是,合同的终止与合同变更是不同的。合同变更后合同关系仍然存在,而合同终止则意味着合同所规定的权利与义务的消灭。

(一)合同终止的原因

组织与公益慈善项目合同对方当事人之间所订立的合同,可能会因为以下一些情况的出现而终止:

(1)合作项目违规操作或遭遇重大事故时;
(2)合作项目的理念/思路及具体计划有重大改变而未经合作伙伴秘书处通过时;
(3)合作伙伴作出严重危害合作伙伴声誉或社会公德行为时;
(4)项目持续延期,无能力提交成果;
(5)项目签约时间到期而无续签时。

(二)合同终止的效力

(1)合同的终止意味着合同权利义务的终止,组织公益慈善项目与合同其他当事人在原合同中的权利与义务消灭。同时,合同的担保、违约金债权等从属权利义务也不复存在。

(2)公益慈善项目合同的当事人仍要承担后合同义务。《中华人民共和国合同法》第92条规定:"合同的权利义务终止后,当事人应当遵循诚实信用原则,根据交易习惯履行通知、协助、保密等义务。"

(3)公益慈善项目合同终止不影响合同中结算和清理条款的效力。

第四节 公益慈善项目违约责任

违约责任即合同当事人因未按合同约定履行义务,按照法律法规规定所应承担的责任。未按合同要求履行合同义务包括了未完全履行、未履行、履行不符合约定等几种情况。违约责任保护了组织的合同权利,是公益慈善项目合同顺利履行的保障。

一、违约行为的形态

违约形态不同,我国合同法所规定的补救方式也相应不同。组织可以依据违约行为形态的划分确立不同的补救方法,及时保护自己的合法权益。但是对于违约形态的划分,尚无一致的标准。目前,学界普遍将违约行为划分成预期违约和实际违约两种形态。

（一）预期违约

预期违约，即合同一方当事人在合同履行期限尚未届满之时明确表示或者以自己的行为表示不履行合同义务。《中华人民共和国合同法》第108条规定："当事人一方明确表示或者以自己的行为表明不履行合同义务的，对方可以在履行期限届满之前要求其承担违约责任。"根据这一规定，可将预期违约划分为明示毁约和默示毁约两种形式。

1. 明示毁约

明示毁约也称预期拒绝履约，是指一方当事人在合同履行期限未到前，在无正当的理由的情况下，明确表示将不会履行合同义务。组织在确定对方是否属于明示毁约时，可参照以下几点：①对方必须有明确的不履行的意思表示；②对方作出的不履行的意思表示的时间必须是在合同有效成立后合同期限未到之前；③对方必须是在没有正当理由的情况下作出不履行的意思表示；④对方不履行的意思表示必须是针对合同的主要义务。

2. 默示毁约

默示毁约又称预期不能履行，是指合同履行期限到来之前，一方当事人以自己的行为表明将不会履行合同义务。即若组织有证据证明对方因经营状况不善等原因在履行期限到来之前无法履行合同，而对方又拒绝提供必要的履约担保时，组织可解除合同，并要求对方赔偿损失。

（二）实际违约

实际违约，顾名思义是指合同一方当事人在履行期限到来之后，没有按照合同义务全面履行合同义务。按照合同是否履行与履行状况，可分为不履行、不适当履行和延迟履行。

(1) 不履行，即合同期限到来之后，公益慈善项目合同当事人完全未履行任何合同义务的行为。

(2) 不适当履行，即合同期限到来之后，公益慈善项目合同当事人虽然履行了合同义务，但履行的合同义务与合同约定不符，如合同当事人合同履行的数量、质量、履行地点、履行方式方法等不符合合同约定。

(3) 延迟履行，即合同当事人未在合同规定的履行期限内完成合同义务履行，因而需在履行期限之后继续履行。延迟履行一般分为给付延迟和受领延迟两种情况。具体而言，给付延迟即公益慈善项目合同债务人能够履行，但在无正当理由的情况下未在履行期限内履行。受领延迟即公益慈善项目合同的债权人在无正当理由的前提下，未在合同履行期限内受领债务人的合同义务履行。

二、违约责任的承担方式

违约责任的承担方式，是指合同当事人违约后，依法所应承担责任的方式。其主要包括以下几种：

（一）强制实际履行

强制实际履行，又称继续履行，即在公益慈善项目合同对方当事人未按合同约定履行合同义务时，组织可向仲裁机构或人民法院申请要求对方按合同约定履行合同义务。《中华人民共和国合同法》第107条规定："当事人一方不履行合同义务或者履行合同义务不符合约定的，应当承担继续履行、采取补救措施或者赔偿损失等违约责任。"

此外，我国合同法对金钱债务及非金钱债务做出了不同的继续履行规定。针对金钱债务，《中华人民共和国合同法》第109条规定："当事人一方未支付价款或者报酬的，对方可以要求其支付价款或者报酬。"针对非金钱债务,《中华人民共和国合同法》第110条规定:"当事人一方不履行非金钱债务或者履行非金钱债务不符合约定的,对方可以要求履行。"组织可根据具体的债务形式要求对方依法继续履行合同。

▶

日前,北京市第一中级人民法院就审结了一起中国红十字会总会诉北京某有限公司公益事业捐赠合同纠纷案。法院一审判决该公司支付红十字会总会补交捐赠款人民币500万元。

2001年8月14日,该公司和红十字总会签订了捐赠协议书。其协议约定:双方同意共同开展"中华骨髓库"的系列宣传募捐活动,所募资金全部用于"中华骨髓库"的建设,该公司捐赠红十字总会500万元用于共同开展"中华骨髓库"的宣传募捐活动;分期捐赠总计2000万元用于"中华骨髓库"总库购置配套设备及资助两个地方红十字会的分库建设;提供该企业的上市产品2000万盒(价值1000万元),作为"中华骨髓库"的义卖品,义卖收入按每盒0.50元提取公益资金,用于"中华骨髓库"的检测费用。协议生效后,该公司先期拨付启动资金500万元,其他资金按照双方确定的捐赠项目计划书约定的时间落实到位。双方还约定:红十字总会按照《中国红十字会总会对捐赠者表彰奖励办法(试行)》的规定给予该公司应享有的回报,并授予该公司董事长"慈善大使"称号;给予该公司分库的冠名权;在所捐设备的明显位置使用标牌为该公司留名。

协议签订后,红十字总会于2001年9月13日在人民大会堂举行了中国造血干细胞捐献者资料库接受该公司爱心捐赠暨慈善大使授予仪式,聘请该公司董事长为中国造血干细胞捐献者资料库"慈善大使",并授予其中国红十字勋章。此活动受到社会广泛关注,多家媒体进行了报道。然而,此后该公司并未履行协议。红十字总会曾向该公司发出关于履行捐赠协议的函,催促其履行协议,但没有任何回音。2003年,红十字总会诉至法院,要求判令该公司支付捐赠款人民币500万元,判令该公司交回从红十字总会获得的"中国红十字勋章"及"慈善大使"称号的相关证章、证书及牌匾。

在法院审理过程中,经查实,该公司并未成立。2002年7月4日,北京市工商局以该公司未在规定的期限内申报2001年度企业年检,决定吊销该公司营业执照。

北京第一中级人民法院经审理认为,现红十字总会已授予该公司董事长慈善大使称号,履行该协议,而该公司却未履行捐赠协议,属违约行为。双方签订捐赠协议属公益事业捐赠行为,该协议具有不可撤销性,作为捐赠人的该公司应当依法履行捐赠协议,按照捐赠协议约定的期限和方式将捐赠财产转移给受赠人红十字总会。

中国红十字会总会委托代理人刘安元律师在宣判后表示,造血干细胞研究项目是我国一项重要的国家级科研项目,该公司公开允诺捐款赞助"中华骨髓库"的建设,本身是一件造福于千家万户的好事。但是,中国红十字总会在人民大会堂举行了隆重的中国造血干细胞捐献者资料库接受爱心捐赠暨慈善大使授予仪式后,该公司却拒不履行捐款义务,给中国红十字总会造成了极其恶劣的影响。此案的胜诉对中国红十字总会社会公益捐款工作起到了极大的支持作用。

◀

(二)赔偿损失

组织可依据我国合同法第112条、第113条规定要求违约方赔偿损失。

《中华人民共和国合同法》第112条规定："当事人一方不履行合同义务或者履行合同义务不符合约定的,在履行义务或者采取补救措施后,对方还有其他损失的,应当赔偿损失。"明确了组织要求赔偿损失时所适用的情况。

《中华人民共和国合同法》第113条规定："当事人一方不履行合同义务或者履行合同义务不符合约定,给对方造成损失的,损失赔偿额应当相当于因违约所造成的损失,包括合同履行后可以获得的利益,但不得超过违反合同一方订立合同时预见到或者应当预见到的因违反合同可能造成的损失。"这就为组织要求赔偿损失的额度提供了依据。此外,我国合同法第119、120、121条进一步就损失扩大、双方违约等情况进行了详细规定,组织可参照具体的状况要求对方给付违约赔偿。

(三)支付违约金

违约金,是由公益慈善项目当事人通过协商事先确定的,在违约发生后作出的独立于履约行为以外的给付。慈善组织可根据《中华人民共和国合同法》第114条的规定:"当事人可以约定一方违约时应当根据违约情况向对方支付一定数额的违约金,也可以约定因违约产生的损失赔偿额的计算方法",要求对方支付相应的违约金。

另外,若组织认为违约金低于自身损失时,可根据《中华人民共和国合同法》第114条第2款规定"请求人民法院或者仲裁机构予以增加"。

(四)定金罚则

定金是当事人为保证合同顺利履行,按照合同标的的金额的一定比例,预先支付给对方当事人的钱款。所谓定金罚则即给付定金的一方不履行约定的债务时,无权要求返还定金;接受定金的一方不履行约定的债务时,应当双倍返还定金。

需要注意的是,定金与违约金不可并罚。若组织与公益慈善项目合同对方当事人既约定了定金,又约定了违约金,则可根据《中华人民共和国合同法》第116条规定针对实际情况选择"适用违约金或者定金的条款"。定金罚则与赔偿损失是不同的责任形式,定金罚则不以实际造成损失为前提,因此组织可以要求两者并罚。

三、免责事由

免责事由是指免除违约当事人承担违约责任的原因和理由。我国合同法中主要的免责事由为不可抗力。《中华人民共和国合同法》第117条规定了不可抗力为"不能预见、不能避免并不能克服的客观情况"。不可预见、不可避免、不能克服这三者在构成不可抗力时缺一不可。

但不可抗力的出现并不意味着组织无法追究合同对方当事人的违约责任。《中华人民共和国合同法》第117条第1款规定:"因不可抗力不能履行合同的,根据不可抗力的影响,部分或者全部免除责任,但法律另有规定的除外。当事人迟延履行后发生不可抗力的,不能免除责任。"

针对之前屡屡发生的企业捐赠承诺未到位的情况,《中华人民共和国慈善法》第4章42条第2款规定:"捐赠人公开承诺捐赠或者签订书面捐赠协议后经济状况显著恶化,严重影响其生产经营或者家庭生活的,经向公开承诺捐赠地或者书面捐赠协议签订地的民政部门报告并向社会公开说明情况后,可以不再履行捐赠义务。"

第五节 公益慈善项目合同纠纷的处置

组织在与对方当事人发生项目合同纠纷时,可通过协商、调解、仲裁、诉讼四种方式来处置。其中,组织应优先考虑通过协商或调解的方式解决纠纷,在无法与对方就协商或调解达成一致时,方可依照法定程序申请仲裁或发起诉讼。

一、协商

协商又称和解,是指合同双方当事人在自愿互谅的基础上,依据法律法规和合同约定,对纠纷问题进行磋商并达成一致解决方案的过程。

组织在解决纠纷时,应首先采取协商的方式。与其他方式相比,协商的程序更加灵活便捷,同时也有利于组织与对方日后继续合作。但是,协商结果并不具有强制力,因此,在选择是否采取协商的方式时,组织应充分考量对方的信誉以避免造成更大损失。

(一)协商的原则

1. 自愿平等原则

组织在向公益慈善项目合同对方当事人提出协商解决纠纷时,应本着自愿平等的原则,不能以终止协作等手段威逼利诱对方。

2. 合法原则

组织与公益慈善项目合同对方当事人就纠纷达成的协议必须符合国家法律法规的规定,否则协议内容均无效。

(二)协商的程序

虽然协商的程序比较灵活,但是还应遵循基本的法律程序,而不能由公益慈善组织或对方当事人随意而为。具体而言:

(1)协商"原则上适用订立合同的要约和承诺的法定程序"。组织采用协商的目的是与对方达成纠纷的解决协议,因此协议的本质还是合同。具体而言,组织应首先就协议向对方当事人发出要约,等待对方当事人承诺以达成协议。

(2)公益慈善项目合同对方当事人未在法律规定或合同约定的期限内对慈善组织的要约作出答复时,则公益慈善组织可默认对方同意,协议成立。

(3)组织与公益慈善项目合同对方当事人达成的协议应该与原合同形式保持一致,必要情况下可进行公证来加强协议的法律效力。

二、调解

调解,是指仲裁、诉讼程序以外的由第三人主持的调解。调解不仅与协商一样程序灵活简便,时间成本低,有利于组织与公益慈善项目合同对方当事人的长远合作,而且第三人的加入使得纠纷可以从更加客观的角度解决,因此调解也是公益慈善组织解决纠纷首要考虑的途径之一。

(一)调解的原则

1. 自愿原则

公益慈善项目合同双方均须自愿采取调解的方式。此外,公益慈善组织与对方达成的调解协议必须是真实的意思表示。

2. 合法原则

组织与公益慈善项目合同对方当事人就合同纠纷达成的调解协议必须符合国家相关法律法规的规定。

(二) 调解的方式及程序

合同调解需要第三人的介入，组织与公益慈善项目合同其他当事人选择的第三人不同，调解的具体程序也有所不同，一般有仲裁机构调解、法院调解、联合调解、民间组织或个人调解等方式。

1. 仲裁机构调解

公益慈善项目合同双方可在自愿的基础上向仲裁庭提出调解申请。组织应明确地以口头或书面的方式告知仲裁庭是否有调解意愿。根据《中华人民共和国仲裁法》第51条规定："当事人自愿调解的，仲裁庭应当调解。"

仲裁机构调解的全程由仲裁庭主导，调解的开始、进行、终止均应由仲裁庭的仲裁员共同决定。经仲裁庭调解达成协议的，仲裁庭应当制作调解书或者根据协议的结果制作裁决书。调解书与裁决书具有同等法律效力。

2. 法院调解

法院调解一般发生在慈善组织或其他合同当事人提起诉讼后，分为庭审前的调解和庭审中的调解两部分。法院受理组织的诉讼后，若认为有调解的可能，会征询双方当事人的意见。若公益慈善组织同意进行调解，则法院会按《中华人民共和国民事诉讼法》相关规定组成合议庭抑或指定独任审判员处理，由审判人员引导达成调解协议。调解达成的协议将由人民法院再次审查。

3. 联合调解

公益慈善项目若为涉外合同，则发生纠纷后需要合同双方分别向所属国的仲裁机构提出调解申请，再由这些仲裁机构组成"联合调解委员会"进行联合调解。

4. 民间组织或个人调解

组织可以与对方当事人共同选择某个双方都信任的民间组织或个人来进行调解工作。组织可有限考虑选择专业的律师事务所或律师作为第三人，他们更加了解我国的法律法规，对纠纷的处置更加专业，有利于纠纷的高效解决。

三、仲裁

仲裁是指合同双方当事人在自愿的前提下达成一致的协议，将合同的纠纷交由仲裁机构处置。仲裁机构虽然不是国家机关，但是仲裁裁决却具有法律效力，当事人必须执行。此外，与诉讼相比，仲裁更加省时，程序更简单，费用更低。因此，组织在与公益慈善项目合同对方当事人无法达成和解或调解的情况下，可以优先考虑仲裁的方式。

(一) 仲裁的原则

1. 协议仲裁原则

合同双方当事人须自愿达成仲裁协议后，方可提交仲裁。仲裁协议必须是书面的，组织可以在订立合同之时将仲裁协议写入合同，也可在发生纠纷后再与对方订立仲裁协议。

2. 一裁终局原则

组织不能就同一纠纷再次申请仲裁或起诉。《中华人民共和国仲裁法》第9条第1款规定:"仲裁实行一裁终局的制度。裁决作出后,当事人就同一纠纷再申请仲裁或者向人民法院起诉的,仲裁委员会或者人民法院不予受理。"

3. 自愿原则

在制定仲裁协议时,组织可以与公益慈善项目合同对方当事人在自愿的基础上协商仲裁机构及仲裁地点、仲裁员,这也有利于避免地方保护主义等问题的发生,保证仲裁的公正公平。

(二)仲裁的程序

仲裁程序是指依法律规定仲裁机构处理合同纠纷的环节及其应遵循的行为规范。根据我国仲裁法规定,组织可亲自进行仲裁活动,或委托专业律师等代理人代为处理。若委托代理人处理,则按照我国仲裁法第29条规定,组织须"向仲裁委员会提交授权委托书"。仲裁一般须经过申请、受理、组成仲裁庭、开庭和裁决等环节。

1. 申请

组织与公益慈善项目合同对方当事人在达成仲裁协议后,向仲裁机构提交仲裁申请书。慈善组织在申请仲裁时应保证满足以下条件:①已与对方达成书面的仲裁协议;②有具体的仲裁请求和事实、理由;③属于仲裁委员会受理的范围。

在仲裁中,提出仲裁申请的一方为申请人,另一方则为被申请人。公益慈善组织作为申请人有权放弃或变更仲裁请求。若慈善组织作为被申请人有权反驳或接受仲裁请求。

2. 仲裁庭的组成

根据我国仲裁法规定,仲裁庭可以由三名仲裁员或者一名仲裁员组成。慈善组织与对方当事人约定由三名仲裁员组成仲裁庭的,应当各自选定或者各自委托仲裁委员会主任指定一名仲裁员,第三名仲裁员由双方共同选定或者共同委托仲裁委员会主任指定。第三名仲裁员是首席仲裁员。组织与公益慈善项目合同对方当事人约定由一名仲裁员成立仲裁庭的,应当由双方共同选定或者共同委托仲裁委员会主任指定仲裁员。

若双方没有在仲裁规则规定的期限内约定仲裁庭的组成方法或者选定仲裁员的,由仲裁委员会主任指定。仲裁庭组成后,仲裁委员会应当将仲裁庭的组成情况书面通知当事人。

若仲裁员有下列情形之一的,必须回避,组织有权提出回避申请:①是本案当事人或者当事人、代理人的近亲属;②与本案有利害关系;③与本案当事人、代理人有其他关系,可能影响公正仲裁的;④私自会见当事人、代理人,或者接受当事人、代理人的请客送礼的。

3. 公开与开庭

《中华人民共和国仲裁法》第39、40条规定:"仲裁应当开庭进行。"但若组织与公益慈善项目合同对方当事人"协议不开庭的,仲裁庭可以根据仲裁申请书、答辩书以及其他材料作出裁决","仲裁不公开进行"。慈善组织与对方当事人"协议公开的,可以公开进行,但涉及国家秘密的除外"。

组织在收到开庭日期通知时,若有正当理由的,可以在仲裁规则规定的期限内请求延期开庭。是否延期,由仲裁庭决定。若组织作为申请人无正当理由不到庭或者未经仲裁庭许可中途退庭的,可以视为撤回仲裁申请;组织作为被申请人无正当理由不到庭或者未经仲裁庭许可中途退庭的,可以缺席裁决。

4. 裁决

对公益慈善项目合同纠纷的裁决,应按《中华人民共和国仲裁法》第53条规定:"按照多数仲裁员的意见作出,少数仲裁员的不同意见可以记入笔录。仲裁庭不能形成多数意见时,裁决应当按照首席仲裁员的意见作出。"

裁决书应当写明仲裁请求、争议事实、裁决理由、裁决结果、仲裁费用的负担和裁决日期。若慈善组织与对方协议不愿写明争议事实和裁决理由的,可以不写。裁决书由仲裁员签名,加盖仲裁委员会印章。对裁决持不同意见的仲裁员,可以签名,也可以不签名。

若裁决书中存在文字、计算错误或者仲裁庭已经裁决但在裁决书中遗漏的事项,公益慈善组织可在收到裁决书之日起30日内,请求仲裁庭补正。裁决书自作出之日起发生法律效力。

四、诉讼

组织在无法与对方达成和解或调解的情况下,可通过向人民法院提起诉讼的方式处置合同纠纷。

(一)管辖

法院对合同纠纷的管辖即各法院受理合同纠纷案件的分工和权限。组织需明确法院的对其项目合同纠纷案件的管辖,将诉讼申请向有权受理其案件的法院提出。

1. 级别管辖

组织应根据案件的性质、繁简程度及影响范围决定其合同纠纷案件受理的法院层级。一般来说,除《中华人民共和国民事诉讼法》另有规定的,组织可向基层人民法院申请诉讼。但若公益慈善项目合同纠纷为重大涉外案件,在本辖区有重大影响的案件或最高人民法院确定由中级人民法院管辖的案件应提交中级人民法院受理。

若公益慈善项目案件为在高级人民法院辖区有重大影响的第一审民事案件,则应提交高级人民法院受理。对于在全国有重大影响及认为应当由最高人民法院审理的第一审民事案件,组织可提交最高人民法院受理。

2. 地域管辖

公益慈善项目的合同纠纷诉讼应由被告住所地或合同履行地人民法院管辖。若组织公益慈善与项目合作方以书面协议约定了案件的管辖法院,则可提请该法院受理。约定的法院可以为被告住所地、合同履行地、合同签订地、原告住所地、标的物所在地等与争议有实际联系的地点的人民法院管辖,但不得违反《中华人民共和国民事诉讼法》对级别管辖和专属管辖的规定。

3. 移送管辖

移送管辖即收到当事人起诉的人民法院将案件移送给另一法院审理。对于组织提请的合同纠纷诉讼,人民法院发现不属于本院管辖的,应当移送有管辖权的人民法院,受移送的人民法院应当受理。受移送的人民法院认为受移送的案件依照规定不属于本院管辖的,应当报请上级人民法院指定管辖,不得再自行移送。

4. 指定管辖

指定管辖即上级法院指定某一下级法院作为某案件的第一审法院。对组织合同纠纷有管辖权的人民法院由于特殊原因,不能行使管辖权的,由上级人民法院指定管辖。《中华人民共和国民事诉讼法》第38条规定:"上级人民法院有权审理下级人民法院管辖的第一审民事案件;确有必要将本院管辖的第一审民事案件交下级人民法院审理的,应当报请其上级人民法院批准。下级人民法院对它所管辖的第一审民事案件,认为需要由上级人民法院审理的,可以报请上级人民法院审理。"

(二)诉讼审判程序

1. 第一审普通程序

(1)起诉和受理。

组织在向人民法院递交起诉状时应按照被告人数提出副本。起诉状应当记明下列事项:①组织的名称、住所和法定代表人或者主要负责人的姓名、职务、联系方式;②被告的姓名、性别、工作单位、住所等信息,被告法人或者其他组织的名称、住所等信息;③诉讼请求和所根据的事实与理由;④证据和证据来源,证人姓名和住所。

若组织的合同纠纷符合起诉条件,法院会在七日内立案,并通知组织。对于法院认为不符合起诉条件的,则会在七日内作出裁定书,不予受理。组织对裁定不服的,可以提起上诉。

(2)审理前的准备。

人民法院受理组织的合同纠纷案件后,应当在立案之日起五日内将起诉状副本发送被告,被告应当在收到之日起十五日内提出答辩状。人民法院应当在收到答辩状之日起五日内将答辩状副本发送组织。被告不按期提交答辩状的,不影响人民法院审理。

(3)开庭审理。

一般来说人民法院会对组织的合同纠纷进行公开审理。若公益慈善组织申请不公开审理的,可以不公开审理。

法庭调查按照下列顺序进行:①组织及对方当事人陈述;②法院告知证人的权利义务,证人作证,宣读未到庭的证人证言;③出示书证、物证、视听资料和电子数据;④宣读鉴定意见;⑤宣读勘验笔录。组织及对方当事人在法庭上可以提出新的证据。经法庭许可,组织可以向证人、鉴定人、勘验人发问。组织要求重新进行调查、鉴定或者勘验的,是否准许,由人民法院决定。

法庭辩论按照下列顺序进行:①原告及其诉讼代理人发言;②被告及其诉讼代理人答辩;③第三人及其诉讼代理人发言或者答辩;④互相辩论。

法庭辩论终结,由审判长按照原告、被告、第三人的先后顺序征询各方最后意见。

组织申请撤诉的,是否准许,由人民法院裁定。人民法院裁定不准许撤诉的,组织经传票传唤,无正当理由拒不到庭的,可以缺席判决。

(4)判决。

对组织的合同纠纷不论是否公开审理,人民法院一律公开宣告判决。组织还可通过判决明确其上诉权利、上诉期限和上诉的法院。

2. 简易程序

如果基层人民法院和它派出的法庭认为组织的项目合同纠纷案件事实清楚、权利义务关系明确、争议不大或组织与对方当事人提前约定适用简易程序时,法院的审理可适用简易程序。组织可以口头起诉,也可与对方同时到基层人民法院或者它派出的法庭,请求解决纠纷。基层人民法院或者它派出的法庭可以当即审理,也可以另定日期审理。

3. 第二审程序

如果公益慈善组织不服地方人民法院第一审判决,有权在判决书送达之日起十五日内向上一级人民法院提起上诉。若对地方人民法院第一审裁定不服,公益慈善组织有权在裁定书送达之日起十日内向上一级人民法院提起上诉。

公益慈善组织在上诉时应当通过原审人民法院递交上诉状,并按照对方当事人或者代表人的人数提出副本。慈善组织直接向第二审人民法院上诉的,第二审人民法院应当在五日内将上诉状移交原审人民法院。

第二审人民法院对上诉案件,应当组成合议庭,开庭审理。经过阅卷、调查和询问当事人,对没有提出新的事实、证据或者理由,合议庭认为不需要开庭审理的,可以不开庭审理。

本章小结

高效的项目合同管理是公益慈善项目顺利开展的保障,也是公益慈善项目规避项目风险的有效方式。完整的公益慈善项目合同管理应考虑到合同的订立与履行、合同的变更、解除与终止、违约责任、合同纠纷的处置等方面内容。其中合同的履行是公益慈善项目进行的关键环节,因而也是公益慈善项目合同管理的重中之重。

课后习题

1. 公益慈善组织开展项目合同管理的意义是什么?
2. 公益慈善项目合同的履行包含哪些要素?
3. 公益慈善组织变更项目合同成立的要件是什么?
4. 公益慈善项目合同中违约责任的承担方式有哪些?
5. 对于企业承诺捐赠后,资金未到位,慈善组织该如何处理和应对。
6. 案例分析。

某一开展农村综合扶贫的国际组织,其主要慈善项目之一是资助乡村修建基础设施。该资助协议甲方为该国际组织(资助方),乙方为村委会(被资助方),甲方资助乙方修建本村道路及建立信息公开栏,资助修路费用为3万元人民币,建立信息公开栏500元人民币,并且要求村民建立工程管理小组,自发投工投劳。管理小组的采购员在采购水泥途中遇交通事故,导致腿部受伤住院。所发生的医院费用并未找该国际机构赔偿,因为在资助协议中明规定:所发生的意外风险由村委会承担。因此,村委会发起村民捐款,支付其医疗费用。

该项目结束半年后,村里的几个孩子攀爬公布栏,以致公布栏倒塌,将一儿童当场砸死。死亡儿童父母将该国际组织及村委会告上法庭,认为他们需要承担法律责任,进行赔偿。

在发生合同纠纷,且对方当事人不同意和解的情况下,对公益慈善组织而言,采取哪种处置方式更加有利?

参考文献

[1] 周渝波,等. 企业经济合同管理实务[M]. 北京:中国检察出版社,1992.
[2] 张晓远. 项目合同管理[M]. 北京:机械工业出版社,2008.
[3] 崔建远. 合同法[M]. 4版. 北京:法律出版社,2007.

[4] A.L.科宾.科宾论合同(上册)[M].北京:中国大百科全书出版社,1997.
[5] 翟云玲.合同法总论[M].北京:中国人民公安大学出版社,2003.
[6] 张经.合同管理(上册)[M].北京:中国工商出版社,2007.
[7] 王利明.与民法同行:第2卷 中国民法诸问题与民法方法论[M].北京:法律出版社,2006.
[8] 胡康生.中华人民共和国合同法释义[M].北京:法律出版社,1999.
[9] 江平,奚晓明,等.中华人民共和国合同法实务全书[M].北京:中国法制出版社,1999.
[10] 史尚宽.债法总论[M].北京:中国政法大学出版社,2000.
[11] 江伟.中华人民共和国民事诉讼法[Z].中华人民共和国国务院公报,1991.

第五章 公益慈善项目范围管理

 引例

李明是国内某知名公益慈善组织的项目主管,负责由某央企 A 全额资助的全国范围的农村发展项目。在该项目合同中,列出了甲乙双方各应负责的工作,但因为该项目比较复杂,项目合同不能规定所有的细节,李明结合自身的项目经验制订了项目的范围说明书。资助方有关工作由其品牌部负责,品牌部主任兼任该项目的资助方代表。可是在项目实施过程中,有时是 A 企业的财务部直接向李明提出变更要求,有时是 A 企业的业务部直接向李明提出变更要求,而且有时这些要求是相互矛盾的。面对这些变更要求,李明试图用范围说明书来说服 A 企业,A 企业却动辄引用合同的相应条款作为依据,而这些条款要么太粗、不够明确,要么李明跟他们有不同的理解。因此李明对这些变更要求不能简单地接受或拒绝而左右为难,他感到很沮丧。如果不改变这种状况,项目完成看来要遥遥无期。

试分析这些问题产生的原因是什么?该如何解决?如果你是李明,你怎样在合同谈判、计划和执行阶段分别进行范围管理?

公益慈善项目范围管理包括确保项目做且只做成功完成项目所需的全部工作的环节。由于范围直接影响公益慈善项目的预算、周期、目标产出的实现,因此范围的变更也通常会导致其他因素的变更。公益慈善项目范围管理的重点是确定与控制哪些内容应该、不应该包括在项目执行中,为项目工作界定明确的边界。

第一节 公益慈善项目范围管理概述

一、公益慈善项目范围管理的定义

公益慈善项目范围管理是对公益慈善项目最终成果/服务,以及为确保成果/服务所必须完成的工作进行定义并控制的过程。公益慈善项目范围管理过程用于确保项目团队及利益相关方(资助方、受益方、政府、专家等)对执行过程及结果的理解达成共识,用最好的方法去管理这个过程,使公益慈善项目范围得到动态的控制。由于项目团队及利益相关方对项目的过程和项目的产品的理解往往是有差异的,不同的立场会对同一事物有不同的理解。公益慈善项目范围管理就需要管理好不同利益相关方之间对范围的理解差异,或者说使得利益相关方的理解趋于一致。

公益慈善项目范围管理的目的是为项目工作划定边界,确保项目做且只做所需要的全部工作。根据 Standish Group 的调查,"最小化的项目范围"对项目的成功是很重要的。它对项目成功的影响度排在"高管层的支持""客户参与""有经验的项目主管""清晰的目的"之后,位列第 5 位,影响度为 10%。公益慈善项目范围的确定与控制是影响项目整体成功的重要因素。通过范围管理可以明确公益慈善项目边界、工作流程、职责分工以及评估标准,并直接影响到项目的成败。如果公益慈善项目的范围扩大,可能会引起延期、预算增加、质量下降等问题。

二、公益慈善项目范围管理的类型

公益慈善项目范围包括公益慈善项目成果/服务范围、项目工作范围两方面内容。

公益慈善项目成果/服务范围,通常以项目的结果作为呈现方式,表现为公益慈善项目的产品/服务的特性,通常需要资助方或受益对象对此进行确认。公益慈善项目成果/服务范围回答项目完成什么的问题。

公益慈善项目工作范围,即为完成项目成果/服务所必须开展的工作,通常体现在公益慈善项目的执行过程中。这是回答项目是如何完成的问题。

以上两项内容共同构成了公益慈善项目的范围管理。对公益慈善项目成果/服务范围完成的衡量标准是根据服务对象的需求来开展的,是制定公益慈善项目工作范围的基础。只有先弄清楚成果/服务范围,才能弄清楚项目工作的范围;只有公益慈善项目工作范围完成了,才能全面实现成果/服务范围。两种类型的范围管理必须很好地结合,确保项目成果最终交付。如某基金会资助A组织为C地区1000名农村留守儿童提供阅读服务,则该项目的成果/服务范围即为1000名儿童所提供的阅读服务。而A组织为了执行该项目,需要对C地区农村留守儿童阅读现状进行调研、咨询专家了解该年龄段学生所要阅读的书籍目录、获取学校/家长对该项目的支持等,这些工作都是为了确保能够为1000名儿童提供阅读服务所必须要做的事情,是该项目的工作范围。如果不进行调研或不获取学校/家长对项目的支持,可能会影响最终为儿童提供的阅读服务的质量。

三、公益慈善项目范围管理"铁三角"

范围管理是公益慈善项目管理的重要方面之一,在由时间、成本、质量构成的"项目三角形"中,范围是整个项目的重心。只有公益慈善项目范围界定清晰,所需的时间、预算及其他资源才会确定。

在整个实施过程中,三个因素是相互影响、相互作用、相互依存的,具有对立统一的辩证关系。一旦公益慈善项目的范围发生变更,时间、成本、质量也会随之改变,因此包含在范围内的工作必须是既充分又必要的,如图5-1所示。如果在立项阶段,确立的范围是简单粗略的,会造成范围管理不当,进而在执行中延期、频繁变更、预算增加、无法达到预期目标等,最终导致项目失败。

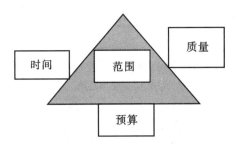

图5-1 项目三角形示意图

在现实中,公益慈善项目服务对象的需求通常是不断变化的,如果最终成果不能满足服务对象需求,也就意味着项目失败。而服务对象需求的变化通常会引起公益慈善项目范围的变化,因此在公益慈善项目执行中,往往通过范围管理来平衡时间、预算和质量三者关系,确保项目在现有的资源下最大限度满足服务对象需求。

时间、预算、质量和利益相关方的满意程度是影响项目成功的主要因素,公益慈善项目的目标能否实现是判断项目成功的基本准则。公益慈善项目要综合考虑时间、预算、质量、利益相关者的满意度和组织运行情况,加强范围管理,有效限制或控制范围的变化,实现成功的范围管理。

第二节 公益慈善项目范围蔓延

范围蔓延是公益慈善项目管理常见的问题。所谓范围蔓延,是指未经过正常的变更控制程序而执行了额外的工作,扩大了项目的范围。

造成范围蔓延的原因有两方面:一是来自团队内部的,项目人员在执行过程中不断增加项目内容,执行计划外的工作,这种情况也叫作项目镀金。二是来自团队外部的,资助方或服务对象不断提出小的、不易察觉的额外要求,如果不加以控制,累计起来将造成项目偏离既定目标,导致项目失控或失败,这种情况也叫范围潜变。

范围蔓延的关键在于没有经过规定的变更控制程序予以处理,以及项目团队成员做了超出项目范围的工作。范围管理的重点即完成项目范围所界定的工作,既不多做,也不少做。

在公益慈善项目中,尤其是服务对象为弱势群体时,执行方往往会出于同理心考虑,提供更多计划外的工作,此过程往往较为隐蔽;或者服务对象自身提出更多需求,这些需求一般是小的,稍微增加一些工作量就能实现,并且会使服务对象状况有更好的改善;或者资助方对项目执行情况比较满意,提出更多需求;等等。然而,即便这些服务是微乎其微的,也可能造成项目范围像爬山虎一样向外蔓延。通常这些细小的额外工作并不会引起项目主管的注意,但一旦量变引起质变,就会对项目产生非常严重的影响,造成项目延期、预算的增加;并且服务对象对最终结果往往并不满意,也并不会以项目团队所做的额外工作而改变对项目的评价。

在公益慈善项目管理过程中,项目镀金造成的范围蔓延往往是项目团队的"技术心态"造成的,不断从中获得成就感促使他们不自觉地按照兴趣做一些没有必要、不合理、满足自身同理心需要的工作。这种蔓延通常较为隐蔽,不易发现,但对机构造成的损失却不容忽视。

在公益慈善项目管理中,要避免范围蔓延,就需要在计划阶段做好范围的界定。既要确定哪些是项目必须做的工作,又要确定哪些很重要但不是项目范围之内的工作。项目范围越清晰,项目团队就越明确其所要做的事情。另一方面,在执行过程中,还需要做好变更管理。当确实发生了需要增加项目团队工作内容的情况时,项目主管要对变更加以分析,确保其必要性与合理性,严格执行组织的变更流程。

第三节 公益慈善项目范围管理的过程

公益慈善项目范围管理的过程包括需求调研、定义范围、创建工作分解结构、控制范围、核实范围五方面内容。公益慈善项目范围管理需要基于组织的项目管理制度等规定如何确定、控制项目的范围的文件开展,这些文件也是范围管理的依据之一。

一、需求调研

对于公益慈善项目来讲,需求是最直接的驱动因素,如何合理地发现服务对象的需求,明确项目范围,是实施项目管理面临的首要问题。针对需求的分析并没有包括对需求的定义。罗思指出,在谈及需求时,人们的头脑中至少有五种不一致的存在。其可能是指真实情况和以下状态之间的不一致:①一种理想状态;②一种规范标准;③最小值情况;④一种预想的状态;⑤一种预期的状态。在社会服务的背景下,我们有较大的把握认定来自于理想状态的不一致是很少被讨论的。但有时候来自于规范标准的不一致会被用来界定需求,当学校孩子们的正常能力表现低于他们的年级水平的时候,就是这样。然而,这种方法会将人们引到这样的结论上来,即在人们对等于或超过规范标准、最小值或预期状态的真实状态很满意的时候,人们就没有需求了。斯克里文和罗思认为需求是指人们处于不满意状态时必须拥有的某物。没有某物,他们会处于不满意的状态,有了某物,他们实现了但并没有超出满意的状态。一个年轻人可能需要一部能够传输图像、音乐和文本的手机,这会获得身份地位以及便利性,但是没有也不会严重地使其生活不满意。然而,房地产经理可能就需要这样一部手机,以服务于客户,因为没有它,他可能失去很多商业活动的机会,而将其置于失业的不满意状态。换言之,在定义需求时,是不能不考虑个人或群体的生活或工作所处的社会背景的。

有关需求定义的一个潜在困惑是,在人们经常需要的东西(例如氧气或维生素)跟人们仅一次性需要的东西(例如文凭)之间,二者的区别是什么。在几乎可以预测的社区资源使用(例如小学)上,以及对整个社区而言是可以预测的,但在个人的基础上是无法预测某些社区资源(例如精神创伤中心)的,二者相比,大多数人会认为,他们绝不需要精神创伤中心,然而一般来说,社区却需要。

在估算任何类型项目的需求时,在问题的影响范围(incidence)跟流行范围(prevalence)之间做出区分是十分有益的。影响范围是指在某时期内经历问题(experiencing a problem)的人数,流行程度是指在既定时间内有问题的人数(have the problem)。例如,普通感冒的影响范围是高的,多数人至少每年都感染一次,然而,多数人通常很快就康复了,因此流行范围在任一时间都是很低的。这个区别是很重要的:对问题的反应会有所不同,这依赖于问题被看成是广泛但短暂的,还是不广泛但却长期持续的。

我们还需要注意,对需求的定义,并不依赖于人们是否知道他们有特定的需求。人们可能没有意识到某一需求(如缺铁性贫血),拒绝某一需求(如嗜酒者通常会拒绝康复的需求),或者错误识别了某一需求(如某些青少年在需要社会技能时,却希望要毒品)。当然,人们通常知道何时他们需要居住方面的、教育方面的、保健方面的或者就业方面的帮助。不存在一个唯一的程序或数据源,能提供出关于需求的清晰信息。

需求具有多样性、不确定性和个性化的特点,加上慈善资源有限及各种客观条件的限制,无法绝对地满足所有服务对象的需求,因此项目团队需要加强与利益相关方之间的沟通,在充分调查和掌握相关信息的基础上进行深入分析,准确把握需求并进行适当指导,获得利益相关方的理解、支持和帮助,提升需求的真实性和有效性,进而为定义和管理范围奠定基础。

需求调研是为实现项目目标而收集、整理、确定并管理利益相关方需要的过程,让利益相关方积极参与需求的发掘和分解工作,并认真记录、确定和管理这些需求信息,是促进项目成功的基础条件。下面将从需求调研方法、流程、产出三个方面分别介绍。

(一)需求调研的方法

为了指出问题的范围和分布状况,可以利用现有的资料,例如已有的人口普查或社会调查等数据,相对宏观的资料可以从大型社会统计资料里面去寻找,很容易获取与评估相关的统计资料。例如如果要关注养老的项目,可以在人口普查的数据中,获得相关老年人口以及健康、家庭以及其他相关信息。当然二手数据有一些缺点,如内容可能相对陈旧,或者也不太可靠等。如有需要的资料不能从以上的资料获得,需要亲自来进行调查,其中有以下方法:

(1)机构记录的研究、一般性的问卷调查或主要知情者的采访。问卷调查能够提供有关成本与所需努力的最全面的信息,是现实中使用最为广泛的方法。但需要注意的是,完成调研的人的比例与评估结果之间存在密切的关联。比如,收回的返回问卷少于50%,那么我们作出的结论多数都会是具有高度试探性的。甚至在参与者的响应处于可接受的比率的情况下,那些没有作出反应的人,同作出反应的人相比,也可能是不同的。例如,在一项研究中,有66%的人返回了调研问卷,回答了他们在接受服务中的经历,他们参与活动的时长的均值是20.2,而那些没有反应的人所参与的时长均值只有9.5。

(2)访谈。与调研问卷相比,访谈是一种代价更加高昂的数据搜集方式。但访谈所具有的不可抗拒的巨大优势就是访谈人员可以直接追问回答者的核心要点。访谈是一项艰难的任务,人们需要集中精力,并且对在研项目和访谈问题都十分熟悉;它并不是跟项目参与人闲聊或说大话。另外一种是电话访谈,因为不涉及出行问题,所以其成本比当面访谈的更少。

(3)焦点小组形式和开放式座谈。这也是在短期内收集数据的有效方式,可以在大家的讨论过程中对需要挖掘的方向有更为全面的认识和了解。例如,在社区里要推广儿童阅读的项目,可以把小区的儿童的父母召集起来,同时邀请儿童阅读的专家,以及同时推行儿童阅读的主要实践者,针对他们的需求以及具体时间上的问题进行讨论,全面地了解服务项目要解决的问题以及寻找到解决的方式。利用焦点小组或开放式座谈调研的时候,在对特定个人的观点作出结论时需要十分小心。因为得出的结论容易成为一两个善于表达的人的个人经历。

需要注意的是,每一种方法都存在优缺点,如表5-1所示。

表5-1 常用的需求调查比较

方法	概要	优势	注意点
文献调查	收集已经发布的统计信息、调查报告书、工作记录、研究资料等,并进行分析	因为是既有资源,所以在经济上花费较少,能够获得相对广泛的历史信息	需要查证资料的可信程度;需要清晰地了解要查阅的内容
调查问卷	通过进行问卷调查获得数据并进行分析	能够获得信赖度相对高的数据,并且可以实现数字化(方便比较分析等)	时间以及费用上花费较大;问卷用词容易误导访问者
访谈	评估中经常会用到的方法;选择对调查对象熟知的人,听其叙述相关问题	花费较小,实施起来也比较简单;能够得到一些有益的情报,也能找出并未预测到的课题	调查者和回答者个人意见作为出发点,可能会出现误差

续表 5-1

方法	概要	优势	注意点
焦点小组或开放式座谈	聚集调查对象团队的代表5～6名,对其提问来引出经验、建议、共同的申诉内容	相对快速地了解到人们的多方意见;不仅是访问者的意见,还能够读取参加者的态度、反应等	如果选择的参加者没有代表性,会影响后期的结果;访谈过程中的引导者需要有较高的掌控能力;很难将6～8人聚在一起

(二)需求调研的流程

收集需求一般可按照如下程序:

(1)确定项目主管,安排项目成员,收集资料,提出需关注的重点及需解决的问题。

(2)列出调研提纲。根据调研目标确定调研的具体问题和访谈提纲。调研活动往往是一次性的,为避免资源浪费,专业的调研提纲就显得十分关键。一般需要在初步调研提纲基础上征求专家意见进行多轮修改后确定最终的调研提纲。

(3)开展需求调研。依据不同需求的调研方法,形成相应的访谈记录表、研讨会议纪要、调研报告等,并考虑限制条件,编写需求调查表(报告),初步明确需解决的问题和项目目标。

(4)内部需求评估。根据机构宗旨、愿景及战略方向,对需求调查表(报告)进行内部评估,进一步明确需解决的问题和项目目标。

(5)外部需求评估。组织利益相关方联合对需求调查表(报告)进行外部评估,对列出的需求内容达成一致后进行需求确认。需求确认的过程可能会经过多轮探讨后,是渐进明细的,需要不断补充、修改、完善后才能明确。

准备调研需要十分用心。因为完成调研看似轻松简单,但是很少有人会意识到这个过程需要耗费心血,比如在清晰记录时,在避免倾向性问题时,在获得所欲的信息时。

评价需求时,很容易就会写下那些鼓励问答者支持规划的问题;人们会列示不同的服务,同时询问这些服务是否"应该被提供"。

如果我们被问到:我们的家乡是否应该有一些机构,在一天的任何时间内,能够为发生个人或家庭危机的居民提供咨询,我们可能回答"是"。

如果我们被问到:工厂是否应该为器具使用增添安全说明,以防止人们受伤。

尽管这些假设的问题似乎正中问题的核心,但它们是不合适的:

第一,这些问题没有涉及未被满足的需求,涉及的是却是问题的可能解决办法。

第二,询问一项服务是否"应该被提供",这是一个倾向性问题。

第三,假设的问题暗示没有尽早提及提供服务的成本,也没有承认"提供一项服务就不意味着不能提供另一项"这一点。

(三)需求调研的产出

需求调研的产出是包括项目需解决的问题、期望实现的目标以及相应的限制条件的需求调查表或需求调查报告。需求调查表是按照利益相关方、角色、关联程度、对项目的影响程度等分类列出的全部需求的简单文件(见表5-2)。需求调查报告是对项目背景、依据、方法、目标等细节描述的详细文件。

表5-2 需求调查表

序号	利益相关方	角色	主要需求与期望	在项目中的利益程度	对项目的影响	利害关系
			描述需求内容,希望何时实现	高中低	高中低	推动中立阻碍
			如果不能形成较明确的需求,记录想法和建议			

需求调查表或报告的具体内容可根据项目实际情况、调查和掌握的信息情况、资源情况等进行合理确定。一般而言可以包括如下几个方面:

(1)界定公益慈善项目需解决的问题。

公益慈善项目是解决社会问题的方式之一,准确的问题是界定项目目标的前提,也就是项目的立项原因。因此要清晰、明确地回答出为什么要做这个公益慈善项目,如果不能准确地界定某个公益慈善项目要解决的具体问题,即使使用了正确的方法,其结果也是失败的。尤其需要注意的是,问题界定不是凭空而来的,一定要切合实际。一方面公益慈善项目是由需求驱动的,没有需求就没有项目;另一方面还必须与组织所秉持的宗旨、愿景及战略方向相匹配,在机构的发展战略和价值理念中寻找平衡。否则,所选择的公益慈善项目与机构发展相悖,也是注定失败的。

(2)确定公益慈善项目的目标。

公益慈善项目的目标即项目最终所体现的成果/服务,在按照规定的周期、预算和质量等限制因素下,完成确定的工作内容。没有明确的目标,项目团队就没有工作的方向,亦不可能有效地开展后续的管理工作。

公益慈善项目的成果/服务往往很难细致、清晰地描述,整体不确定性大。在初期把目标规定得很具体、明确是非常困难的,在这种情况下,就需要采用逐渐细化的方法。首先基于要解决的问题,在立项的初期明确方向性目标。然后不断细化、完善形成具体目标,例如:项目做什么,细化为哪些工作是项目必须做的,哪些是必须不做的;项目什么时候做,细化为在什么时间开始,什么时间结束;项目在什么条件下做,细化为项目必须在多少预算内完成,做到什么质量要求;等等。因此公益慈善项目以范围、周期、预算和质量四个维度来确定目标的最基本的内容。项目团队以此为基础,设计公益慈善项目内容,为制定项目计划、评估指标提供依据,使人们能客观地评价公益慈善项目是否成功。在目标制定过程中,要注意利益相关方的参与,以便对目标有一致的理解和共识,由此构成合作的基础。

(3)分析执行的限制因素。

限制因素是指在项目中客观存在的因素,而这些因素的存在会对公益慈善项目的实施产生一定的影响。一般来讲,预算、周期以及协议条款都可以构成项目的限制因素。项目团队需要列举并描述与公益慈善项目范围有关且会影响执行的各种内外部制约或限制条件,并进行认真分析。

二、定义范围

定义范围,即明确公益慈善项目的边界,是根据整个公益慈善项目的计划、协议和利益相关方的需求调研来开展,并明确界定哪些需求将包含在范围内,哪些需求将排除在项目范围外,从而形成闭合的项目边界。如果少做,会影响既定目标的实现;如果多做,则会造成资源浪费。下面从定义范围的方法、流程、产出三个方面分别介绍。

(一)定义范围的方法

定义范围的方法包括文献梳理、实地调研、专家意见征集、生成备选方案、研讨会等。

专家意见征集是邀请具备专业知识的个人或小组,对项目可能的范围进行意见征集,专家的获得可以从多个渠道产生,如从组织内部、资助方、受益方、政府、专家学者等渠道。

生成备选方案是通过头脑风暴、横向思维等方法,制定尽可能多的执行方案以识别出项目工作的不同方法。

研讨会与需求调研分析的获取方法类似,让专家对项目进程产生的一系列具体问题进行深入研讨,从而获取解决问题的方案。

(二)定义范围的流程

定义范围不是一次就能完成的工作,而是一个渐进明细的过程。随着对项目信息的了解不断增多,应更加详细、具体地定义和描述项目范围。同时,根据对风险因素、外部制约因素的调查、分析不断深入,需做必要的增补或更新。

(三)定义范围的产出

定义范围的产出是一份详细的范围说明书,这也是一个公益慈善项目成功的关键。范围说明书包括公益慈善项目立项说明、范围描述、最终交付的成果/服务、结项标准及制约因素等信息。范围说明书的确认,表示资助方、执行方、受益方及其他利益相关方对项目的预期成果达成了共识,其对公益慈善项目的成果/服务及工作边界所描述的详细程度,决定了项目团队控制项目范围的有效程度,因此应充分考虑并权衡,确保其详细程度与公益慈善项目的规模、复杂程度和重要性相匹配。范围说明书构成了公益慈善项目的基本框架,是对项目结果审核的基础,为整个公益慈善项目生命周期中的监测和评价实施情况提供参考。

范围说明书的编制依据包括需求调查表(报告)、相关政策、其他项目经验等。范围说明书对可交付成果/服务的描述,要比需求调查表(报告)更详细,通常包括如下几点:

1. 立项说明

公益慈善项目一定要具有社会意义并体现组织价值,符合组织的宗旨、愿景及战略方向。因此需从公益慈善项目的可行性和必要性两个方面进行说明:必要性分析指站在组织的角度来讲,组织是否及在多大程度开展这一项目、该项目目标是否与组织目标一致、能否实现机构价值;可行性分析是对项目预算、周期、质量、组织内部因素、外部环境因素、社会意义等方面进行分析。

2. 范围描述

范围描述是指公益慈善项目将要形成的成果/服务所具有的特点和属性,是对项目需求调查表(报告)中的描述做进一步细化。

3. 阶段进展报告

阶段进展报告是指在公益慈善项目实施的某一过程、阶段或完成时,需提交的进展报告。这也是公益慈善项目工作成果的一部分,报告提交具体对象可在范围说明书中明确为资助方或机构内部上层管理部门。

4. 监测标准

可交付成果/服务在结项前必须满足一系列评估监测条件,如将在什么时候监测、采用什么方式来监测等。

5. 制约因素

对公益慈善项目执行有影响的限制性因素,是对项目需求调查表(报告)中的相关内容的进一步明确和细化,限制条件会更多、更具体,内容包括资源、时间、技术、预算等。

三、创建工作分解结构

创建工作分解结构是项目管理中最有用的工具之一,将界定好的范围按照内在逻辑进行逐层分解,以排列有序的图形/表/目录形式将整个项目要做的工作完全、清晰、有层次地呈现为一个个可预测、可管理的活动。工作分解结构是定义范围的延续,在范围说明书明确项目的范围边界后,工作分解结构即以可交付成果为导向,对项目工作进行逐层分解,以便把项目工作分解成较小的、便于管理的组成部分(较小的可交付成果),每下降一个层次都代表对工作的更加详细的定义。

工作分解结构对公益慈善项目的实施有着重要作用:首先,对利益相关方来讲,这是沟通的基础性文件,促进利益相关方对项目范围有一致性的理解和认识;其次,同时能够强化项目团队开展团队建设,在工作分解结构中包含着团队成员的职责和分配方案;第三,促使项目团队周全地考虑范围,避免遗漏或多列某些内容;第四,是进行项目执行、监测以及结项评估的重要依据。下面从创建工作分解结构的方法、流程、产出三个方面分别介绍。

(一)创建工作分解结构的方法

创建工作分解结构的常见方法包括按专业分解、按成果/服务结构分解、按项目阶段分解和借鉴已有的工作分解结构。

1. 按专业分解

通常以公益慈善项目主要成果/服务所属专业为依据,按照该专业领域内的知识,将范围划分为更为细小、可操作内容。这种分解方法的优势是专业领域内的普适性强,但涉及跨领域项目,则会出现资源协调困难的情况。如某公益慈善组织致力于儿童发展领域,这一领域可以细分为儿童营养改善、儿童权益保护、儿童助学、助残儿童发展、小学校舍改善、儿童音体美教育、儿童学习用具捐赠、儿童父母行为改变等,而儿童心理干预项目,在按专业分解的方法中,又可以依据该年龄段儿童心理特点,分解为不同子活动。对于项目团队以外的心理学背景者,也可以清晰明确地了解到项目将要开展的工作;但对于非心理学背景的团队,可能无法清晰了解项目范围,如图 5-2 所示。

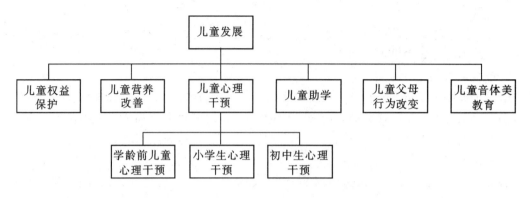

图 5-2 儿童心理特点及干预方案

2. 按成果/服务结构分解

这类方法容易界定项目范围,但有时会显得并不直观。以成果/服务机构分解,可以清晰界定子项目或子活动,在实施过程中对结果把控灵活。如在农村学校建设营养厨房,有统一的设施设备、人员配置、业务标准等,每一大项下面又有清晰的子项目,各类工作清晰可见,如图 5-3 所示。

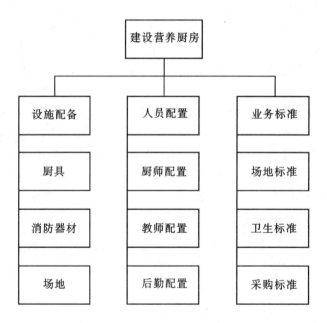

图 5-3 农村学校营养厨房建设工作分解结构

3. 按项目阶段分解

这是按照项目的生命周期阶段进行分解,这类分解方法有利于公益慈善组织控制中间结果,同时不至于陷入项目细节中。如儿童营养干预项目,可分为发现和甄别问题、试点前研究、试点研究、政策倡导四个阶段,每个阶段工作分解如图 5-4 所示。

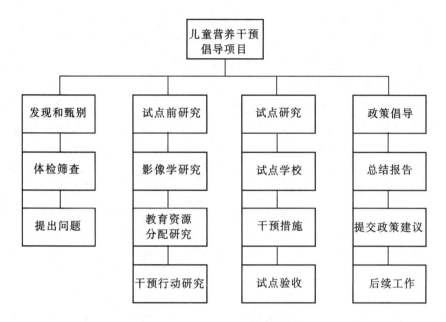

图 5-4　寄宿制学校儿童营养干预倡导项目工作分解结构

4. 借鉴已有的工作分解结构

在同一组织中，尽管所有的项目各不相同，但部分项目在上层范围是相似的，如果机构前期已有相对完善的同类型公益慈善项目的工作分解结构，这也可以看作是机构的无形资产。则当前的公益慈善项目可根据实际情况对之前的稍微调整即可，如图 5-5 所示。

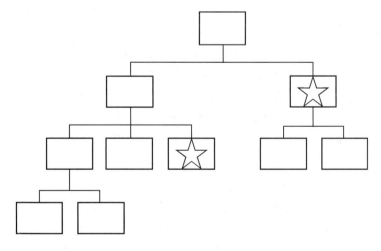

图 5-5　借鉴已有的工作分解结构示意图

当然，在创建工作分解结构中，依据不同项目性质、目标、范围特点的不同，会采取不同的范围分解方法。但无论以何种方式划分，均需确定全部工作都必须包含在工作分解结构中。下一层的工作内容的汇总完全等同于上层结构所包含的内容，完成所有子要素工作之后，母要素也就完成了。

分解的下层活动是完成上层活动的基础工作。工作分解结构越细致，对项目的规划、管理和控制就越有力，但在实施过程中也需把握合理尺寸，避免过细分解造成过多无效耗费，降低资源有效使用率，此时应考虑80小时法则，即底层工作间的跨度不应超过80小时，在每80小时或少于80小时结束时，报告该工作是否完成并定期检查，以此控制项目的变化。

（二）创建工作分解结构的流程

创建工作分解结构可以按照以下程序进行：

（1）编制高层级工作分解结构：最高层级工作可根据协议中的工作范围为基础，由机构负责人或项目总监进行编制。

（2）分配高层级工作责任：在确定高层级工作后，需要确定该工作的项目主管，即该项目的主要负责人，并分配其责任。

（3）编制低层级工作分解结构：根据编制好的高层级工作分解结构，进一步分解为更多低层级成果/服务。工作分解结构层级每增加一个级别，就是对工作范围的细化、具体定义。低层级的工作分解结构可由机构负责人、项目主管、项目成员共同编制。

（4）分配低层级工作责任：如项目需要多名项目官员或项目团队，则需根据编制的低层级工作分解机构，确定具体的执行人员并分配各自所负责的工作内容。

（5）审批工作分解结构：工作分解结构由项目主管提交机构审批，在审批过程中可以征询利益相关方意见，以确保工作分解结构科学、有效，同时保障各方信息一致。

（三）创建工作分解结构的产出

工作分解结构的产出包括工作分解结构图/表/目录、工作分解结构说明。图/表/目录的形式是多样的，可以是树状图、表格或目录，各类形式也各有优缺点。树状图的优点是结构清晰直观，内容一目了然；缺点是内容修改复杂，不适合复杂的项目分解。气泡图的优点是添加、修改内容简单直接；缺点是看起来不直观，同样不适合复杂的项目分解。表格和目录是项目管理软件中常见的分解方式，对于大型项目复杂分解适用性好。简言之，若分解范围并不十分复杂，可采取树状图、气泡图两种方式之一；若分解范围复杂庞大，则可采用表格或目录的呈现方式。无论采用哪种产出形式，都要符合相应的规范要求，每个要素的编号规范、名称没有重复，同一层次的分解标准统一，同一层次的各要素的繁简程度基本一致。

工作分解结构说明是对范围分解的进一步解释，包括所采取的分解方式、人员安排、资源分配、评估标准等信息。

四、控制范围

利用工作结构分解，能够清晰地定义项目范围，但在具体实施过程中，由于项目本身的限制及外部环境因素的变化，可能造成周期、预算和质量变化，正如上述"公益慈善项目三角形"所示，这都将体现在项目范围的变更中，因此需要控制范围过程，明确影响范围变更的因素有哪些，并对变更发生后的实际情况进行管理。

需要注意的是，发生范围变更不是问题，问题是许多变更处于"非管理状态"。缺乏规范的变更管理过程，在一定程度上反映了项目存在缺陷。通常情况下，范围变更控制是与其他控制过程，如进度控制、预算控制和质量控制等综合开展的，因此范围变更也会导致其他内容同步发生变化。

控制范围需要依据组织的整体变更控制过程，在执行过程中可依据偏差分析的方法，评估变更前后的差别，以此确定偏离基准的原因和程度，并决定是否采取纠正和预防措施。下面从创建控制范围的方法、流程、产出三个方面分别介绍。

(一)控制范围的方法

控制范围的方法包括过程评估、召开例会和定期监测,下面将一一介绍。

1.过程评估

过程评估可以帮助项目团队对该慈善项目实施情况或可能出现的偏差进行严密监控,评估范围偏差对绩效造成的影响程度,分析导致偏差的原因,然后再决定采取针对性的措施,以便改进项目管理绩效。评估可以邀请外部专家进行,也可以借鉴组织前期相关经验内部开展。

2.召开例会

召集利益相关方开会,汇报、分析、评价当前项目实施情况,及时采取措施控制项目范围的偏离。

3.定期监测

对实施过程中,按照一定周期(每月)或形成的阶段性成果时,组织人员进行监测评估,控制公益慈善项目的范围。

(二)控制范围的流程

在控制范围前,公益慈善组织应通过建立一整套与控制范围相关的规章制度来明确具体的变更流程,其关键内容应包括范围变更的基本控制程序、控制方法和控制责任,如图5-6所示。

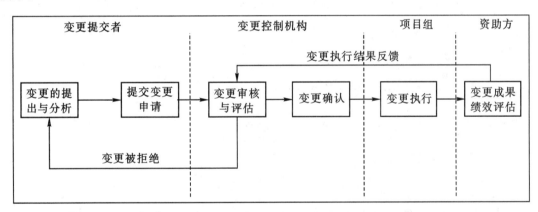

图5-6 慈善项目范围变更流程示例

1.建立项目变更管理委员会/小组

为加强对范围变更的管理,在实施中要建立项目变更管理委员会/小组,该委员会/小组最好由执行机构、资助方、受益方等利益相关群体代表组成,委员会/小组负责变更的审核与评估等控制工作,提高范围变更的执行效力。同时委员会/小组还可将不同级别的变更授权给相关级别人员负责,如委员会/小组授权 个月以内的延期变更由项目主管批准即可;授权5万元人民币以内的预算增加和3个月以内的项目延期变更由执行机构负责人批准即可;授权5万元人民币以上预算增加和3个月以上项目延期变更由委员会负责等。

2.变更的提出与分析

在公益慈善项目中,资助方、项目团队均可提出变更申请,有时项目团队可代表受益群体提出变更申请,如项目主管代表脑瘫儿童对面向其服务的项目提出增加服务内容的申请。提出者应分析范围变更对质量、周期和预算造成的影响、增加的风险、给利益相关方带来的变化等,尽可能进行系统、全面的分析,确保公益慈善项目管理价值最大化。

3. 变更的申请与审核

因变更涉及相关人员签字确认,所以除紧急情况口头申请变更之外,通常要以书面形式提出范围变更申请,填写范围变更申请表(如表 5-3 所示)提交给项目变更控制管理委员会或相关负责人(团队)。负责人(团队)应在规定的时间内进行审核,审核重点包括:变更内容、变更理由、对其他管理要素的影响评估意见、导致进度和成本的增减量等方面等内容,最后给出是否批准变更的意见并签字确认。

表 5-3　××机构范围变更申请表

项目编号

项目名称				项目官员	
申请人		归属部门		申请日期	
变更内容					
变更原因					
变更影响评估及审批意见					
申请人分析变更		变更控制机构评估		第三方评估	
预算增减估算			周期增减估算		
审批意见					
是否同意变更		参与人签字		日期	
其他说明					
甲方负责人签字: 日期:			乙方负责人签字: 日期:		

4. 变更的执行

一旦范围变更申请得到相关授权人(团队)审核与批准,范围变更申请表就成为变更执行工作的标准,接下来就可以按照这个新的标准来执行变更了。

5. 变更的绩效评估

在范围变更实施完毕后,要对变更实施的绩效进行评估,判断该变更实施效果究竟如何。

6. 其他

如果涉及执行主体机构变更、预算增加等重大事项,需要签署补充协议。

(三)控制范围的产出

控制范围的成果是实施情况报告,报告可以是专门的控制范围情况报告,也可以是定期报告的一部分。其内容应包括实施的情况、变更的分类、范围偏差的原因、影响程度以及所采取的措施等说明；对于已通过审批的范围变更，就要根据范围的变动来调整、补充、确定新目标计划，这也是对范围进行控制的新的标准。

五、核实范围

核实范围是在项目阶段结束或整个项目结束时，由公益慈善组织或资助方相关人员对项目的成果/服务正式交付验收的过程。核实范围是为了确保公益慈善项目已经按照目标顺利完成，同时检查范围是否需要修正更新。需要注意的是，核实范围并不仅在慈善项目结束时开展，而是在每个阶段性工作完成之后、下一阶段性工作开始之前进行。下面从核实范围的方法、流程、产出三个方面分别介绍。

（一）核实范围的方法

核实范围的方法包括监测和专家评审。

1. 监测

监测是机构内部或资助方通过对比、评估、确认等对公益慈善项目的成果/服务是否符合标准而开展的活动。监测内容可分为已完成的工作是否满足利益相关方的需要、公益慈善项目成果/服务是否符合既定目标两部分。

2. 专家评审

引入相关专家或行业领域的第三方意见，确保慈善项目成果/服务具备科学性、客观性；当对评估结果出现分歧时，可采用决策方法，如一致同意、大多数原则、相对多数原则、独裁（某个人为群体做出决策）等。

（二）核实范围的流程

核实范围一般可按照如下程序：

1. 项目团队内部监测

执行机构对公益慈善项目的成果/服务进行内部监测，符合相应阶段的验收条件后，向资助方提交核实范围申请表，说明验收的内容、时间、标准等情况。

2. 资助方审查验收申请报告

资助方对照公益慈善项目的目标、验收的标准等内容，判断项目团队的成果/服务是否满足核实范围，如果满足，进入资助方核实范围阶段。

3. 资助方核实范围

资助方按监测相关要求开展工作，对符合要求的公益慈善项目进行核实范围确认。在实际操作中，公益慈善项目各阶段的监测方式可能会有不同，尤其是关键性的节点及最终成果/服务的验收，可能会需要采取组织专家论证、第三方评估等多种形式。

（三）核实范围的产出

根据核实范围的流程，核实范围的产出包括由执行机构填写的"核实范围申请表"和由资助方填写的"核实范围意见表"两部分，见表5-4、表5-5。

(1) 核实范围申请表是项目团队内部完成该公益慈善项目阶段成果/服务或结项阶段时，经过内部的核实范围监测后向资助方提交的文件，也可以是定期报告的一部分。申请表是对相关成果/服务监测情况的说明。

(2) 核实范围意见表是执行方在开展核实范围后的结论和说明。应具体阐述下列情况：一是通过监测的情况，即符合核实范围标准的可交付成果/服务，需有资助方相关人员签字确认；

二是已经完成但未通过核实的可交付成果,详细记录未通过的原因,并提出相应的处理措施、可能对后续或整个工作的影响等内容。

表5-4 ×××项目范围核实申请表(执行机构填写)

项目编号:

项目名称	
成果/服务内容	
项目主管意见	签字: 日期:
机构监测意见	
机构监测结论	签字: 日期:

表5-5 ×××项目核实范围意见表(资助方填写)

项目编号:

项目名称	
成果/服务内容	
机构监测意见	
验收标准	需求调查表(报告)、项目范围说明书、范围变更审批情况以及协议书等相关内容
核实范围时间	
资助方监测意见	签字: 日期:
专家意见	签字: 日期:
监测结论	签字: 日期:

本章小结

　　科学、规范的管理是公益慈善项目成功的起始,而其中范围管理直接影响公益慈善项目的预算、周期、目标产出的实现,因此也尤为重要。在范围管理中,需要重点把握两方面内容:一是明确慈善项目的目标,二是控制范围变更。在执行过程中,常常发生计划外的变更,如何有效管理控制范围,使一切变更都得到明确评估并且可控,是范围管理的关键,为后续采取预防、纠正、补救或改善等措施提供依据。当前公益慈善组织普遍面临人员紧张、资金缺乏的局面,在这样的情况下做好项目范围管理就尤为重要。一方面,可以提高预算、时间和所需人力等资源的准确性,在对外筹款时有清晰的指向,在对内调配人员时有明确的分工,可以最大程度发挥项目价值,提高工作效率,使得项目中每项工作的价值都能得到体现;另一方面,确定项目范围的内容,也是确定项目进度和开展项目控制的基本依据,有利于项目团队对实施过程及关键点进行有效的掌握和控制,促进目标实现。

课后习题

1. 简述公益慈善项目范围管理的内容。
2. 什么是范围蔓延?范围蔓延产生的原因是什么?
3. 创建工作分解结构的常见方法有哪些?
4. 案例分析。

　　某资助型基金会资助第三方评估机构对 A 机构所执行留守儿童有声阅读项目效果评估,该评估分为基线评估、中期评估及结果评估,主要针对寄宿学生的阅读能力和阅读习惯、心理发展和心理健康(如自尊心、自信心及抗逆力)、听故事对语文和数学考试成绩影响、校园人际关系(如校园暴力和霸凌现象)四个方面的影响和效果进行评估,以分析该项目在执行中期和结果是否有助于这几个问题的解决。第三方评估机构在基线调研后向资助方进行汇报,资助方认为还有其他的问题需要进一步调研,建议是否可以在调研评估中再增加一些问题,如果第三方评估机构答应其要求,那么在时间、人力及预算方面都会有所增加,因为涉及调查时间延长、调研及统计分析报告的人力成本会增加,同时,也会导致预算的增加。为此,第三方评估机构经过谨慎考虑,拒绝了资助方增加其他调研内容的建议。

　　请问在这个案例中,造成项目范围蔓延的原因是什么?第三方评估机构研究团队的做法是合理的吗?如果你是项目主管,你会如何做?

参考文献

[1] 美国项目管理协会.项目管理知识体系指南[M].5 版.许江林,等,译.北京:电子工业出版社,2009.

[2] 哈罗德·科兹纳.项目管理:计划、进度和控制的系统方法[M].11 版.杨爱华,等,译.北京:电子工业出版社,2013.

[3] 汪小金.项目管理方法论[M].2 版.北京:中国电力出版社,2015.

[4] 杨侃,等.项目设计与范围管理[M].2版.北京:电子工业出版社,2013.
[5] 康路晨,等.项目管理工具箱[M].2版.北京:中国铁道出版社,2016.
[6] 丁荣贵.项目管理:项目思维与管理关键[M].2版.北京:中国电力出版社,2013.
[7] 强茂山.成功通过PMP[M].3版.北京:清华大学出版社,2013.

第六章 公益慈善项目进度管理

 引例

唐女士是国内一家资助型基金会的项目官员,每年经她手负责的项目大概有7~8项,涉及资金300万~500万,但每到年末要进行项目汇报时她都很紧张,原因是这些项目往往都未能按照合同约定的期限完成。她在筛选项目的时候很尽心尽力,资助对象也都有很好的想法,过程中她也与机构保持了密切沟通。机构规定资助的项目一般都是一年为周期,这些项目在签订的时候双方都谈得很愉快,但项目超期未结项将会使她在项目汇报上受到来自秘书处和理事长的苛责。她与资助对象协商,对方反馈回来的信息是,机构很努力在开展项目,但通常由于一些预料之外的事项,例如项目主管或者主要成员离职,项目重要利益相关方发生人员调整,项目任务比之前预想的要困难,项目人员还在招募等。面对这些说辞,她又没有更好的办法,她也不知道为什么所资助的项目都经常延期,尽管这些项目都是很不错的项目,但为了自己的工作,她决定对于延期的项目下一期将不再给予资助。

如何在限定的时间内完成预期的项目成果是每个项目团队面临的挑战。时间是一个最缺乏灵活性的变量,是一种特殊的资源,以其单向性、不可重复性、不可替代性而有别于其他资源。因为不论项目发生了什么,时间都会过去。而对于范围和成本而言,时间是易于测量的变量,只要制订好进度计划,任何人都可以从完成项目的实际时间中减去原始估计时间,从而迅速度量出进度计划的执行情况。在公益慈善项目管理中,时间问题是造成项目冲突的主要因素,时间对项目的成败起着非常关键的作用。除了启动阶段,在计划、执行和结项阶段,时间问题都是冲突的最主要来源,并且越到项目后期,时间冲突越严重,由于关系到服务对象能够及时得到组织提供的服务,因此进度管理在项目管理中显得尤其重要。

第一节 公益慈善项目进度管理概述

一、公益慈善项目进度管理的定义

对项目进行进度管理就是在规定的时间内,制订出合理的进度计划,然后在该计划的执行过程中,检查实际进度是否与进度计划相一致,若出现偏差,便要及时查找原因,采取必要的措施。如有必要,还要调整原进度计划,从而保证项目按时完成。公益慈善项目的进度管理又称为时间管理,是指采用科学的方法确定目标进度,编制进度计划和资源供应计划,进行进度控制,在与质量、费用目标协调的基础上,实现项目目标。进度管理的主要目标是最短时间、最低成本、最小风险,即在给定的限制条件下,用最短时间、最低成本,以最小风险完成项目工作。

范围管理、进度管理、成本管理是确保公益慈善项目能否完成的三个最基本的要素。每个项目都有一个生命周期,有明确的开始和结束时间。在这一过程中包含项目执行下去所必须的一切活动,这些活动在时间上的前后顺序、活动之间的关系,及每个活动完成的时间都需要得到严格的控制,否则很难保证项目能够按时完成。

由于项目时间的拖延,容易使项目范围发生变化(如项目范围管理中的常见问题——范围蔓延),进而会导致时间的进一步拖延,很容易陷入恶性循环。在项目管理的各项约束中,时间限制几乎是最重要的条件。如果项目不能按时完成,就必须按照协议的规定受到相应惩罚,而且时间问题还涉及项目范围、成本、质量等方面,如果进度管理得不好,其他方面也会受到极大影响。

在计划的执行过程中,由于各种因素的影响,往往使得项目很难按照计划的进度进行。因此,在计划的执行过程中,要随时掌握项目实施动态,检查计划的执行情况,并要随着情况的变化对计划进行调整,这对保证项目目标的顺利实现具有重要的意义。

二、公益慈善项目进度管理的相关内容

为了保证项目能按时完成,要根据工作分解结构对项目所有活动进行分解,列出活动清单。工作分解是着眼于工作成果,而活动分解是对完成工作所必须进行的活动进行分解,使之变成易执行、易检查的活动,有具体期限和明确的资源需求。在进度管理中另一个很重要的内容是确定活动的顺序关系,只有明确了活动之间的各种关系,才能更好地对项目进行时间安排。

(一)项目活动

项目活动是指为完成项目而必须进行的具体的工作。在项目管理中,活动的范围可大可小,一般应根据项目具体情况和管理的需要来确定。项目活动是编制进度计划、分析进度状况和控制进度的基本工作包。

(二)项目进度

进度是指活动或工作进行的速度。确定项目进度则是指根据已批准或签订的项目协议或合同,将项目的执行进度作进一步的具体安排。进度是对执行的活动和关键性的节点制定的工作计划日期表,也是跟踪项目进展状态的依据。

(三)活动的顺序关系

为了进一步制定切实可行的进度计划,必须对活动(任务)进行适当的顺序安排。项目各项活动之间存在相互联系与相互依赖的关系,根据这些关系安排各项活动的先后顺序,如图6-1所示。

其中:

①开始→结束,表示 A 活动开始的时候,B 活动结束;
②开始→开始,表示 A 活动开始的时候,B 活动也开始;
③结束→结束,表示 A 活动结束的时候,B 活动也结束;
④结束→开始,表示 A 活动结束的时候,B 活动开始。

(四)活动的依赖关系

在确定活动之间的依赖关系时需要必要的专业知识,因为有些强制性依赖关系或称硬逻辑关系是来源于专业知识领域的基本规律。一般来说,决定活动之间关系的依据有以下几种:

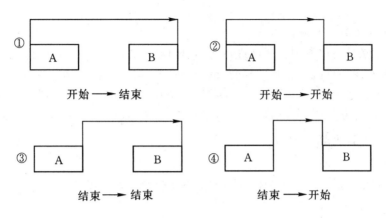

图 6-1 项目活动之间的依赖关系

1. 强制性依赖关系

强制性依赖关系是工作任务中固有的依赖关系，是一种不可违背的逻辑关系。它是由客观规律和物质条件的限制造成的，有时也称为内在的相关性。例如，物资采购要在发放之前。

2. 软逻辑关系

软逻辑关系是由项目管理人员确定的项目活动之间的关系，是人为的、主观的，是一种根据主观意志去调整和确定的项目活动的关系，也可称为指定性相关或偏好相关。例如，安排计划时，先在 A 社区开展服务，还是同时在 A 和 D 两个社区开展服务，都可以由项目管理者根据资源、进度来确定。

3. 外部依赖关系

外部依赖关系是项目活动与非项目活动之间的依赖关系。如开展驻校社工服务需要取得学校对此事的支持与认可。

(五) 里程碑

项目中的重大事件或节点，通常指一个可以交付成果的完成。如某公益慈善组织资助农民种植经济茶树作物，第一批作物产出即可视为一个里程碑。

第二节 公益慈善项目进度管理的过程

项目进度管理的过程包括规划进度管理、定义项目活动、排列活动顺序、估算活动时间、制定进度计划和控制进度六个过程，这些过程既相互影响，又相互关联。

一、规划进度管理

规划进度管理是为规划、编制、管理、执行和控制项目进度而制定政策、程序和文档的过程，主要作用是在整个项目过程中为管理项目进度提供指南和方向。

(一) 规划进度管理的依据

1. 历史资料

历史资料既包括通过查阅资料所收集的各种历史信息，也包括项目组织过去开展过的类似项目所积累的各种经验。历史资料可以为项目活动的定义提供各种有用的信息，具有很强的借鉴作用。

2.项目的约束条件和假设因素

项目的约束条件是限制项目团队进行选择的因素。任何一个项目都会面临着各种各样的限制条件,这些约束条件既可能是内部的,也可能是外部的。同时,由于在项目定义的过程中还存在着一些不确定因素,因此要作出一些假设。这些假设通常包含一定的风险,假设是对风险确认的结果,因此要考虑这些假设因素的真实性、确定性。

(二)规划进度管理的方法

1.专家判断

由有经验的专家通过对比类似的项目或历史经验给出相关指导。

2.分析技术

在规划项目进度时,会涉及需要使用何种进度的工具、表述进度的格式等,确定是否需要采用并行模式,以及可能引发的项目风险。

3.会议

项目进度计划会议能帮助项目官员有效沟通,并最终确定项目进度管理方式。

(三)规划进度管理的成果

项目进度管理计划是说明对进度的变化应如何加以变更和如何开展项目时间控制的计划安排。根据实际需要,进度管理计划可做得非常详细,也可相对粗框架,可用正规形式也可以用非正规形式表示。但无论采取什么方式,它都是整个项目计划的一部分。

二、定义项目活动

定义活动是识别和记录为完成项目可交付成果而采取的具体行动的过程,即将项目工作分解为更小、更易管理的工作包,也叫活动或任务,这些活动或任务应该是能够保障完成交付物的可实施的详细任务。在活动定义中,会建立更详细的工作分解结构(WBS)并进行相关的解释,通过活动定义这一过程,项目目标会体现出来。活动清单应该包括对相应工作的定义和一些细节说明,以便于项目其他过程的使用和管理。在项目实施中,要将所有活动列成一个明确的活动清单,其目标是确保项目组成员对必须完成的工作有一个完整的、具体的理解。随着项目活动分解的深入和细化,工作分解结构可能会需要修改,这也会影响项目的其他部分。例如,成本估算,在更详尽地考虑了活动后,成本可能会有所增加,因此完成活动定义后,要更新项目工作分解结构上的内容。

(一)定义活动的依据

1.工作分解结构

项目活动定义所依据的项目工作分解结构的详细程度和层次多少主要取决于两个因素:一个是项目组织中各项目小组或个人的工作责任划分和他们的能力水平,另一个是项目管理与项目预算控制的要求高低和具体项目团队的管理能力水平。

2.项目范围界定

项目范围界定是指在活动定义期间,必须考虑其中所列入的项目合理性和项目目标说明。它是项目活动定义的另一个依据。项目范围的界定可以防止我们在项目活动定义的过程中漏掉一些必要的项目活动,或者是将一些与项目无关的活动定义为必要的活动。因此,恰当的项目范围界定对项目的成功来说是十分关键的。

（二）定义活动的方法

1. 分解法

分解法是把项目的组成要素细分为更小的部分，以便更好地管理和控制。范围定义和活动定义两个过程都运用这个方法，但这里讲的分解和范围定义中讲的分解之间的主要区别是：分解用于范围定义时，最后的结果是可交付成果；分解用于活动定义时，最后的结果是更小的、易于操作的活动。

这种活动分解法有助于完整地找出一个项目的所有具体活动。项目分解主要包括以下步骤：
(1) 确定项目的关键要素；
(2) 确定在每个详细元素层次上能否编制出恰当的费用和历时估算；
(3) 确定可交付物的组成元素；
(4) 核实分解的正确性。

2. 模板法

模板法则是使用类似项目的活动清单或部分活动清单作为新项目活动定义的模板，并根据新项目的实际情况，结合当前项目的各种具体要求和限制条件，通过对模板的调整和修改，从而得到一个新项目的活动目录。在定义活动时，它是一种简单、高效的工具技术或方法。

（三）定义活动的成果

1. 活动清单

活动清单是项目活动定义得到的最主要的文件，应是准确的，包括活动的具体描述，以确保项目团队成员能理解应如何进行工作。活动清单可视为项目工作结构的一个细化，它比项目工作分解结构给出的项目工作更具有可操作性。对于活动清单有两点要求：一是这个活动目录应是完备的，它不包含任何不在项目范围里的活动；二是不能包括任何与项目目标无关的活动。

在活动定义过程中，项目团队通过分解技术可能会发现原项目工作分解结构中遗漏的、错误的或不合理的地方，从而对其进行更正。同时，也要对其他的相关管理文件进行更新。

2. 清单说明

清单说明是指用于支持和说明项目活动清单的各种具体文件与信息，既应包括对所有假设和限制条件的说明，也包括对于项目活动目录的各种解释和说明。清单说明可用于分配执行具体工作的负责人，确定开展工作的地点等。

3. 里程碑清单

里程碑是项目中关键的事件及关键的目标时间，是项目成功的重要因素。里程碑清单列出了所有项目的里程碑，指出每个里程碑是强制性的还是选择性的。

三、排列活动顺序

排列活动顺序是指通过确定各活动之间的相互依赖关系，对项目各活动的先后顺序进行安排，并形成文档的过程。为了进一步编制切实可行的进度计划，必须首先对活动进行排序。在产品描述、活动清单的基础上，要找出项目活动之间的依赖关系和特殊领域的依赖关系、工作顺序。在这里，既要考虑团队内部希望的特殊顺序和优先逻辑关系，也要考虑内部与外部、外部与外部的各种依赖关系及为完成项目所要做的一些相关工作。为了制定项目时间（工期或进度）计划，必须准确和合理地安排项目各项活动的顺序，并依据这些活动顺序确定项目的各种活动路径，以及由这些项目活动路径构成的项目活动网络。这些都属于项目活动排序工作的范畴。设立项目里程碑是排序工作中很重要的一部分。

(一) 排列活动的依据

1. 活动目录和清单说明

活动目录和清单说明是在活动定义过程中得到的成果文件。其中,项目活动目录给出了项目开展所需的全部活动,而清单说明则说明和描述了项目活动目录的各种细节,因此,可以通过对活动目录和细节说明的分析来确定项目活动的顺序。

2. 各活动之间内在的相关性

内在相关性是指各活动之间强制性依赖关系、可自由决定的依赖关系和外部依赖关系等。强制性依赖关系就是所做工作中固有的依赖关系;可自由决定的依赖关系是指由项目团队确定的那些依赖关系;外部依赖关系就是项目活动与非项目活动之间的依赖关系。各活动之间的相关关系是项目活动之间的一种逻辑关系,它也是项目活动排序的依据之一。

3. 指定性的相关性

指定性的相关性是指由项目管理团队所规定、确定的相关性,它是人为规定的项目活动之间的关系,因此应小心使用并加以充分陈述,因为承认并使用这样的相关性进行排序会限制以后进度计划的选择。指定性相关也可称偏好相关或软相关。

这种相关性通常发生在以下一些情况:

(1) 在一个特定应用领域有一个最佳实践。

(2) 有些时候,即使有几种可接受的排序,但因某种原因可能会偏爱一个特定的活动排序关系。

4. 约束条件及假定

在活动排序的过程中,也要考虑到约束条件和我们作出的相关的合理假定。项目活动的约束条件是项目活动所面临的各种资源与环境条件的限制因素,这些约束因素既有自然因素也有社会因素。项目活动假定是对项目活动所涉及的一些不确定性条件的人为假定。这些约束条件和假定都会影响项目活动的排序。

5. 目标群体的需求

项目活动的优先次序也与目标群体需求紧密相关。在很多情况下,项目团队对目标群体的需求把握假定可能是不准确的,为了使项目能够达到效果,按照目标群体需求为项目活动的排序也是一种常用方法。表 6-1 给出了一份灾民需求打分表,0~10 分中,分数越高表示越重要。通过各位灾民的打分进行汇总后,可以大致判断出灾民多种需求的顺序,进而确定项目活动的优先级。

表 6-1 灾民对灾后重建项目的选择排序

项目选择	灾民 1	灾民 2	灾民 3	灾民 4	灾民 5	分值排序
房屋重建	10	9	10	8	10	第 1
清洁用水	4	10	5	4	6	第 3
垃圾处理	2	3	2	4	3	第 5
生计发展	8	6	7	5	10	第 2
临时幼儿园	7	3	2	10	9	第 4

(二)排列活动的方法

1. 紧前关系图法(PDM)

紧前关系图法是一种利用节点代表活动,并利用表示依据关系的箭线将节点联系起来的编制项目网络图的方法,这种方法也叫节点网络图,也是大多数项目管理所采用的方法,如图6-2所示。

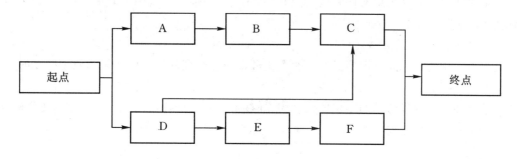

图6-2 紧前关系图法

2. 箭头图方法(ADM)

箭头图方法是一种利用箭线代表活动而在节点处将活动联系起来表示依赖关系的编制项目网络图的方法,这种方法也叫双代号网络图法(AOA),虽比PDM法较少使用,但在某些应用领域仍是一种可供选择的技巧。ADM仅利用"结束→开始"关系以及用虚工作线表示活动间逻辑关系。ADM法可手编,也可在计算机上实现,如图6-3所示。

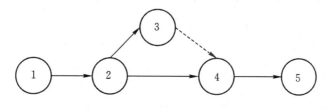

图6-3 箭头图法

在箭头图中,活动由连接两个点的箭线表示,有关这一活动的描述可以写在箭线的上方,代表项目活动的箭线通过圆圈连接起来,这些连接用的圆圈表示项目的具体事件。

四、估算活动时间

估算活动时间就是根据项目范围、资源状况计划列出项目活动所需要的时间。项目活动历时的估算在项目管理中起到很重要的作用,应该符合实际情况、有效并能保证质量。所以要对活动资源进行协调,包括项目活动过程中需要的物料、人力、资金、信息等一切有形和无形的资源,在此基础上可以进行工作计划的制定与项目时间控制,并给各种活动分配相应的资源。

(一)估算活动时间的依据

1. 活动目录和清单说明

活动目录和清单说明是在活动定义时所得到的文件之一,是进行项目历时估算的重要依据。因为在项目历时的估算中,只有清晰定义了每一个活动并且完全了解每个活动的目的、成员的职责,才能确保项目历时估算的准确性。

2. 约束条件和假设因素

这是指项目活动在时间估算过程中所依据的各种约束条件和假设因素。其中,约束条件是指限制项目管理团队进行时间选择的因素,假设条件是项目开展过程中依据的各种假设因素。只有在明确了各种约束条件和假设因素后,我们才可能对活动的历时进行估算,从而得出项目整体的时间计划。

3. 资源的数量和质量

大多数活动所需时间是由项目所需相关资源和所能达到的资源的数量和质量决定的。

4. 历史资料

在估算和确定项目活动的工期的过程中,还要参考有关项目活动工期的一些历史资料。

(二) 估算活动时间的方法

1. 专家判断法

估计一个项目所需时间往往是很困难的,因为许多因素会影响所需时间,例如,资源质量的高低,劳动生产率的不同。因此,我们可以借助一些专家的经验来进行判断。对于一个有经验的专家来说,当前进行估算的活动可能和以往所参加的项目中一些基本活动较为相似,借助这些经验可以得到一种具有现实根据的估计。当然,现实中不可能有完全相同的活动,因此还往往需要一些推测,但这毕竟提供了一种可以接受的估算。

2. 类比估算法

在很多的文献资料中存在相关行业的大量信息,这些信息可以作为一种估算的基础,其中不仅包括杂志、报刊、学术刊物等正式出版的刊物,还包括各种非正式的印刷品。在一些正规成熟的慈善组织中,往往有关于以往完成项目的资料记载,从中也可以获得真实有用的信息。

3. 三点估算法

当项目活动比较简单,项目活动时间的估计会比较准确,但是当项目的干扰因素比较多时,项目活动时间的估计就很难那么准确,编制的项目进度计划也是不可靠的。对于不确定性较大的问题,可以预先估计三个时间值,然后运用概率的方法计算各项活动时间的平均值和方差,如表6-2所示。

表6-2 三点估算法

序号	名称	表示符号	说明
1	最乐观时间	a	完成该项活动所需的最短时间
2	最悲观时间	b	完成该项活动所需的最长时间
3	最可能时间	c	在正常的情况下完成该项活动所需的时间

活动时间的平均值和方差计算如下:

平均时间 $t = \dfrac{a+4c+b}{6}$

均方差 $\sigma = \dfrac{b-a}{6}$

(三)估算活动时间的成果

1. 各活动所需时间的估计

活动所需时间的估计是关于完成一项活动需多少时间的定量估计。项目活动所需时间的估计既应包括项目活动所需的时间,也包括项目活动时间可能的变化范围。活动所需时间估计值用某一范围表示。例如:

①2周±2天,表示该活动至少需12天和最多不超过16天。

②超过3周的概率为15%,表示以85%概率活动将用3周或更短时间。

2. 估计的基础

在进行估算时,我们所做的各种合理的假定,使用的各种约束条件,参照的各种历时信息以及项目活动目录与所需资源数量和质量等资料都必须以基础文档的形式保留下来。文档作为备查资料,也是我们进行风险管理和控制的关键依据之一。

3. 项目文件更新

在项目活动时间估算的过程中,同样也会发现现有的活动目录的一些问题和遗漏,因此同项目活动排序一样,在项目活动时间估计之后,也要进行活动目录更新。

五、进度计划编制

公益慈善项目进度计划编制是分析活动顺序、持续时间、资源需求和进度制约因素,创建项目进度模型的过程。编制公益慈善项目的进度计划意味着明确定义项目活动的开始和结束日期,这是一个反复确认的过程。公益慈善项目进度计划是公益慈善项目管理计划中最为重要的计划之一,这种计划的编制需要反复地试算和综合平衡,因为它涉及的影响因素很多,而且它的计划安排会直接影响到项目总体计划和其他管理计划。所以这种计划的编制方法比较复杂,制定项目进度计划时,需要项目主要利益相关方、项目组织的主要负责人参与,明确各自的职责,安排项目活动相应的时间进度。

(一)制定活动计划的依据

1. 项目网络图和项目活动所需时间估计

项目网络图是由项目活动排序得到的项目各项活动的内容,以及它们之间的逻辑关系示意图。项目活动所需时间的估计是在项目活动时间估计阶段得到的项目活动时间和项目总体时间的估计文件。它们是项目时间计划制定的依据之一。

2. 项目的资源要求和共享说明

这包括有关项目资源质量和数量的具体要求及各项目活动以何种形式与项目其他活动共享何种资源的说明。对进度编制而言,需要什么资源,有什么资源,在什么时候,以何种方法可供利用是必须知道的。安排共享的资源也许是特别困难的一件事,因为这些资源的可利用性是高度可变的。

3. 资源日历表

资源日历表确定了资源可用于工作的日期。项目日历表对所有资源都有影响。例如,一些项目仅在法定的工作时间内进行,而有的项目可一日三班安排工作。各种资源日历表对特定的资源有影响。例如,项目团队的成员可能正在放假接受培训,某一劳动合同可能限定一周的工作天数。

4. 约束条件和假设

项目作业有各种约束条件。在制定项目进度计划时,有两类主要的约束条件必须考虑:强制的时间(服务对象或其他外部因素要求的特定日期)、关键时间或主要的里程碑(服务对象或资助方要求的项目关键时间或项目计划中的里程碑)。

5. 超前与滞后

为了精确说明活动间相互关系,有些逻辑关系可能需考虑超前和滞后的时间。

(二)制定活动进度的方法

不同类型的进度计划,采用的编制方法也有所不同。活动进度的制定主要包括如下方法:

1. 系统分析法

在不考虑资源和约束的情况下,通过计算所有项目的最早开始时间和最晚结束时间等方法,可以计算出项目的时间,以此来安排进度计划。编制进度的基本方法有关键日期表、甘特图、CPM 和 PERT 等。

2. 资源水平法

使用系统分析法制定项目时间计划的前提是项目的资源充足,但是在实际中多数项目都存在资源限制,因此有时需要使用资源水平法去编制项目的计划。这种方法的基本指导思想是"将稀缺资源优先分配给关键路线上的项目活动"。这种方法制定出的项目计划常常比使用系统分析法编制的项目计划要长,但是更经济和实用。

具体采用哪种进度方法需要综合考虑以下因素:

(1)项目规模的大小。小项目适合采用简单的进度计划方法,大项目一般要用较为复杂的进度计划方法。

(2)项目的复杂程度。大的项目不一定就复杂,也可以用简单的进度计划方法。而一些小的项目,需要很复杂的步骤和很多专家的参与,就需要复杂的进度计划方法。

(3)时间要求。紧密的项目,比如救灾活动,要求用最好的方法、最快的速度来进行,因为时间是最宝贵的。

(4)发布指示的紧急性。项目急需进行,特别是在开始阶段,需要对各项工作发布指示,以便尽早开始工作,用很长时间去编制进度计划就会耽误了时机。

(5)对项目的细节掌握程度。如果项目成员对项目细节不怎么了解,CPM 和 PERT 法就不适用。

(三)制定活动进度的成果

1. 进度基准

进度基准是经过批准的进度模型,只有通过正式的变更程序才能进行变更,用作与实际结果进行比较。它被利益相关者接受和批准,其中包含基准开始日期和基准接受日期,为监控项目的时间进展情况提供一个基础。

2. 项目进度计划

通过项目进度计划编制而给出的项目进度计划书,至少应包括每项活动的计划开始日期和计划结束日期等信息。一般在项目资源配置得到确认之前,这种项目计划只是初步计划,在项目资源配置得到确认之后才能够得到正式的项目进度计划。项目进度计划可以使用摘要的文字描述形式给出，也可使用图表的形式给出。

3. 详细说明

项目进度的详细说明要包括对所有假设和约束条件的说明和具体实施计划的措施说明等。

4. 项目文件的更新

在项目时间计划编制中，资源调整和活动目录的修改可能对资源的初始估计产生很大的影响，往往会出现对于项目资源需求的各种调整和改动。因此，在项目时间计划的制定过程中，需要对所有的项目资源需求调整和改动进行必要的管理，并编制一份更新后的项目资源需求文件。

六、进度控制

公益慈善项目进度控制就是将项目的进度计划与项目的实际进展情况进行对比、分析和调整，从而确保项目进度目标的实现。项目进度控制应该按照事先制定的项目整体变更控制系统的程序和规范，对项目进度的变更进行管理和控制，其包括以下方面：

（1）确定项目的进度是否发生了变化，如果发生了变化，找出变化的原因，如果有必要就要采取措施加以纠正。

（2）对影响项目进度变化的因素进行控制，从而确保这种变化朝着有利于项目目标实现的方向发展。

为了保证公益慈善项目按进度计划顺利推进，采取各种方法进行有效的进度计划控制是非常重要的，否则，进度计划做得再好而没有进行控制的话，就没有任何意义了。

（一）控制活动进度的依据

1. 项目进度计划

项目进度计划提供了度量项目实施绩效和报告项目时间计划执行情况的基准和依据，是项目总计划的一部分，是项目时间计划控制的最根本依据。

2. 项目进展报告

这一报告提供了项目进展方面的信息，包括哪一项活动如期完成了，哪一活动未如期完成以及项目时间计划的总体完成情况，报告中也可提醒项目团队值得注意的问题。通过比较项目时间计划和项目时间计划执行情况报告，可以发现项目时间计划实施的问题和差距。

3. 项目时间变更的要求

项目时间变更的要求是对项目时间计划所提出的改动要求，它可以是由任何一个项目相关利益方提出的。要求改变进度的形式有多种，如口头或书面的，直接或间接的，由外部或内部因素导致的，强制性的或有多种选择的。这些具体的改变要求的结果可能是加快进度，也可能是延长进度。

（二）控制进度的方法与步骤

1. 控制进度的方法

绩效审查是描述项目执行情况测定的方法，是一种测定和评估项目的实施情况，确定项目时间计划完成程度和项目实际完成情况与计划要求差距大小的管理控制方法。绩效审查是项目进度控制系统的一个重要组成部分，决定对已经发生的进度偏差是否采取纠正偏差的措施。绩效审查法可用来评估实际与计划时间进度间差异的大小。例如，在一个非关键活动的一个较大时间延误也许只对项目产生较小的影响,而在关键活动的较小延误也许就需要马上采取纠正措施。这一方法要求有固定的项目时间计划的实施情况报告期,要求定期不定期地度量和报告项目时间计划的实施情况。一般从项目控制的角度看,这种报告的报告期越短越有利于及早发现问题并采取纠正措施。

2. 控制进度的步骤

项目进度控制包括以下四个步骤:

(1)分析进度,找出需要采取纠正措施之处。
(2)确定应采取的具体纠正措施。
(3)修改计划,将纠正措施列入计划。
(4)更新项目进度,估计纠正措施的效果。

如果计划采取的纠正措施仍无法获得满意的进度安排,必须重复以上步骤。

3. 控制进度的成果

(1)进度计划的更新。

进度更新是指根据执行情况对计划所进行的调整。如有必要,必须把计划更新结果通知有关方面。进度更新有时需要对项目的其他计划进行调整。在有些情况下,进度延迟十分严重,以致需要提出新的基准进度,给下面的工作提供现实的数据。

(2)纠正措施。

这里的纠正措施是指为纠正项目进度的实际情况与项目时间计划之间的偏差所采取的各种具体行动。在项目时间控制中,需要采取纠正措施以确保某一活动按时完成或尽可能减少延误而采取特殊措施。

(3)变更请求。

用于审查项目进度执行的实际结果,可能需要进行纠正/预防措施。

(4)经验与教训。

在项目时间控制中所获得的进度产生差异的原因,采取纠正的措施和理由,项目时间计划失控造成的各种问题和损失以及其他方面的经验教训都应当被记录下来,成为执行本项目和今后其他项目的历史数据与资料。

本章小结

在快速发展与瞬息万变的经济社会背景下,公益慈善项目也越来越追求高效率与快节奏。在公益慈善项目管理中,时间问题是造成项目冲突的主要因素,时间对项目的成败起着非常关键的作用。因此,如何保证在限定的时间内完成既定的项目成果是每个项目团队面临的挑战。公益慈善项目进度管理的目的是保证按时完成项目、合理分配资源、发挥最佳工作效率。它的主要工作包括规划进度管理、定义项目活动、排列活动顺序、估算活动时间、制定进度计划和控制进度等内容。

课后习题

1. 举例说明公益慈善项目活动中的里程碑。

2. 为一家从事灾后重建的公益慈善组织排列项目活动。
3. 简述排列活动的方法。
4. 简述控制进度的步骤。
5. 计算题。

活动	前导活动	历时（月）
A	—	1
B	A	3
C	A	2
D	B、C	5
E	C	2
F	D、E	3
	最早开始时间	最早结束时间
A	0	1
B	1	4
C	1	3
D	4	9
E	3	5
F	9	12
	最晚开始时间	最晚结束时间
A	0	1
B	1	4
C	2	4
D	4	9
E	7	9
F	9	12

根据上表所给条件，绘制网络图，并回答下列问题。
(1) 利用前推法计算各项活动的最早开始时间和最早结束时间。
(2) 利用后推法计算各面活动的最晚开始时间和最晚完成时间。
(3) 确定关键路径和非关键路径。

参考文献

[1] 美国项目管理协会.项目管理知识体系指南[M].5版.许江林,等,译.北京:电子工业出版社,2009.

[2] 哈罗德·科兹纳.项目管理:计划、进度和控制的系统方法[M].11版.杨爱华,等,译.北京:电子工业出版社,2013.

[3] 陈关聚.项目管理[M].北京:中国人民大学出版社,2011.

[4] 李跃宁,徐久平.项目时间管理[M].北京:经济管理出版社,2008.

[5] 康路晨,等.项目管理工具箱[M].2版.北京:中国铁道出版社,2016.

[6] 丁荣贵.项目管理:项目思维与管理关键[M].2版.北京:中国电力出版社,2013.

[7] 强茂山.成功通过PMP[M].3版.北京:清华大学出版社,2013.

[8] 韩俊奎.非营利组织项目管理[M].北京:社会科学文献出版社,2015.

第七章 公益慈善项目成本管理

 引例

埃塞俄比亚社区水资源管理项目的成本管理

在埃塞俄比亚社区水资源管理项目中,项目工作人员创建了以下简单的电子数据表,用来对项目的材料和劳动力成本进行汇总,如表7-1、7-2、7-3所示。

表7-1 社区/救助儿童会的项目缴款

材料投入成本归集表							
日期	缴款者	项目/材料	衡量单位	收到数量	成本/平均服务时间	总成本(比尔)	备注
9/3/2000—30/5/2000	社区	沙	立方米	33	20	660	英国救助儿童会负责运输成本
9/3/2000—30/6/2000	社区	石	立方米	37	50	1850	
25/3/2000—30/6/2000	英国救助儿童会	水泥	公担	46.5	80	3720	
25/3/2000—30/6/2000	英国救助儿童会	管道和配件	总额	—	—	3137.19	66米的管道铺设
25/3/2000—30/6/2000	英国救助儿童会	其他	总额			3341.79	钢筋、木料、手动工具等
					总计	12708.98	

表7-2 社区/合作伙伴/政府的项目缴款

劳务成本归集表							
日期	缴款者	平均服务天数	服务类型	总参与天数	费用/日	总成本(比尔)	备注
15/3/2000—15/4/2000	社区	22	非熟练挖掘工	539	5	2695	

续表 7-2

10/4/2000—10/2000	社区	50	非熟练砌砖工	451	5	2255	
25/3/2000—10/2000	英国救助儿童会	70	非熟练砌砖工	298	40	11920	
				总计		16870	

表 7-3 项目成本汇总表

项目名称：社区水资源管理　　　受益者总数：420
地区：南沃罗　　　　　　　　　成本/受益者：98.6 比尔
活瑞达县：Legeambo
地点：雅罗

年月	项目	救助儿童会/拨款	社区	政府	其他	总成本	备注
2000年3—6月	社区	10198.98	2510	—	—	12708.98	
2000年3—6月	劳动力	11920	4950	—	—	16870	
2000年3—6月	一般管理费用	70	11739			11831.59	
					总计	41410.57	

在公益慈善项目无论规模大小，成本管理都同等重要。公益慈善组织资金有限，哪怕一个项目的失败，都可能使组织陷入险境。正如之前"公益慈善项目范围管理"章节曾提到的"项目三角形"中，成本管理是影响项目成败的重要因素。

公益慈善项目成本管理包括成本管理工作的规划、项目成本的估算、制定预算以及项目执行过程中的控制预算等环节。其中，成本估算是对项目所需资金的近似估算，而预算则是通过立项的项目资金额度制定。当然，对于某些范围特别小的项目，成本估算和预算之间的联系非常紧密，甚至可以视为同一个过程，可在较短时间内确定。

第一节　公益慈善项目成本管理概述

一、公益慈善项目成本管理

公益慈善项目成本管理是指为使公益慈善项目在有限预算内完成而对成本进行规划、估算、预算、控制的方法。成本管理的目的是确保项目在预算的资金范围内完成。公益慈善项目涉及的人员、资金、物资等多种资源，所有活动的开展都离不开资金支持。

尽管公益慈善项目成本管理重点关注的是完成项目活动所需要的资源成本，但同时也应考虑项目整体需求对成本的影响。如增加项目评估环节，可能会导致成本的增加。项目设计阶段的早期，就应该对成本管理工作进行规划，建立成本管理各过程的基本框架，以确保执行中各环节的有效性及过程的协调性。

公益性与效益性的双重目标使得公益慈善项目的成本管理既不能以成本越低越好为目

标,因为过低的成本可能会影响项目效果;也不能不讲成本,因为过高的成本会造成项目效益低下,增加公益慈善组织的资金负担。因此,公益慈善成本支出必须与其为社会所提供的服务相适应,使有限的资金投入最有效地转化为社会服务能力,以高效率的意识进行高效益、低成本的管理。

在当前公益慈善组织资源有限的条件下,成本管理对项目执行和组织发展都非常有必要。准确的成本估算是后续管理决策和成本控制的前提,而有效的成本控制又是项目成本的基础与保障。公益慈善项目成本管理既要满足项目进度和质量要求,准确实现组织的社会目标,又要借助计划、组织、控制、协调等方式使成本尽可能地降低,最大化节约资源。资金是公益慈善组织开展项目的基础,但由于行业发展的阶段性限制,公益慈善组织在资源调动上仍有制约。因此,如何用有效的资源最大限度上实现组织的社会目标则尤为重要。好的成本管理可以对项目执行过程中各种资源的消耗进行科学的指导、监督、调节和限制,及时纠正可能发生的或已经产生的偏差,使得各项花费均在计划或可控范围之内,最终实现项目目标和社会价值。

二、公益慈善项目成本管理的构成

根据成本管理的定义可以知道,公益慈善项目的成本管理包括规划成本管理、估算成本、制定预算与控制成本四个过程,每个过程有不同的工作依据、方法及成果产出。

规划成本管理,即制定公益慈善项目成本的管理、使用、控制计划的过程,其产出也是项目整体计划的一部分。

估算成本,即依据过往项目信息、团队经验、项目范围等对完成公益慈善项目所需的资金资源进行近似估算的过程。

制定预算,即汇总所有项目的单个活动而最终确定项目全部资金及各工作阶段所需的资金资源的过程。

控制成本,即根据项目各阶段的状态,发现项目资金的实际支出与计划使用差异并及时采取纠正措施的过程。

第二节 公益慈善项目成本管理的常见问题

尽管成本管理对项目的顺利开展和组织的持续发展有着重要的意义,但现实中成本管理的问题仍屡见不鲜:有的组织在制定预算时花费大量精力,而项目一旦申请成功,获得拨付资金后并未对成本使用进行有效监管,最终产生成本偏差导致项目失败;有的组织项目团队未对成本管理进行有效的重视,在执行中片面追求低成本而忽视项目质量和团队建设,最终导致项目无法进行;还有的组织仅进行简单的成本估算,并未做细致的预算分析就申请项目,结果实际需求资金远远超出申请额度,造成项目风险。这些都是公益慈善项目在成本管理中遇到的问题,需要引起大家的普遍重视。具体来说,成本管理常见的问题包括如下几个方面:

一是成本意识不强,成本监控不到位。成本管理不能只注重在项目的开展阶段,应该贯穿于项目整个阶段。在项目前期应该编制详细的成本预算,如果没有详细的成本预算,或者成本预算编制马马虎虎,使得成本预算不能顺利执行,就会造成项目中出现资源浪费、项目人员工作效率低下、成本增长等问题。

二是项目管理费零支出,公益属性过度放大。项目管理费包括管理人员的工资、办公费、差旅费、社保金等各种费用,有的公益慈善组织为了吸引筹款,过度压低管理费支出甚至零支出,造成资源有效利用的假象,既不利于团队稳定和组织的长久发展,又不利于社会大众对公益慈善项目有科学合理的认识。

    2018年6月,某影星发微博称,她和好友成立的"V爱白血病基金",是罕见的,甚至是唯一一个没有管理费的慈善基金。引发业内人士质疑:一个慈善机构或项目的运行不可能没有管理费。对此,该影星随后回复表达歉意,承认"没有管理费"表述不准确,并明确表示基金的所有行政管理费用是由两位发起人单独承担的。

    三是财务监管缺位或不力,未起到约束作用。近年来不断发生的公益丑闻大多涉及财务方面问题,这也反映出公益慈善组织财务的专业性和规范性有待加强。公益慈善组织一旦在成本管理方面缺乏有效的财务监督机制,则更加容易滋生腐败或公益资源滥用等问题。

    四是成本制度不健全,未形成完整体系。在许多初创及小规模的公益慈善组织中,各项制度并不健全,成本核算流于形式,成本分析有名无实,成本管理手段落后,影响成本管理准确性和科学性,缺少相应的成本管理流程,不能将项目管理责任落实到具体的项目官员,缺少监督、考核、奖惩机制等,这都不利于组织长期发展和建立科学的管理体系。

    宾纳展示了在对住院病人的心理护理过程中,如果使用了不同的分析单位,在进行成本分析时会产生巨大的差异。最明显的方法就是计算每天的成本。如果100位病人在一个机构中,年成本是7300000美元,那么每位病人每天的成本是200美元。每人每天的美元数是一个合理的分析单位吗?要回答这个问题,只能针对于把人置于公共机构之下这一目标,并且在此目标的关照下进行。如果目标是帮助病人恢复在社会生活中的机能,进而离开这个机构,那么每人每天的成本就是一个给人以误导的单位。使用这个单位会鼓励管理者诱导资金提供者寻找每天成本更低的方法,这样的话,就可以服务到更多的人。试图以最低成本装进更多的人已经被称为人口仓储行为。另一方面,如果目标真是使人们康复,这样的话,他们就能够在社会中独立生活,那么更好的单位是每位离开的康复病人的成本。

    资料来源:Binner, P. R. Needed for Mental Health Management: A New Measurement Paradigm[J]. Administration and Policy in Mental Health, 1991(18):355-366.

第三节 公益慈善项目成本管理的过程

    公益慈善项目成本管理是指在项目的进程中,为了确保公益慈善项目能够在规定的预算内达到项目目标所进行的管理过程。对公益慈善项目进行成本管理就是为保障项目实际发生成本不超过项目预算。公益慈善项目成本管理主要解决以下四个问题:采取什么样的方式进行成本管理?项目将花费多少资金?何时需要这些资金?如何使用项目资金?上述四个问题分别对应项目成本管理的四个过程:规划成本管理、成本估算、成本预算、成本控制。项目成本管理的四个过程确保了在规定的预算内完成项目的目标。

一、规划成本管理

《礼记·中庸》有云:"凡事预则立,不预则废。"意为不论做什么事,事先有准备,就能得到成功,不然就会失败。成本管理同样如此。规划成本管理,即对项目成本的管理、使用和控制制定计划,为成本管理工作提供指南和方向,这是一切成本管理工作开展的前提。

规划成本管理应该在项目早期进行,建立成本管理的各过程的基本框架,以便与项目管理的其他方面有机协调。成本管理计划也是项目管理计划的组成部分。

(一)规划成本管理的依据

成本管理作为项目管理的一部分,在形成过程中必然要服从项目的整体管理计划。项目的范围说明书、分解的工作内容、起始与结束时间、整体进度安排、潜在风险与沟通机制等,均会对成本产生影响。因此在制定成本管理计划时,上述因素均需纳入考虑范围。

在规划成本管理中,如果公益慈善项目的资金来自境外,还涉及货币汇率等重要参考信息。

(二)规划成本管理的方法

1. 专家判断法

专家判断法是指由项目成本管理专家根据经验进行判断,专家选择要视问题本身的性质、复杂性和问题的求解方法而定。这些专家不仅包括学者,还可以是任何具有特殊知识或经过特别培训的组织和个人,如类似项目的项目官员、机构顾问、行业协会人员等。专家的选择应该充分考虑到专家代表的广泛性,保证对所研究问题持不同观点的专家都有参与机会,而且所选专家应该具有广博的专业知识和丰富的实践经验。

2. 资料统计法

资料统计法是指参考以往类似项目的历史统计数据和相关资料,计算和确定项目资源规划的一种方法。其优点是利用这种方法能够得出比较准确、合理和可行的项目资源规划。其缺点是对所采用的历史统计数据不但要同本项目有足够的可比性,并且要求足够详细。显然,这种方法不适用创新性很强的项目,仅能作为规划成本管理的辅助手段。

(三)规划成本管理的成果

规划成本管理的直接产出是确定公益慈善项目的成本管理计划。项目成本管理计划是项目管理计划的组成部分,描述如何规划、安排、控制项目成本,以及成本管理过程及其相关工具和技术。

项目成本管理计划通常包括以下内容:

(1)计量单位。如:人/时、人/日、周等时间单位;米、升、吨等数量单位;单价、总价等金额单位。

(2)准确度。规定成本估算的可接受范围。

(3)控制临界值。为监督成本绩效而明确的偏差最大临界值,通常可用百分比表示。

(4)过程描述。对成本管理的过程进行书面描述。

(5)其他信息。如汇率波动方案、筹资方案等。

二、估算成本

估算成本是指为实现项目的目标,根据项目资源计划所确定的资源需求,以及各种资源的价格信息,对完成项目所需成本进行的估计。由于项目经常发生变更,而且在项目的整个生命周期内宏观环境的变化(导致利率、通货膨胀率发生变化)、资源价格的变化(人力资源的成本、材料、设备等价格变化)、经营成本的变化、成本估计中利益相关方行为的变化,以及项目活动进行中项目团队的学习曲线的变化等,都会导致项目成本估算在一个不确定性程度很高的环境下进行,使之成为一个很复杂的工作。

(一)估算成本的依据

工作分解结构(WBS)对于成本估算特别关键,因为工作分解结构支持自下而上的估算方法,而项目的各项任务能在成本列表中得以反映,便于监控。历史数据也是非常重要的因素,因为很多时候进行成本估算是建立在历史资料基础上的。进行成本估算需要会计科目表是因为成本估算必须按照成本分类进行,成本类别可以指人力、物料、费用等。而成本会随着活动排序与时间的不同而变化,所以需要网络图。此外,对于长期项目来说,项目成本会由于价格的波动而发生变化,因此也需要进度计划。

(二)估算成本的类型

项目成本估算比较复杂,特别是对持续时间比较长的项目。虽然项目成本估算在项目开始前就已经完成,但是随着项目的进行可能会出现新的可利用的资源,并且原来的资源价格也可能发生变化,所以项目成本的估算应该随项目的进展而不断进行适当的调整,以确保项目的实施能以项目的估算为依据。项目成本的估算既要成为项目执行的约束条件,也要成为项目执行的动力。按照项目不同阶段进行的成本估算有三种类型:

1. 量级估算

量级估算提供了项目成本的一个粗略概念,它在项目早期甚至是项目正式开始之前进行,用来帮助项目选择决策,但精确度较低。

2. 预算估算

预算估算是用来将资金划入一个组织的预算,通常发生在计划编制阶段。

3. 确定性估算

确定性估算则提供了一个精确的项目成本估算,常用于资金使用决策的制定,其精确度非常高。

估算成本的精确度可能受益于项目进展期间项目信息的不断充实,在整个项目生命周期内,项目成本估算的精确性随着项目进展而不断提高。表7-4描述了项目不同时期成本估算类型的比较。

表7-4 估算类型比较

估算类型	准确度	说明
量级估算	-25%~+75%	通常在概念形成与启动阶段; 基于具有比例因子的某一工作范围; 用于可行性研究
预算估算	-10%~25%	通常发生在计划编制阶段; 一种自上而下的估算方法
确定性估算	-5%~+10%	最准确的估算; 在计划编制阶段进行; 用WBS进行自下而上的估算

(三)估算成本的方法

估算项目成本是一项富有挑战性的活动,既讲究科学性,又讲究艺术性。项目成本估算要考虑机构所属的领域(例如老年服务或大病救助)、成本管理能力、成功的项目管理历史经验、过去完成类似项目的数量、项目官员的知识和才能,以及机构的预算要求等。具体可采用如下方法:

1. 经验估算法

进行项目成本估算的人应该具有专业知识和丰富经验,由此而来提出一个近似的数字。这种方法是一种最原始的方法,还称不上估算,只是利用类似项目的成本对现在项目所需的费用进行一种近似的猜测,也是一种专家评价法。它对要求很快拿出一个大致成本数据的项目是可以的,但难以满足要求详细成本估算的项目。此种方法主要适用于机会研究,可以作为提出项目任务的参考。

2. 自上而下估算法

自上而下估算法,又称类比估算法。该方法由上至下层层进行,它是最简单的成本估算方法,但通常只在项目初期或是信息不足的时候才采用此方法。自上而下估算法是将以前类似工作的实际成本的历史数据作为估算依据,并以此估算项目成本的一种方法。该方法的主要步骤为:

(1)由项目人员收集类似项目成本的相关历史数据。

(2)项目人员在相关成本专家的帮助下对项目的总成本进行估算。

(3)按照工作分解结构的层次把项目总成本的估算结果自上而下估算,在此基础上,对各子项目或子任务的成本进行估算。

(4)继续向下逐层传递估算,一直传递到工作分解结构的最底层为止。

自上而下估算法的优点主要有:

(1)简单易行、花费少,尤其是当项目的详细资料难以获取时非常有效。

(2)在总成本估算上具有较高的准确性。由于在预算过程中,总是将既定的预算在一系列工作任务间分配,避免了某些任务获得了过多预算而某些重要任务又被忽视的情况。

(3)对各活动的重要程度有清楚的认识,从而可以避免过分重视某些不重要的活动或忽视某些重要的活动。

但这种估算方法也存在缺陷:当估算的总成本按照工作分解结构逐级向下分配时,可能出现下层工作成本估算不足,难以完成相应任务的情况。这样显然会增加估算的偏差,造成成本的浪费,甚至导致整个项目的失败。

3. 自下而上估算法

自下而上估算法,是从工作分解结构(WBS)的最底层开始进行的自下而上的估算形式。负责活动的项目人员先估算各个活动的独立成本,然后层层累加汇总到 WBS 更上层的任务,最后加上管理费、项目储备金等,从而得到完成整个项目的总成本。

自下而上估算法的优点在于它是一种参与式管理的估算方法,比起那些没有亲自参与项目实际工作的管理人员而言,那些在一线工作的项目人员往往对资源的需求状况有着更为准确的认识。此外,基层的项目人员直接参与到估算工作中,可以促使他们更愿意接受成本估算的最终结果,提高工作效率。共同参与也是一种良好的管理培训技术,会使基层管理人员在做估算和预算准备工作以及相关知识方面获得更多的宝贵经验。可以说,自下而上法对细节部分的估算更为精确,同时这种全员参与式的管理有助于成本估算。但是,自下而上估算法的缺点也非常明显。它的最大缺陷在于:自下而上估算法存在一个独特的管理博弈过程,基层人员可能会过分夸大自己负责活动的预算,因为他们不仅担心管理人员会削减他们的估算成本,而且害怕以后的实际成本高于估算成本将受到惩罚,同时希望以后的实际成本低于估算成本而获得奖励,但是管理人员会按照一定比例削减下层人员所做的成本估算,从而使得所有的参与者都陷入一个博弈怪圈。此外,采用自下而上估算法估算项目成本时,由于参加估算的部门较多,必须把不同度量单位的资源转化成可以理解的单位形式(货币形式),因此用于估算的时间和成本就会增加。

4. 参数模型估算法

参数模型估算法是一种比较科学的、传统的估算方法,它是把项目的一些特征作为参数,通过建立一个数学模型来估算项目成本的方法。参数模型估算法在估算成本时,只考虑那些对成本影响较大的因素,而对那些对成本影响较小的因素忽略不计,因而这种方法估算的成本精确度不高。采用参数模型估算法时,如何建立一个合适的模型,对于保证成本估算结果的准确性非常重要。为了保证参数模型估算法的实用性和可靠性,在建模时,必须注意以下几点:

(1)用来建模所参考的历史数据的精确度。

(2)用来建模的参数是否容易定量化处理。

(3)模型是否具有通用性。通用性也就是说模型适用于大型项目,在经过适当调整后也适应于中小型项目。

(四)估算成本的成果

成本估算过程有项目成本(费用)估算文件、详细依据和项目成本管理计划三个成果。

1. 项目成本估算文件

项目成本估算文件是项目管理文件中最重要的文件之一,它包括项目各活动所需资源(包括人力、财力、物力,并考虑通货膨胀或意外事故等)及其成本的定量估算,这些估算可以用简略或详细的形式表示。成本通常以货币单位(如元、欧元、美元等)表示,但有时为了方便,也可用人/天或人/小时这样的单位。在某些情况下,为便于成本的管理控制,在成本估算时须采用复合单位。

2. 成本估算的详细依据

成本估算的详细依据包括基本规则和估算所用的假设、用作估算基础的项目描述(包括项目范围说明、工作分解结构等)、费用估算的详细工具和技术,以及结果误差范围的说明。详细依据的数量和形式因应用领域不同而有所差别,当需要时,这些详细依据便可以作为原始资料而使估算更新或类似估算变得容易。成本估算的详细依据应该包括以下内容:

(1)项目工作范围的说明,通常从工作分解结构(WBS)中得到。

(2)项目成本估算的基础,说明估算是怎样做出的。

(3)项目成本估算所做的假设说明,如项目所需资源价格的估计。

3. 项目成本管理计划

项目成本管理计划是整个项目计划的一个辅助部分,说明了如何管理实际成本与计划成本之间发生的差异,差异程度不同则管理力度也不同。成本管理计划根据项目的需要,可以是高度详细或粗略框架的,同时既可以是正规的,也可以是非正规的。

三、制定预算

成本预算是指将估算的成本按照时间段配置到项目各个活动中去,并建立一个衡量绩效的基准计划。对于一般的项目,要进行精确的成本预算比较困难。虽然说历史信息对于成本预算很重要,但有时候当项目编制人员拿以往类似的项目数据作为参考时,这些参考资料只可以作为粗略的指导。因为所有的项目都是独一无二的,而且所有的项目预算工作都需要以资源使用情况和相关成本的估计情况为基础,而资源的使用情况和相关成本是具有不确定性的,所以项目成本预算涉及风险。

对于跨越多个年度的项目来说,还会产生另外一个问题。这类项目的计划和进度早在项目生命周期的开始阶段就已经设定好了,但几年后,对于资源的预测或许就会因为更新的替代性的工具、学习曲线或人力资源而发生变化,因为这些新的投入不同于预算时的成本。项目的持续时间越长,项目官员对项目开始阶段做的成本预算的信任度就越低。另外,管理者对于项目总是要比对那些日常工作关注的程度要高,而且他们还总是觉得做得不够,所以进行项目成本预算时必须为抵御任何形式的介入做好准备。

(一)制定预算的依据

预算的制定要以成本估算为基础,同时参考估算依据、项目进度计划(开始结束时间、里程碑计划等)、资源日历、风险登记册等信息综合考量。

(二)制定预算的方法

(1)成本汇总:以工作分解结构中的工作包为单位对活动成本估算进行汇总,然后再由工作包汇总至工作分结构的更高层次,并最终得出整个项目的总成本。

(2)专家判断:从组织内的其他部门、顾问、利益相关方、行业团体/协会等多种渠道获取制定预算的信息。

(三)制定预算的步骤

(1)将项目的总预算成本分摊到各项活动中:这是根据项目成本估算确定出项目的总预算成本之后,将总预算成本按照项目工作分解结构和每一项活动的工作范围,以一定的比例分摊到各项活动中,并为每一项活动建立总预算成本。

(2)将活动总预算成本分摊到工作包:这是根据活动总预算成本确定出每项活动中各个工作包具体预算的一项工作,其做法是将活动总预算成本按照构成这一活动的工作包和所消耗的资源数量进行成本预算分摊。

(3)在整个项目的实施期间内,对每个工作包的预算进行分配:确定各项成本预算支出的时间以及每一个时点所发生的累计成本支出额,从而制订出项目预算计划。图7-1列出了某非政府组织采用的预算编制流程图。

(四)制定预算的成果

(1)成本基准,即经过批准且按时间段分配资金的预算,是每个时间段的预算之和,通常用S曲线表示,用来测量和监控项目的成本绩效。

(2)项目资金需求,即成本基准与管理储备之和,通常表示为阶梯状递增的曲线。

在公益慈善项目实际运作中,估算成本和制定预算的界限往往不一定有清晰的界定,可以同步进行。但对于大型项目或严格的成本管理,估算成本和制定预算之间,估算成本的成果是

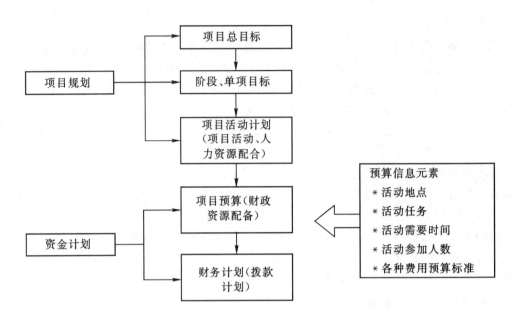

图 7-1 某非政府组织项目预算编制流程图

制定预算的依据,即预算是在成本估算的基础上确定的。估算成本与制定预算间的共性与差异如表 7-5 所示。

表 7-5 估算成本与制定预算间的共性与差异

		估算成本	制定预算
不同点	依据	人力资源管理计划等	协议、活动成本估算、估算依据等
	方法	类比估算、参数估算、自下而上估算、三点估算、质量成本、群体决策等	成本汇总、历史关系、资源限制平衡等
	成果	活动成本估算、估算依据等	成本基准、项目资金需求等
相同点	依据	成本管理计划、范围基准、项目进度计划、风险登记册、组织过程资产等	
	方法	专家判断、储备分析	
	成果	风险登记册等	

四、成本控制

项目成本控制是降低项目费用必需的管理工作。任何一个项目不是孤立存在的,它是由若干个项目活动组成的,所以项目成本控制必须从控制项目各个工作包或项目活动开始,通过减少和消除其中的无效活动,改进其中的低效活动,最后达到控制资源浪费的情况发生,并使项目的资源得到更合理的利用。

(一)成本控制的内容

项目成本控制是按照项目成本预算过程所确定的成本预算基准计划,通过运用多种恰当的方法,对项目实施过程中所消耗的费用的使用情况进行管理控制,以确保项目的实际成本限定在项目成本预算所规定的范围内的过程。项目成本控制的主要目的是对造成实际成本与基准计划发生偏差的因素施加影响,保证其向有利的方向发展,同时对与成本基准计划已经发生偏差和正在发生偏差的各项成本进行管理,以保证项目顺利进行。一般而言,项目成本控制主要包括如下内容:

(1)检查成本执行情况,监控成本执行绩效。

(2)发现实际成本与计划成本的偏差。

(3)确保所有正确的、合理的、已经核准的变更都包括在项目成本基准计划中,并把变更后的项目成本基准计划通知相关人员(如资助方等)。

(4)分析成本绩效从而确定是否需要采取纠正措施,并且决定要采取哪些有效的纠正措施。

项目成本控制的过程必须和项目的其他控制过程(如项目范围变更控制、计划进度变更控制和项目质量控制等)紧密结合,防止因单纯控制成本而出现项目范围、进度、质量等方面的问题。

(二)成本控制的方法

有效的成本控制关键是及时分析成本执行绩效,及早发现成本无效和出现偏差的原因,以便在项目成本失控前能够及时采取纠正措施。项目成本控制措施有项目成本变更控制系统、绩效审查法、附加计划法等。

1. 项目成本变更控制系统

虽然项目原成本计划指标是成本控制的依据,但在项目的实际实施中会对原计划进行修改,这些变化产生了一种新的状态,所以项目成本的状态一直都在不断地更新,于是需要不断地进行跟踪。项目成本变更控制系统就是一种通过建立项目变动控制体系,对项目成本进行控制的方法。这包括从变更申请,到批准变更,一直到最终变更项目成本预算的整个变更控制过程。成本变更控制过程与项目变更控制系统相一致,如图7-2所示。

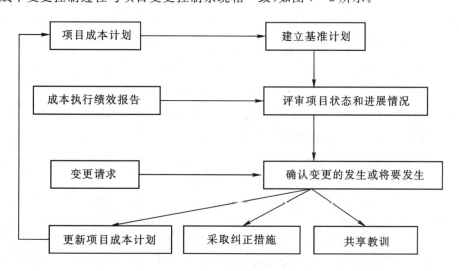

图7-2 项目成本变更系统

2. 绩效审查法

有效的项目成本控制的关键是及时分析项目成本状况，尽早发现项目成本差异，争取在情况变坏之前采取措施予以纠正。"挣值"法就常常被用于对项目实际成本的绩效测量。其基本思想就是结合项目的实际完成工作量，引进"挣值"这个中间变量来帮助项目管理者分析正在进行的项目的完成程度，衡量正在进行的项目的成本效率，为成本控制措施的选取提供依据，同时还能对项目的发展趋势作出科学的预测与判断，提出相应的对策。

绩效审查通常举行会议来审查与评估计划活动或工作包的成本状态和绩效以及成本绩效随时间变化情况。绩效审查一般与偏差分析、趋势分析结合使用。

(1) 偏差分析：分析成本偏差、进度偏差和完成工作偏差的原因和影响，然后分析偏离成本基准的原因和程度，以确定是否采取纠正或预防措施。需要说明的是，项目开始时可允许较大的偏差，之后随着项目逐渐接近完成，偏差需不断缩小。

(2) 趋势分析：通过审查项目绩效随时间的变化情况，将发展趋势与未来项目目标进行比较，以利于决策采取何种措施。

偏差分析与趋势分析的比较

偏差分析是在某个时间点，看目标值与实际值的差值；趋势分析是统计不同时期表现，估计发展趋势。例如，某项目计划今天完成10个活动，实际完成15个活动，偏差分析的结果是多了5个活动；如果作趋势分析，则需要统计昨天、前天、大前天分别完成了多少活动，假定为10个、8个、5个，则趋势分析是工作增长。只看当天结果是无法作趋势分析的。

(3) 附加计划法。

现实中，很少有项目是按照原定计划完成的。所以在制订计划时，可以提前将可能发生的变化考虑进去。附加计划就是通过新增或修订原有计划来对项目的成本进行有效的控制。这样就能成功地避免当突然遭遇意外情况时，项目管理者不知所措、无力应付而使项目成本失控的情况。所以，制订附加计划法是未雨绸缪、防患于未然的项目成本控制方法之一。

(三) 成本控制的成果

开展项目成本控制的直接结果是项目成本的节约和项目效益的提高。开展项目成本控制的间接结果是生成了一系列的项目成本控制文件，这些文件主要有项目成本估算的更新文件、项目预算的更新文件、项目活动改进的文件等。

本章小结

项目成本是公益慈善项目永恒的话题。随着公益慈善事业发展越来越关注服务与效果，项目管理中的成本管理也越来越受到重视。当前公益慈善项目的成本管理仍存在很大不足，这一方面与资源供给体系相关，另一方面也与机构贯彻项目管理制度的决心和项目官员的成本意识相关。未来公益慈善组织逐步走向专业化，加强成本管理无论对项目服务还是组织发展，都有十分重要的现实意义。本章主要介绍了公益慈善项目成本管理的概念、意义以及常见问题,并对成本管理的过程进行了详细阐述。

课后习题

1. 简述公益慈善项目成本管理的四个过程。
2. 公益慈善项目成本管理的常见问题有哪些?
3. 为什么估算公益慈善项目成本是一项复杂性的工作?
4. 怎样制定公益慈善项目预算的步骤?
5. 公益慈善组织控制项目成本的主要内容是什么?
6. 比较自上而下估算法和自下而上估算法的优缺点。

参考文献

[1] 美国项目管理协会. 项目管理知识体系指南[M]. 5版. 许江林,等,译. 北京:电子工业出版社,2009.

[2] 哈罗德·科兹纳. 项目管理:计划、进度和控制的系统方法[M]. 11版. 杨爱华,等,译. 北京:电子工业出版社,2013.

[3] 陈关聚. 项目管理[M]. 北京:中国人民大学出版社,2011.

[4] 康路晨,等. 项目管理工具箱[M]. 2版. 北京:中国铁道出版社,2016.

[5] 丁荣贵. 项目管理:项目思维与管理关键[M]. 2版. 北京:中国电力出版社,2013.

[6] 强茂山. 成功通过PMP[M]. 3版. 北京:清华大学出版社,2013.

[7] 鲁耀斌. 项目管理:原理与应用[M]. 大连:东北财经大学出版社,2009.

[8] 李淑英. 准公益性事业单位成本控制研究——以公立高校为例[D]. 长沙:长沙理工大学,2008.

[8] 詹姆斯·P. 盖拉特. 21世纪非营利组织管理[M]. 邓国胜,译. 北京:中国人民大学出版社,2001.

[9] Binner P. R. Needed for Mental Health Management:A New Measurement Paradigm[J]. Administration and Policy in Mental Health,1991(18):355-366.

第八章　公益慈善项目质量管理

 引例

一份失败的研究报告

　　A中心是国内一家老牌的慈善研究机构,机构主要从事公益慈善行业研究与咨询相关业务。因为起步较早,并且机构成员大多数都有海归和实务的双重背景,在圈内具有较好的声誉,机构发展迅速,在内部设置了基金会发展、农村发展和政策倡导三个研究部,聘请了10多位全职研究人员,年筹资额超过300万元。2016年,A中心下设的基金会研究部策划了一个有关筹款的研究项目,由于恰好契合了国内一些基金会的需求,该项目同时获得多家基金会的联合资助,资助总金额达到180万元,项目周期为一年。这个项目也是该慈善组织年度最大的研究项目,但在实际执行过程中他们发现,仅仅凭借自身的研究实力无法完成该项目,该研究部只有2位研究人员,而且他们手里还有其他的项目要完成,其他部门的同事对这个议题又不熟悉。由于资助项目合同里中明确规定不能外包给第三方,开始机构负责人还很乐观,认为可以用对外招聘的方式补充人手不足的问题,"重赏之下必有勇夫",直到项目开展到半年的时候才开始发布招聘启事,但应聘者寥寥无几,来了几个人,背景条件也都不符合项目的要求。最终,该项目未能如期完成。A中心向资助方申请延期半年获得批准。半年后,在资助方的不断催促之下,该机构在负责人的直接参与下加班加点赶出一份研究报告,十分忐忑地提交给资助方。但在结项答辩会上,多家资助方包括外部聘请的专家对这份报告的质量明确表示了不满。有人甚至发现里面的很多内容与其之前看过的一份国外研究报告内容重合度很高,疑似有抄袭嫌疑。在会上,资助方一致决定终止该项目,不再拨付尾款。为避免破坏合作关系,维护机构声誉,该机构只得退回了前期款项,并承受了不小的损失。

　　项目质量管理在项目环境内使用政策和程序,实施组织的质量管理体系,并以项目团队的名义,适当支持持续的过程改进活动。项目质量管理确保项目需求,包括产品和服务的需求得到充分的提供或满足。公益慈善项目质量管理包括项目团队确定质量制度、目标与职责的各过程和活动,从而使项目满足其预定的需求。

　　项目质量管理要兼顾项目管理和项目可交付成果两个方面。其适用于所有项目,无论项目的可交付成果具有何种特殊性。质量的测量方法和技术则需要专门针对项目所产生的可交付成果类型而定。项目质量管理需要采取不同的方法和措施,无论什么项目,若未达到质量要求,都会给组织、服务对象和利益相关方带来严重的负面后果。

第一节　公益慈善项目质量管理概述

　　美国质量学会关于质量的定义为:质量是一个产品或服务的特色和品质的总和,这些品质特色将影响产品去满足各种明显的或隐含的需要的能力。公益慈善项目质量管理是对项目最终成果/服务，以及为确保成果/服务所必须完成的工作进行定义并控制的过程。对于公益慈善项目而言，其质量包括两个基本方面，即项目质量（又称为结果质量）和过程质量。由于项目质量涉及的是服务对象最终可以看到或感受到的内容，故容易感知且评价比较客观。过程质量则是指公益慈善组织如何提供服务或产品以及服务对象是如何得到服务的过程，包括服务的程序、方法、内容、方式等。过程质量具有无形的特点，因此难以作出客观的评价。在对公益慈善项目的质量评估中，服务对象的主观感受仍占据主导地位。

公益慈善项目质量管理是项目管理的重中之重，它贯穿于立项、实施阶段和结项的全过程。项目质量管理的成功与否，直接关系着项目的成败。要提高项目质量，就必须对项目各个阶段的质量管理工作进行严格管理。

在公益慈善项目中，项目主管对项目质量负有最终责任。质量管理与预算管理、进度管理同等重要，因此对质量的测量，也应该是项目主管的直接责任。在质量管理中，以下六个常用的概念应该被项目主管所熟悉。

1. 质量政策

质量政策是由相关专家制定并由机构负责人认同的管理文件。质量政策对质量目标、机构可接受的质量层次以及质量管理负责人的责任做明确规定。质量政策有助于机构服务/产品、品牌的持续维护。

2. 质量目标

质量目标是机构质量政策的一部分，并且有时间要求。质量目标的确定必须遵循合理化原则，选择不可能完成的质量目标将会给项目团队带来挫败感。适宜的质量目标应是可以达到的、目标清晰明确的、目标内容易于理解的。

3. 质量保证

质量保证是贯穿项目执行和项目管理两部分活动的工作，目的是确保公益慈善项目最终的产品/服务能够满足受益方需求的质量层次。项目主管需要通过建立相关制度进而确保项目质量的相关活动顺利开展，如项目前期评审、中期评估与审核机制等。

4. 质量控制

质量控制为确保质量而开展的相关活动，如识别质量问题产生的原因、利用统计方法减少质量偏差进而提高过程管理的质量等。质量控制是确保机构质量目标实现的前提。

5. 质量审计

质量审计是指具有相关资格人员对项目质量评价的过程。其目标是确保项目符合质量管理文件的相关要求。

6. 质量计划

质量计划是将项目的各个活动环节分解为在质量上可识别的工作任务的过程。质量计划是由项目主管和项目团队共同制定的。

第二节　公益慈善项目质量管理的基本原则

一、PDCA 循环原则

PDCA 循环是美国质量管理专家戴明博士首先提出的，所以又称戴明环。全面质量管理的思想基础和方法依据就是 PDCA 循环。PDCA 循环的含义是将质量管理分为四个阶段,即计划(plan)、执行(do)、检查(check)、处理(action)。在质量管理活动中,要求把各项工作按照作出计划、计划实施、检查实施效果,然后将成功的纳入标准,不成功的留待下一循环去解决的工作方法。PDCA 是质量管理的基本方法。

(1)P(plan)计划:包括方针和目标的确定,以及活动规划的制定。

(2)D(do)执行:根据已知的信息,设计具体的方法、方案和计划布局,再根据设计和布局,进行具体运作,实现计划中的内容。

(3)C(check)检查:总结执行计划的结果,分清哪些对了,哪些错了,明确效果,找出问题。

(4)A(action)实施行动:对总结检查的结果进行处理,对成功的经验加以肯定,并予以标准化;对于失败的教训也要总结,引起重视。对于没有解决的问题,应提交给下一个 PDCA 循环中去解决。

二、"事前、事中、事后"三环节控制原则

事前控制包括两层意思,一是强调质量目标的计划预控,二是按质量计划进行质量活动前的准备工作状态的控制。在公益慈善项目实施阶段,编制项目实施计划必须建立在切实可行、有效实现预期质量目标的基础上,作为一种行动方案进行实施。质量计划中应对如何顺利实现项目目标确定要做什么、如何做、何时做以及由谁做。

事中控制包含自控和监控两大环节。首先是对质量活动的行为约束,对项目团队在相关制度管理下进行行为约束的同时,充分发挥自身技术能力,去完成预定质量目标的作业任务。其次是对质量活动过程和结果,来自他人的监督控制。

事后控制包括对质量活动结果的评价认定和对质量偏差的纠正。项目执行过程中不可避免地会存在一些计划时难以预料的影响因素,必须认真分析原因,采取纠正措施,保持质量受控状态。

"事前、事中、事后"三大环节,不是孤立和截然分开的,它们之间相互依存,构成有机的系统过程,其实质也就是循环的具体化,在每一次滚动循环中不断提高,达到质量管理和质量控制的持续改进。

三、三全控制原则

三全控制原则包括全面质量控制、全过程质量控制和全员质量控制。

全面质量控制是指对项目质量和工作质量的全面控制。工作质量是产品质量的保证,直接影响项目质量的形成,同时也包括项目参与主体如受益方、政府、资助方等的项目质量的全面控制,任何一方任何环节的疏忽或责任不到位都会造成对项目质量的影响。

全过程质量控制是质量管理体系要求中强调的八项质量管理原则之一。任何一个过程都有输入、输出,前一过程的输出往往就是后一过程的输入,每个环节又由诸多相互关联的活动构成相应的具体过程。因此,全过程质量控制对项目质量具有重要影响。

全员质量控制是指一个项目无论大小,都不可能由某人独自完成,离不开全体人员的参与。全员参与控制是目标管理所不可缺少的重要手段。

第三节 公益慈善项目质量管理的过程

一、规划质量管理

规划质量管理是识别项目及可交付成果的质量要求及标准,并书面描述项目将如何证明符合质量要求和标准的过程。这一过程需要编制各种层次和用途的质量文件。如组织的质量战略计划、年度质量计划、各部门的质量计划等。此外,还需要做一些实施计划所必需的资源组织工作。本过程的主要作用是,为整个项目中如何管理和确认质量提供方向。本过程的主要作用是,为整个项目中如何管理和确认质量提供指南和方向。

编制项目计划包括初期质量计划并保持最新版本。虽然此时的项目概念仍较不明朗,但项目质量计划的编制仍是必要的,主要根据立项的公益慈善组织及其他利益相关方的要求及初期项目目标来制定。

项目质量规划是项目质量管理的一部分。质量管理是指导和控制与质量有关的活动,质量规划属于"指导"与质量有关的活动。在质量管理中,质量规划的地位低于质量方针的建立,是设定质量目标的前提,高于质量保证和质量控制。质量保证和质量控制只有经过质量规划,才可能有明确的对象和目标,也才可能有切实的措施和方法。

质量规划致力于设定质量目标。质量规划就是根据质量方针,结合具体情况确立设定质量目标。质量规划应为实现质量目标提供必要的条件,质量目标设定后,就需要考虑为实现质量目标而应该采取的措施、必要的执行过程及提供必要的条件,包括人员和设备等资源,以使项目的质量保证、质量控制等质量管理活动得以顺利实施。

质量管理规划应与其他规划过程并行开展。在前面章节提到的"项目三角形"中,质量与预算、时间共同构成慈善项目的三个要素。在这个系统中,质量的改变同样会导致实践、预算的变更或项目范围的改变。作为项目官员,对此需尤为注意。

(一)规划质量管理的方法

1. 成本效益分析

成本效益分析可以定义为以合理成本实现具体目标的能力。对实施该项目所需要的人力、财力和物力等资源进行计价,并对该项目预计带来的收益进行估算,根据行业或者机构历史数据判别项目成本和效益的对比关系,确定其是否具有合理性。成本效益分析对一个慈善项目的考察方式是比较其预期成本与预期财务效益或转化为财务效益的其他效益。尽管财务效益的衡量相对简单,社会效益却很难加以量化。

下面我们给出了一种专门用于衡量公益慈善项目成本效益分析的工具——社会投资回报(SROI)。

社会投资回报 SROI

社会投资回报(Social Return on Investment)是由罗伯特企业发展基金(Roberts Enterprise Development Fund,REDF)开发出的衡量和传达一种宽泛的价值概念的方法,包含了社会、环境和经济等方面的影响。SROI 有着鲜明的"义利并举"的特征,旨在将社会、环境、经济成本和收益进行整合,以提升社会整体福利。从社会会计的理论视角出发,SROI 基于利益相关者原则,能够通过建立量化指标体系,综合评估社会干预行为所产生的经济(财务)回报与社会、环境回报,更好地体现出社会治理主体与目标诉求的多重性和复杂性。SROI 测量社会、环境和经济成果皆用货币价值将成果呈现。因此,SROI 的评估最终呈现为一种比例关系:分母部分为所有投入的总和,分子部分为所有回报的总和。

下面举例说明 SROI 的应用:

兰萱关爱计划是某慈善组织发起的一个项目,目的是解决老龄化社会的问题,让更多的老年人和年轻人共同参与,鼓励大家为身边的老人提供力所能及的帮助,并享受助人自助的快乐。

第一步,定义项目利益相关方并排序。

利益相关者	需求分析	正/负	重要性	影响力
被服务的老年人	得到更广泛、更方便、更持续的精神关怀和生活照料,生活得更加幸福和快乐	+	5	5
提供服务的老年人	增强低龄老人的自信心,实现自身价值,感受助人的快乐	+	5	5
年轻人	贡献社会的满足感,助人的快乐,社会实践的机会,同时使自己的父母得到更好的照顾	+	5	5
从志愿者中产生的,经过认证与培训的有偿服务提供者	促进就业,得到工作机会和劳动收入,得到社会的广泛认同	+	4	4
合作商业企业	企业良好社会责任形象的树立,宣传、促销产品和服务,面向广大年轻人和老年人群的广告宣传,提升品牌知名度	+	4	4
高校志愿者组织	共同稳定、发展、壮大志愿者服务队伍,发扬志愿服务文化	+	3	3
居委会	协助线下管理,带动社区为老服务工作的开展,解决本社区的老龄化问题,为老龄化事业发展做出贡献	+	3	3
政府部门	增大全社会为老服务的供给,提高服务质量,降低全社会的为老服务成本,在全社会弘扬助人与自助的文化,使社会更和谐	+	3	3

第二步,描述社会效益的产生过程。

投入	低龄老年人,年轻志愿者,网络平台管理,公益性培训,居委会,高校,志愿者组织,商业机构,组织
活动	服务匹配,服务志愿者匹配,平台认证,评级,记录,监督,培训,服务管理体系,商业机构合作

产出	更多老人被服务,更多老年人提供服务,更多年轻人提供服务,平台人员管理、服务管理、培训体系三大系统的有效运转,与政府、社区、商业机构、慈善组织广泛合作,平台价值和吸引力日益增强
结果	更多老年人、年轻人参与服务与被服务的良性循环中,全社会为老服务的意识和供给大大提高,"时间银行"平台系统可持续发展,降低了全社会为老服务成本
社会效益	更多老年人得到更好的精深关怀和生活照料,自助与助人成为一种快乐、一种时尚,社会更加和谐

第三步,将社会效益量化。

经济投入(人民币)	
初始投入	120000
每月费用	46000
量化社会投入(人民币)	
志愿者	150000
政府部门、媒体广告宣传	200000
商业机构投入(赠品、宣传活动)	200000
总计(初始投入+五年费用+社会化投入)	3122596.69

第四步,计算五年的产出。

产出(人民币)					
经济价值	第一年	第二年	第三年	第四年	第五年
会员费		40000	100000	400000	1000000
有偿服务管理费	2560	12800	25600	51200	64000
广告费			20000	50000	100000
总计	2560	5280	145600	501200	1164000
社会价值(人民币)					
志愿服务人数(每周志愿服务2小时)	200	1000	2000	4000	5000
节省的服务人力成本	384000	1920000	3840000	7680000	9600000
节省的服务交通、时间成本	192000	960000	1920000	3840000	4800000
促进就业,免费培训	153600	768000	1536000	3072000	3840000
总计(社会价值+经济价值)	732160	3700800	7441600	15093200	19404000
折旧(折旧率10%)	91%	83%	75%	68%	62%
净值	665600	3058512	5590984	10308856	12048357

第五步,社会投资回报计算。

社会投资回报率＝(经济价值＋社会化价值)/投入＝10.14

尽管如此,SROI 在实践应用中存在着不少挑战。首先是成本的局限性。SROI 的使用需要消耗大量的时间和资金,这种高昂的成本常常让慈善组织望而却步;其次是 SROI 容易陷入主观价值的判断,尤其是社会价值向财务价值的折算,容易让评估工具成为负担而不是一种竞争优势或有益的活动;最后是数据质量的限制,SROI 需要高质量的财务数据,而数据的可靠性、真实性需要建立在完善的财务制度和管理制度基础上。

作为一个相对新兴工具,2010 年之后 SROI 才进入中国,目前对其研究仍停留在外国工具本土化的阶段。在实践层面,社会资源研究所接受南都公益基金会利用 SROI 评估"为中国而教"项目,北京亿方公益基金会委托光华基金会运用 SROI 工具对公益教育项目进行了测评,这是国内为数不多的应用 SROI 的尝试。

资料来源:果佳、王海玥.社会投资回报:一种社会影响力评估的工具[J].中国行政管理,2016(6):71-75.

2. 基本质量工具

(1)检查表。

检查表又称调查表、统计分析表等,是质量管理七大手法中最简单也是使用最多的手法。但或许正因为其简单而不受重视,所以检查表使用的过程中存在的问题不少。检查表如表 8-1 所示。

使用检查表的目的是系统地收集资料、积累信息、确认事实并可对数据进行粗略的整理和分析,也就是确认有与没有或者该做的是否完成(检查是否有遗漏)。

表 8-1 检查表

类别	次数	频率
属性 1		
属性 2		
……		
属性 n		

(2)帕累托图法。

帕累托图法是找出影响产品质量主要因素的一种有效方法,如图 8-1 所示。制作帕累托图的步骤如下:

①收集数据:即在一定时期里收集有关项目质量问题的数据。如可收集 1 个月或 3 个月或半年等时期里项目出现问题的数据。

②进行分层,列成数据表:将收集到的数据资料,按不同的问题进行分层处理,每一层也可称为一个项目;然后统计各类问题(或每一项目)反复出现的次数(即频数);按频数的大小次序,从大到小依次列成数据表,作为计算和作图时的基本依据。

③进行计算:根据数据,相应地计算出每类在总问题中的百分比。

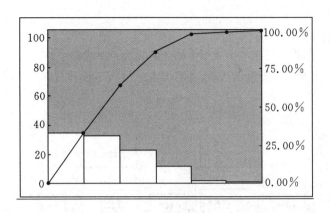

图8-1 帕累托图示意图

④作帕累托图：根据上表数据进行作图。需要注意的是，累计百分率应标在每一项目的右侧，然后从原点开始，点与点之间以直线连接，从而作出帕累托曲线。

(3)因果图法。

因果图，又叫特性要因图，按其形状，有人又叫它为树枝图或鱼刺图。它是寻找质量问题产生原因的一种有效工具，如图8-2所示。

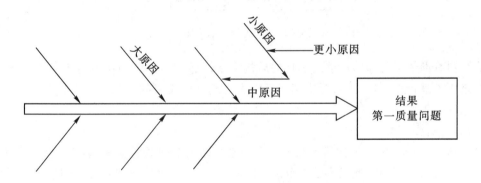

图8-2 因果图示例

制作因果图的步骤如下：

①针对问题点，选择层别方法（如人、机、料、法、环等）。

②利用头脑风暴分别对各层别、类别找出所有可能原因（因素）。

③将找出的各要素进行归类、整理，明确其从属关系。

④分析选取重要因素。

⑤检查各要素的描述方法，确保语法简明、意思明确。

画因果图的注意事项如下：

①影响项目质量的大原因，通常从五个大方面去分析，即人、机器、原材料、加工方法和工作环境。每个大原因再具体化成若干个中原因，中原因再具体化为小原因，越细越好，直到可以采取措施为止。

②讨论时要充分发挥技术民主，集思广益。别人发言时，不准打断，不开展争论。各种意

见都要记录下来。

(4)流程图法。

流程图也叫过程图,用于显示一个或多个输入转化为一个或多个输出的过程中,所需要的步骤顺序和可能分支。其过程可用于显示活动、决策点、分支循环及整体处理顺序,如图8-3所示。

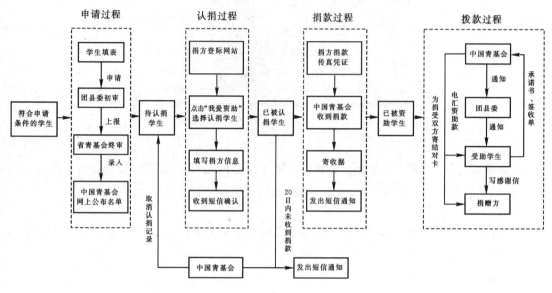

图8-3 流程图示意图

流程图有助于了解和估算某一过程的质量成本。通过工作流的逻辑分支及相对频率,对项目质量成本进行估算,而逻辑分支则可反映为完成复核要求的成果而需要开展的一致性工作和非一致性工作。

(5)直方图法。

直方图(histogram)是频数直方图的简称。它是用一系列宽度相等、高度不等的长方形表示数据的图。长方形的宽度表示数据范围的间隔,长方形的高度表示在给定间隔内的数据数,如图8-4所示。

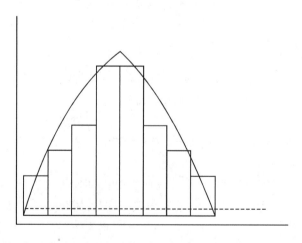

图8-4 直方图示意图

直方图的作用如下：
①显示质量波动的状态；
②较直观地传递有关过程质量状况的信息；
③通过研究质量波动状况之后，就能掌握过程的状况，从而确定在什么地方集中力量进行质量改进工作。

（6）控制图法。

控制图法是以控制图的形式，判断和预报项目过程中质量状况是否发生波动的一种常用的质量控制统计方法。它能直接监视生产过程中的过程质量动态，具有稳定生产、保证质量、积极预防的作用，如图8-5所示。

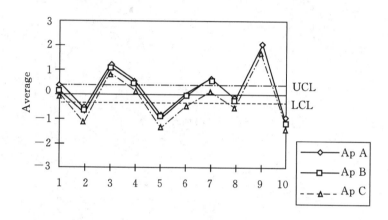

图8-5 控制图结构示意图

控制图的观察原则如下：

如果点子落到控制界限之外，应判断质量发生了异常变化。

如果点子虽未跳出控制界限，但其排列有下列情况，也判断质量有异常变化：

①点子在中心线的一侧连续出现7次以上；
②连续7个以上的点子上升或下降；
③点子在中心线一侧多次出现，如连续11个点中，至少有10个点（可以不连续）在中心线的同一侧；
④连续3个点中，至少有2点（可以不连续）在上方或下方两横线以外出现（即很接近控制界限）；
⑤点子呈现周期性的变动。

（7）散点图法。

散点图又称相关图，是指在X、Y的二维坐标轴中标注坐标点，以此介绍因变量Y相对于自变量X的变化。相关性可能成正比例（正相关）、负比例（负相关）或不存在（零相关）。如果存在相关性，就可以划出一条回归线，来估算自变量的变化将如何影响因变量的值，如图8-6所示。

七种基本质量工具为有效收集资料提供了服务，可以对资料的模式进行辨析，并对可变性作出测量。图8-7说明了七种工具之间的关系，以及它们对改进机会辨析和分析的作用。

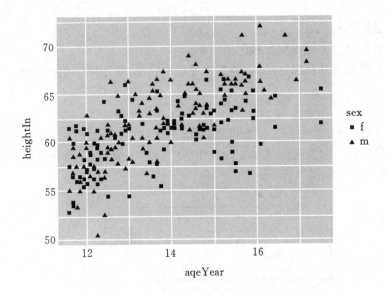

图 8-6 散点图示意图

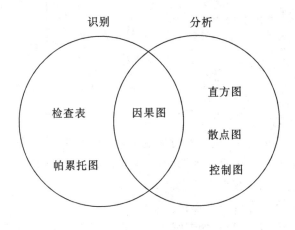

图 8-7 质量控制工具

(二)规划质量管理的流程

项目质量管理的起点就是制定本项目的质量方针,对项目的大方向进行总体的把握。在制定了科学合理的质量方针以后,就要进行一系列的质量策划。任何一项质量管理活动,不论其涉及的范围大小、内容多少,都需要进行质量策划。针对影响项目绩效的关键部分进行策划,主要包括:

1. 有关质量管理体系的策划

这是一种宏观的质量策划,应由最高管理者负责进行,根据质量方针确定的方向,设定质量目标、确定质量管理体系要素、分配质量职能等。在组织尚未建立质量管理体系而需要建立时,或虽已建立却需要进行重大改进时,就需要进行这种质量策划。

2.有关质量目标的策划

组织已建立的质量管理体系虽不需要进行重大改变,但却需要对某一时间段例如中长期、年度、临时性的绩效进行控制,或者需要对某一特殊的、重大的项目、产品、合同和临时的、阶段性的任务进行控制时,就需要进行这种质量策划,以便调动各部门和员工的积极性,确保策划的质量目标得以实现。这种质量策划的重点在于确定具体的质量目标和强化质量管理体系的某些功能,而不是对质量管理体系本身进行改造。

3.有关过程的策划

针对具体的项目、产品、合同进行的质量策划,同样需要设定质量目标,但重点在于规定必要的过程和相关的资源。这种策划包括对产品实现全过程的策划,也包括对某一过程如设计、开发、采购的策划,还包括对具体过程如某一次设计评审、某一项检验验收过程的策划。也就是说,有关过程的策划,是根据过程本身的特征大小、范围、性质等来进行的。

4.质量改进的策划

质量改进虽然也可视为一种过程,但却是一种特殊的、可能脱离了公益慈善组织常规的过程。因此,更应当加强质量策划。如果说有关过程的策划一旦确定,这些过程就可以按策划规定重复进行的话,那么质量改进则不同,一次策划只可能针对一次质量改进项目。这样,质量改进策划就可以是经常进行的,而且是分层次组织及组织内的部门、小组或个人进行的。

(三)规划质量管理的产出

通过质量策划,将质量策划所设定的质量目标及其规定的作业过程和相关资源用书面形式表示出来,就形成了质量管理计划。质量管理的产出包括质量管理计划更新、绩效考核指标确定、技术质量规范等内容。

质量管理计划更新,是指通过工具或者技术对输入资料的评估和讨论,对原有的质量管理计划进行更新,以满足后续质量实施保证和控制的需要。

绩效考核指标是指根据预测的网络质量和采取措施可控制的影响,编制出最终和各个阶段质量目标在各个阶段的预期指标,使各分解指标切合实际,有一个逐步提升的过程。

技术质量规范是根据项目质量要求开展流程以及质量控制需要编制的质量规范,包括滚动评估规范、优化测试实验规范、系统数据分析规范等。

二、实施质量保证

实施质量保证过程是执行项目质量管理计划中所定义的一系列有计划、有系统的行动和过程。质量保证通过用规划过程预防缺陷,或者在执行阶段对正在进行的工作检查出缺陷,来保证质量的确定性。实施质量保证是一个执行过程,使用规划质量管理和控制质量过程所产生的数据。公益慈善项目的项目团队经常要对质量保证活动进行监督。实施质量保证过程也为持续过程改进创造条件。持续改进过程是指不断地改进所有过程的质量。通过持续过程改进,可以减少浪费,提升效率和效果。

质量保证是所有计划和系统工作实施达到质量计划要求的基础,为项目质量系统的正常运转提供可靠的保证,它应该贯穿于项目实施的全过程之中。在系统实施之前,质量保证通常被描述在质量管理计划之中。质量保证通常是由慈善组织专门负责的部门或者类似的部门提供。

项目质量保证是在执行项目质量管理计划过程中,经常性地对整个项目质量计划执行情况所进行的评估、核查和改进等工作。项目质量保证工作主要有六个方面：清晰的质量要求说明、科学可行的质量标准、组织建设项目质量体系、配备合格和必要的资源、持续开展有计划的质量改进活动、项目变更全面控制。

（一）实施质量保证的方法

(1)实施质量保证过程使用规划质量管理和控制质量过程的工具与技术。除此之外，还包括关联图、矩阵图等工具。

关联图：把现象与问题有关系的各种因素串联起来的图形。通过关联图可以找出与此问题有关系的一切要素，从而进一步抓住重点问题并寻求解决对策。

矩阵图：从多维问题的事件中，找出成对的因素，排列成矩阵图，然后根据矩阵图来分析问题，确定关键点的方法。

(2)质量审核。质量审核是确定质量活动及其有关结果是否符合计划安排，以及这些安排是否有效贯彻并适合于达到对目标的有系统的、独立的审查。通过质量审核，评价审核对象的现状对规定要求的符合性，并确定是否需采取改进纠正措施，从而保证项目质量符合规定要求，保证设计、实施与组织过程符合规定要求，保证质量体系有效运行并不断完善，提高质量管理水平。

质量审核的分类包括：质量体系审核、项目质量审核、过程(工序)质量审核、监督审核、内部质量审核、外部质量审核。质量审核可以是有计划的，也可以是随机的，可以由专门的审计员或者是第三方质量系统注册组织审核。

(3)过程分析。过程分析是指按照过程改进计划中列明的步骤，从组织和技术角度识别所需的改进。其中，也包括对遇到的问题、约束条件和无价值活动进行检查。过程分析包括根源分析，即分析问题或情况，确定促成该问题或情况产生的根本原因，并为类似问题制定纠正措施。

（二）实施质量保证的内容

项目质量管理过程的质量保证活动的基本内容如下：

1. 制定质量标准

每个项目所涉及的领域不一定相同，即使是相同领域的项目，由于环境和规模等不同，其适用标准都不尽相同。因此，制定质量标准是为了在项目实施过程中达到或超过质量标准。制定质量标准时可以采用现行的国家标准、行业标准。

2. 制定质量控制流程

不同种类的项目在不同实施阶段，其质量保证所采取的控制流程都各不相同，每一控制流程的制定都应反映特定项目的质量特征。项目质量控制流程不是孤立的，一般总与组织的质量管理体系紧密相连，体现全员参与的思想。项目的相关各方要各负其责，各有侧重地开展质量保证工作。

3. 质量保证所采用的方法和技术

项目质量保证采用的一些方法、技术主要包括：

(1)制定质量保证规划。质量保证规划是进行质量保证的依据和指南，应在对项目特点进行充分分析的基础上编制。质量保证规划包括质量保证计划、质量保证大纲、质量标准等。

(2)质量检验。通过测试、检查、试验等检验手段确定质量控制结果是否与要求相符。

(3)确定保证范围和等级。质量保证范围和等级要相适应,范围小、等级低可能达不到质量保证的要求,范围大、等级高会增加管理的工作量和费用。

(4)质量活动分解。对于与质量有关的活动需要进行逐层分解,直到最基本的质量活动,以实施有效的质量管理和控制。质量活动分解的方式有多种,其中矩阵式是常用的形式。

(5)建立质量保证体系。建立质量保证体系首先应明确并在全体员工中贯彻质量方针,建立健全对形成质量全过程有影响的所有管理者、执行者、操作者的质量责任,建立起质量保证手册、质量程序文件等书面文件,确保与项目质量保证体系有关人员都得到相应的培训,建立质量保证体系的评估制度,确保质量保证活动在各部门的有效运行。

(三)实施质量保证的产出

质量保证的产出包括采取措施提高项目的效率和效益,为项目相关人员提供更多的利益。项目保证的结果是质量提高。在大多数情况下,完成提高质量的工作要求做好改变需求或采取纠正措施的准备,并按照整体变化控制的程序执行质量改进。质量改进包括达到以下目的的各种行动:增加项目有效性和效率以提高项目资助方的利益,改变不正确的行动以及克服这种不正确行动的过程。

项目的质量保证可以分为项目管理过程的质量保证和项目产品和服务的质量保证。项目管理过程的质量保证要有一套完善的管理项目的程序,清晰地指明项目怎样管理好资源,以及是怎样从基于历史经验的标准中得出的。这些经验可能是机构自己的经验,也可能是外部成功的实践得出的标准。这些政策、方法和程序由独立的第三方来检查,对质量管理承担的义务必须要从组织的最高层开始。程序常常需要定期向高层管理部门报告,高层管理部门采用这些报告进行决策,从而对公益慈善组织和项目运行产生影响。而为了保证项目产品或服务的质量,要做好以下工作:清晰的规格说明,使用良好定义的标准,结合历史经验,配备合格的资源,进行公正的设计复审,实施变更控制。

三、质量控制

质量控制是为达到质量要求所采取的作业技术和活动。这就是说,质量控制是为了通过监视质量形成过程,消除质量环上所有阶段引起不合格或不满意效果的因素,而采用的各种质量作业技术和活动,以达到质量要求,获取经济效益。在公益领域,质量控制活动主要是机构内部的现场管理,它与是否有资助无关,是指为达到和保持质量而进行控制的技术措施和管理措施。

项目质量控制的主要内容包括项目质量实际情况的度量,项目质量实际与项目质量标准的比较,项目质量误差与问题的确认,项目质量问题的原因分析和采取纠偏措施以消除项目质量差距与问题等一系列活动。

(一)质量控制的方法

除了一些基本质量工具外,质量控制还可以采用程序手册、服务流程图等方法。

1. 程序手册

程序手册是比较普遍的控制质量工具,它是一种标准控制文件,在其上面几乎记录了执行每一步工作的具体程序和系统,而这种具体程序和系统是在对服务对象研究的基础上,从服务对象的观点出发确定的"关键成功要素"中得出的。

2. 服务流程图

服务流程图是一个帮助机构管理人员了解服务过程、控制服务过程的工具，它又可以称为服务图（在描绘服务过程当前状态时）或服务蓝图（在设计一个新的或已修正的程序以及描述服务该如何运作时）。通常，服务流程图中不仅描绘服务对象从进入服务营运系统到离开系统所经历的一系列活动，而且会给出他们经历的每一项活动中所涉及的机构的支持活动。

（二）质量控制的流程

质量控制的流程如下：第一，要明确质量控制目标；第二，根据公益慈善项目管理活动，编写一张构成所有活动的清单；第三，选用合适的质量控制方法，确定控制的关键点和责任人；第四，根据项目开展情况进行动态质量控制和检查。

（三）质量控制的产出

质量控制的产出包括：质量控制测量结果，即对质量控制活动的书面记录；核实的可交付成果，即可以作为项目最终交付物的产出；工作绩效信息，即对各控制过程中收集的资料，并结合相关背景和领域关系整合分析而得到的绩效数据。

本章小结

质量管理是公益慈善项目管理的重要方面之一，它与范围、成本和时间都是项目成功的关键要素。本章首先介绍了公益慈善项目管理的内涵和意义，然后对质量管理相关概念和基本原则进行阐述，最后根据公益慈善项目质量管理的三个过程，即规划质量管理、实施质量保证、控制质量分别进行分析。本章还具体介绍了公益慈善项目质量管理中涉及的主要工具和技术。

课后习题

1. 简述质量管理的三全控制原则。
2. 掌握七种基本的质量控制工具。
3. 试述 PDCA 的基本原理。
4. 分析为什么社会投资回报（SROI）在实践中应用较少。
5. 简述公益慈善项目质量管理的三大过程。
6. 案例分析。

马德拉沙儿童早期发展计划

相较于非洲其他地区，东非较早引进了近代意义上的学前教育。早在英国殖民统治下，肯尼亚的第一所托儿所于1942年在内罗毕建成，但它是为欧洲儿童服务的。然而发展至今，东非学前教育发展仍障碍重重，尤其是穆斯林儿童教育日益边缘化。很多穆斯林儿童在学前教育上几乎没有选择，并且也缺乏必要的资源，这已被很多政府和非政府机构承认。他们缺乏适合的幼儿教育机会，许多儿童不能进入出色的学校，他们在小学表现差，只能进入差的中学从而缺少优质的学校教育的机会，导致就业机会有限。

20世纪80年代早期，穆斯林领袖们就开始聚在一起，讨论穆斯林儿童教育劣势问题及解决办法。他们意识到穆斯林儿童需要接受世俗教育,必须具备优质幼儿教育经验。这些领袖们有意创立一项计划,但社区没有资金或知识和技能上的充足资源来运行该项计划。因此,1983年他们向阿迦汗阁下提议,通过阿迦汗基金会来帮助资源不足的穆斯林社区建立优质幼儿园,确保社会服务(如卫生、社区发展和家长参与等)融入课程。这次行动促使马德拉沙儿童早期发展计划(Madrasa Early Childhood Development Programme,MECD)的创立。MECD最先于1986年出现在肯尼亚滨海省,随后,它于1990年被推广到桑给巴尔,并于1993年推广到乌干达。该计划先后在这些国家和地区建立了马德拉沙资源中心,并由它们来运转MECD。2008年,该模式的实施突破地域局限,开始延伸到埃及和阿富汗。

MECD的目标是创立一个低成本高效率的、依托社区的学前教育体系,从而提升社会经济处境不利的穆斯林儿童教育的质量。MECD的具体目标主要有三个:通过提供有助于儿童的、支持性的环境,改善边缘社区儿童的整体福祉,来提高他们进入小学学习的机会和在小学的保留率;在保留穆斯林儿童道德、精神和文化的同一性的同时,能使他们在多元社会中茁壮成长;创造一种适应幼儿当地环境的、依托社区的、可复制和可持续的早期儿童教育和发展途径。

MECD主要开展以下工作:

(1)进行传统与现代元素相结合的课程开发,在促进儿童发展的同时,保留对伊斯兰道德、精神和文化的认同。MECD课程开发的核心信念是:幼儿园的任务在于促进幼儿人格的健全、技巧和能力的发展,从而使穆斯林儿童创造性适应动态世界,同时保留其道德、精神和文化的身份认同。它创立的儿童中心课程体系,起初只是改编西方课程体系,后来对其进行修订,除了给儿童提供学习技能,以便他们将来能顺利完成世俗小学的学习之外,还在文化上更适应本地情况,引入伊斯兰价值观、信念和传统的教学和实践。MECD在生成课程伊始,就以伊斯兰知识、信念和实践为基础,并为儿童提供进入小学所需的技能。MECD会邀请古兰经学校中经验丰富的教师参加课程开发,在课程中融入伊斯兰重要概念和教义。同时,课程也以幼儿学习原理和方法论为依据,吸取儿童中心的主动学习理论。这些活动强调游戏和在各种意义上(看、听、闻、触和尝)的"做"的重要性。第一版课程的修订于20世纪90年代末完成,课程主要分为五个领域,即材料、操作、选择、语言和支持。随着计划逐渐发展,马德拉沙学前课程不断修改,新内容被纳入,附录的指南和教师参考书也已被制作出来,并生成了更多帮助孩子们学习的活动。此外,材料还被译成当地语言,包括斯瓦希里语和卢干达语。

(2)分别建立马德拉沙的经营和管理机构。MECD交由肯尼亚、乌干达和桑给巴尔的马德拉沙资源中心来负责运作。这三个中心由东非地区办事处协调。每个中心由一名项目主任经营,并由全国马德拉沙董事会管理。MECD由区域委员会监管,该委员会主要负责政策、专业知识、研究和社区捐赠等方面事宜。三国各自的全国马德拉沙董事会成员,是从本国的志愿者中选取;而马德拉沙区域委员会的成员则从各国、区域、国际的志愿者中选取。MECD机构活动的内容,围绕以下几个方面:在儿童早期教育问题上教育、动员、鼓励和赋权社区;培训和指导学前教育机构的教师;监测和评估项目执行的进展;向众多的利益相关者(包括捐赠者、政府和社区)传播信息;研究儿童早期发展相关的重要问题和幼儿园的作用;确保幼儿园在技术上、财政上和组织上的可持续性。

(3)与社区建立联系,创建依托社区的学前教育发展模式。为了让社区建立相应的幼儿园,MECD的活动主要采用以下五大程序:①联系。这个程序始于马德拉沙资源中心社区开发人员和社区领袖的会谈,他们进行小组讨论,就社区儿童的需求进行鉴别和排序。利用讨论的机会,大家形成以下认识:关于早期激励的重要性、儿童的需要和权利、幼儿如何成长和发展、家长和社区在幼儿成长和发展中的作用以及幼儿教育的好处。达成共识后,讨论的问题更具体化,即社区如何能建立一个优质幼儿园。马德拉沙资源中心的职员与社区成员及领袖一起工作,熟悉可获得的资源和不同社区成员的期许。通过这些讨论,社区和马德拉沙资源中心的角色和责任都得以厘清并达成一致意见。在这个阶段,社区能成功了解他们是计划的主人翁。这一过程不仅激励社区承诺并自发建立一个优质幼儿园,还唤起社区对现存社区问题的重视,开始意识到自身对儿童的责任以及产生影响的能力,这些责任和能力不仅能凭借新知识、技能和实践促进当地儿童的发展,也能激励自力更生。②订立合同。当社区决定承担计划要求的义务时,社区和马德拉沙资源中心签订合作协议,双方共同建立一所马德拉沙幼儿园。该合同阐明双向的条款(包括收益和处罚)。马德拉沙资源中心允诺:提供高达1000美元的激励津贴来改善学习环境;给学校管理委员会(SMC)成员、教师和家长提供两年的培训;和社区一起定期评估幼儿园的质量;提升学校管理中社区成员的能力建设;提供不间断的指导和支持,包括对成为一个合格的马德拉沙幼儿园后的指导和支持。社区允诺:提供一座带有一个厕所和一个操场的学校建筑(修复或新建的);任命或推选出学校管理委员会成员(最少为7人,最多为11人,其中至少有两名女性);确定培训女老师。随后,新任命或推选的学校管理委员会开始为幼儿园注册并开设一个银行账户。③实施。实施阶段包括:建造或修复教室和其他形成优质教学环境所必需的重要建筑;培训和指导教师;培训和扶持学校管理委员会。一旦实施阶段开始启动,社区和马德拉沙资源中心职员一起每6个月对幼儿园进行一次评估。在每次评估结束时,他们一起开会设立下次评估前改善幼儿园工作的目标。这个过程十分重要,它能使社区了解到优质学前教育的要素,并且能赋予社区保障和他们经营优质幼儿园的责任。在2~3年的集中培训、扶持、监测和评估之后,该幼儿园项目验收合格。④验收合格/颁发证书。如前所述,马德拉沙资源中心和学校管理委员会一起评估该幼儿园在多大程度上达到合同所规定的以下标准:社区参与、优质教学环境以及可靠的管理。随后,符合质量标准的马德拉沙幼儿园会得到证书,被鉴定合格。教师和学校管理者也会得到证书,家长也会因他们的参与而得到认可并被授予感谢证书。一旦验收合格,学校一般会成为马德拉沙合格学校协会(GA)的成员。⑤验收合格后。马德拉沙资源中心将指导幼儿园教师并为他们提供在职课程,通过对学校管理委员会和马德拉沙合格学校协会成员进行更深度的培训,来给予教师和合格学校的社区持续的支持。

MECD的实施成效经过几十年的发展,已经在数量上较有规模,研究表明马德拉沙幼儿园质量较为优秀。截至2008年,已经有67916名幼儿得益于该计划,其中女生受益比例约占50%。同时,马德拉沙资源中心还进行一些延伸活动,如支持其他幼儿园、给政府官员提供培训等。有研究表明,马德拉沙幼儿园总体上优于非马德拉沙幼儿园。使用哈姆斯(Harms)、柯利福德(Cliford)1998年修订的《托幼机构教育环境评价量表》(ECERS-R)和西尔瓦(Sylva)等人1999年制定的《托幼机构教育环境评价量表——课程拓展版》(ECERS-E)对两种类型幼儿园进行评估后发现,马德拉沙幼儿园在互动、读写能力、早期数学和语言—推理等指标上均优于非马德拉沙幼儿园。同时,马德拉沙幼儿园能给幼儿认知发展提供最大附加值。

试从项目质量管理的角度分析马德拉沙儿童早期发展计划项目的成功经验。

资料来源:万秀兰,曹梦婷.东非"马德拉沙儿童早期发展计划"评析[J].比较教育研究,2012(12):1-5.

参考文献

[1] 美国项目管理协会.项目管理知识体系指南[M].5版.许江林,等,译.北京:电子工业出版社,2009.
[2] 哈罗德·科兹纳.项目管理:计划、进度和控制的系统方法[M].11版.杨爱华,等,译.北京:电子工业出版社,2013.
[3] 强茂山.成功通过PMP[M].3版.北京:清华大学出版社,2013.
[4] 白思俊.现代项目管理概论[M].北京:电子工业出版社,2006.
[5] 成虎,陈群.工程项目管理[M].4版.北京:中国建筑工业出版社,2015.
[6] 万秀兰,曹梦婷.东非"马德拉沙儿童早期发展计划"评析[J].比较教育研究,2012(12):1-5.

第九章　公益慈善项目采购管理

 引例

慈善超市规范化建设项目招标公告

北京汇诚金桥国际招标有限公司受北京市接受救灾捐赠事务管理中心委托,对慈善超市规范化建设项目进行国内公开招标。现欢迎合格投标人参加投标。

项目名称:慈善超市规范化建设项目。

采购人名称:北京市接受救灾捐赠事务管理中心。

采购代理机构全称:北京汇诚金桥国际招标有限公司。

采购数量:标准门型宣传展架 100 套、公益展卖移动车 600 个、公益宣传展架 100 组、服务台 100 组。

进口产品规定:依据财政部关于印发《政府采购进口产品管理办法》的通知,本项目不允许进口产品参加投标。

采购项目预算金额:人民币 153.40 万元。

采购项目需要落实的政府采购政策:

(1)节能产品、环境标志产品优先采购。

(2)政府采购促进中小企业、节能企业发展。

(3)政府采购信用担保。

投标人的资格条件:

(1)投标人必须符合《中华人民共和国政府采购法》第二十二条第一款的规定。

(2)投标人不得被列入失信被执行人、重大税收违法案件当事人名单、政府采购严重违法失信行为记录名单。

在此招标公告中,可以得到该公益慈善项目招标的采购方信息、采购物品及数量、采购预算、采购对卖方的选择与要求等信息,这些都是公益慈善项目采购管理中发包规划、询价、卖方选择后的结果,也是项目管理中的重要环节。

那么公益慈善项目采购管理要经历的环节有哪些呢?在公益慈善发包规划、询价等重要环节中又需要坚持哪些原则,注重哪些细节呢?如果项目采购不当或管理不善,所采购的产品不能够符合项目要求,会从哪些方面影响项目的顺利实施?

随着公益慈善事业的不断发展和日益规范,外部材料、设备和服务的采购费用占到项目总投资的比例越来越高,同时,采购的进度又直接影响到项目的进展,采购物的质量也制约着项目质量高低,采购管理成为公益慈善项目的重要内容。采购管理是采购工作所需要的产品和服务的过程。在公益慈善领域,项目采购与一般意义上的项目外包和转包有所不同。

第一节 公益慈善项目采购管理概述

一、公益慈善项目采购定义

公益慈善项目采购就是从组织外部或者个人购买所需要的有形物品或无形服务的行为。公益慈善项目采购是组织为实现目标而使用的一种获取资源的过程，是信息流和物质流相结合的过程，同时也是一种经济活动。公益慈善项目采购的对象或标的物包括有形的物品及无形的服务。有形物品即物品具有客观存在的形状，是可以接触的，在项目采购中常见的有原料、辅助材料、工器具及设备、办公和消费用品等。无形的服务主要包括技术、服务、工程服务三种类型。

公益慈善项目采购工作是项目实施的一个重要环节，也是公益慈善项目管理的主要内容，且公益慈善项目采购工作具有高度敏感性，往往是牵一发而动全身的。有效的项目采购可以使采购方、卖方双方共赢，还能够起到促进市场公平、良性竞争的作用。如果采购工作方式不当或者管理不得力，所采购的产品、货物工程和咨询服务等就不能满足项目需要，不仅影响项目的顺利实施，而且会影响到项目的预期效益，甚至导致项目失效。

二、公益慈善项目采购的原则

公益慈善项目采购的基本原则是要遵循项目执行方和资助方的共同利益与采购倾向。不同项目的资助方具有不同的项目采购倾向。

(1) 质量标准：公益慈善组织项目采购必须坚持明确的质量标准，采购符合要求的材料、设备和服务。

(2) 经济性：公益慈善组织项目采购的经济性就是在坚持项目采购质量标准的前提下，尽可能降低项目采购的总成本，即采购的对象（货物、工程、服务等）的成本与采购活动的成本之和最低。

(3) 效率性：项目的成本和时间等约束要求公益慈善项目采购必须考虑工作效率。

(4) 竞争性：竞争性原则是市场经济的普遍原则，公益慈善项目采购应该有利于市场竞争，促进市场公平竞争。

(5) 透明度：公益慈善项目采购的透明度就是提高采购的公开性。

(6) 反欺诈及腐败：公益慈善项目采购所有参与者，包括业主、招标人、投标商、承包商或分包商、咨询顾问、工程师等采购过程中和履行合同时，应该遵守最高的道德标准，任何获得非应得利益的行为都是不适当的。

(7) 职业道德标准：公益慈善项目采购参与者应该坚持最高的职业道德标准，对自己的行为承担责任，坚持按照技术标准和管理制度规定办事，不偏袒任何组织或个人。

(8) 避嫌：避嫌主要指选择咨询顾问时应该避免利益冲突。

相比其他类型项目，公益慈善项目主要可交付物常常是社会服务，项目采购的内容相对比较简单。

▶
下面列出了行动援助规定发展示范区的采购制度：
①大家商量（至少要管理小组一起讨论）要采购什么东西。
②按照群众同意的计划数量采购。

③采购物品要做到货比三家,物价合理,负责任的采购。
④采购材料以发票入账。要有凭证(收据或发票)给会计,如三个人去买,要有三个人在票据上签名,凭证上留下卖家的联系方式,运费要留下电话和车牌号,剩余的支出要向大众公开。
⑤保质保量,按技术人员的要求买;保证物品的数量,先要检查再买回来,交给保管员。
资料来源:行动援助DA工作指南2008版。

三、公益慈善项目采购的组织方式

公益慈善项目采购的组织方式有集中采购、分散采购、细分化采购、混合采购、准时采购五种。它们各有优劣,慈善组织的项目采购中,更倾向于使用集中采购的方式。

1. 集中采购

集中采购即公益慈善组织设置一个采购职能部门,负责组织所需的各类货物、工程和服务的采购。这种方式拥有规模经济效应,且采购管理规模化,拥有完整、体系化的财务审计和控制、监督制度。但分支机构对分权有需要,且对分支机构的远程监管困难,导致组织计划臃肿、市场响应速度慢。

2. 分散采购

这种方式用分权管理克服了集中管理和集中采购的缺点。这种方式拥有采购自主权,可进行交叉交易。但缺点是采购价格和服务质量混乱、重复采购、财务监管困难。

3. 细分化采购

这是为了克服公益慈善组织总部和分支机构中采购的缺陷,将采购责任细化分解的方法。这种方式使部门间的权力与责任明确,反应快速,专家采购,避免了预算不准。但其缺点是会因采购的随意性、供应商分散于混乱、过多的雇员人数导致采购成本高,管理难度大。

4. 混合采购

混合采购即公益慈善组织在采购商品时,一部分采用集中采购方式,另一部分采用分散采购方式。这种方式的效率比较高,利于不同市场的价格差异,以寻找套利的机会。但因为是混合型采购,可能导致专业性较弱。

5. 准时采购

准时采购又叫JIT采购法,是一种先进的采购方式,代表着采购发展的新方向,这种模式的基本思想是:把合适数量、合适质量的物品,在合适的时间供应到合适的地点。它不但能够最好地满足用户需要,而且可以极大地消除库存,最大限度地消除浪费,从而极大降低采购成本和经营成本。但这种模式是由准时化生产管理思想演变而来,它是一种理想的物资采购方式,对整个供应链专业化要求较高。

某基金会一项面向全省内公益慈善项目要发生物资采购,按照合同约定,采购好的物资要由送货方进行送货。但在签订协议后,送货方发现项目在该省不同地区有很多项目点。但是在采购协议中对交货地点却没有细化规定。一是造成了合同运费的直接增加,二是物资验收方面的问题,不同项目点由谁来负责验收,一旦出现物资质量问题,容易因责任责任不清而产生纠纷。

四、公益慈善项目采购管理的步骤

公益慈善项目采购管理包括项目的招标投标管理或其他采购方式管理、合同管理、合同变更控制和管理,确保项目采购符合项目管理团队事先确定的目标。同时公益慈善项目采购管理也包括项目合同执行过程中来自项目团队之外的监督管理,在公益慈善项目中,由于资金大多来源于政府资助、社会募捐、基金会等公共渠道,需要资金支出的透明度高,因此来自团队外的监督管理尤为重要,如主要监督款项是否落到实处、供应商的选择是否公正、项目团队工作是否严格按照采购计划实施等。公益慈善项目采购管理要经历以下五个阶段:

1. 采购计划编制

采购计划编制即确定何时采购,采购什么,如何采购。通常项目管理人员在接到公益慈善组织发出的项目采购管理中标书之前,就已通过公益慈善项目的招标文件了解到项目的概况,所以在下一步签订委托项目管理合同或采购委托协议时,就会有目标、有步骤地开展采购物资自制、租赁或外购分析,考虑项目预算的任何制约因素。

如果决定外购,则反映了公益慈善组织的长远规划和项目的当前需要,这包括任何物品(专指固定资产,从施工吊车到个人电脑)。自制或租赁的物资,从项目经济效益上看可能合算,也可能不合算,因为如果公益慈善组织需要长期使用该项固定资产,则分摊到项目上的那部分购置费用就有可能低于租赁费用,这可以根据边际效应分析进行成本的分摊。评估是否需要"外购"及采购规划的依据往往需要专家或是设计人员的技术支持,或许涉及要采购非标准的物资,以及所采购物资的时效性、安全性能等都需要在采购规划这一步尽可能补充完善。

2. 采购询价或者招标

询价是指从应征的卖方那里取得就如何满足项目需要的应答,如投标书或报价表。这一步的实际工作多是由应征的卖方完成。

3. 渠道选择

渠道选择即公益慈善组织从潜在的卖主中作出选择。评选合格卖方清单,在几家卖方中竞标,并与卖方洽谈书面合同。

投标书通常分成技术标和商务标两个部分。公益慈善项目管理人员协助甲方拟定标底,再综合各方因素进行评估。价格可能是由现货供应产品的主要决定因素,但如果是以降低配置、交付进度慢和质量要求存在隐患为代价,则几家卖方中提供的最低价格就未必具有最合理的工程费用,低价格所潜在的风险费用更高,可能造成的损失将会在项目结项之后凸显出来。当然,最终选择卖方的是公益慈善组织。

4. 合同管理

合同管理是确保卖方的绩效符合合同要求和公益慈善组织按照合同条款履约的过程。合同的法律性质是对买卖双方的约束,合同是界定买卖双方各自承担的风险水平。大体上买卖双方签订的合同类型有两种,即固定价合同和按料付费合同。固定价合同指对该项目所需的某种物资规定了一个固定总价或单价,它是一项规定在特定日期按照规定的价格交付规定的产品的采购订单。按料付费合同指在授标时并未确定合同总价和应交付产品的确切数量,而是在项目进行中按需进料,价格由供货商与慈善组织协商确定。对于公益慈善项目管理人员来讲,在这一步的工作就是:指导和管理项目执行,以授权和督促承包单位在适当时机供货;监督和管理供货商的费用、进度和技术绩效;检查和核实所供产品是否合乎要求;检查变更的手续是否完备,有效规避工程隐患和风险;监督买方对卖方的付款情况。

5.合同收尾

合同收尾是指对于管理项目或者项目阶段收尾的所有必要活动。

第二节 公益慈善项目发包规划

一、公益慈善项目发包规划概述

为针对需要招标的物品或服务,需制作成供应商或发包商参考,以获得他们的报价或建议书的招标文件,并产出采购文件及评估标准。公益慈善项目发包规划即是确定采购和增购何物,以及何时与如何采购和增购所必须的过程。

发包规划的依据有采购管理计划、合同工作说明书、自制或外购决策、项目管理计划四项。其中,项目管理计划在公益慈善项目采购文件制定过程中是重要的组成部分。公益慈善项目采购文件的制定与项目进度计划中规划的交付日期紧密相关。因此项目管理计划中应包括记录本次采购过程中风险的风险登记册、与风险相关的合同协议、资源要求、项目进度计划、活动费用估算、费用基准。

公益慈善项目发包规划的成果即公益慈善项目采购文件,用于获得潜在卖方的报价建议书。标价与报价这两个术语通常用于选择卖方的决策以价格作为基本考虑因素(例如,购买商业产品或标准产品时),而建议书这个术语则通常用于以技术能力或技术方法等作为主要考虑因素。

公益慈善项目采购文件的结构应便于潜在的卖方准确、完整地应答,以及参加投标文件的评标。此类文件应包括相关的合同工作说明书,对所期望的应答方式的描述,以及所需的合同条款(例如,一份合同范本、保密条款)。

公益慈善项目采购文件的复杂程度以及详细程度应与采购项目的价值和风险水平相一致。采购文件的严格程度,既要足以保证作出一致和具有可比性的应答,又要具有足够的灵活性,以便更好地满足需求和考虑卖方的建议。采购文件可以通过以下方法实现:邀请卖方完全按照投标邀请书提交建议书,并在另外的建议书中提供推荐的可选择方案。可按照组织的相关政策,以正式的方式向潜在卖方发出投标邀请,包括在报纸、杂志、因特网或登记机关进行公告。

二、公益慈善项目发包过程与采购过程的区别与联系

(一)两者的区别

1.目的有所不同

对发包过程进行控制和管理的目的,是确保其满足质量管理体系所要求的过程能力。承包方必须按照组织对过程事先策划的安排(遵循所提供的程序或相关文件)进行运作。公益慈善组织对采购过程进行控制的目的,是确保组织所采购的产品在质量要求、交付和服务等方面符合已规定的采购要求。尤其对于影响组织最终产品质量的产品的采购,有效进行供方选择、评价和重新评价的控制至关重要。

2.对象有所不同

对发包过程的控制和管理,侧重于过程的监视和测量,控制对象是过程,当然也包括对过

程的结果(提供的产品)进行验证。否则,无法充分证明其过程具备的能力。对采购过程的控制,侧重于产品的监视和测量,控制对象是产品。控制的主要方式是进货验证,只有在"适当时"(包括特殊过程、关键过程或对最终产品构成重要影响时),可向供方提出某些方面的要求,目的是使供方持续提供符合组织所要求的产品。

3.控制方法有所不同

对发包过程既要实施控制,又要进行管理,涉及从输入到输出的整个运作过程(包括其子过程)。如公益慈善项目采购涉及对产品制造过程的发包,不仅应对其过程实施必要的监督,还应从原材料验证开始,直至最终产品的监督和测量,都保持相应的记录。而公益慈善项目采购过程一般不涉及供方产品实现过程的管理,其控制方法紧紧围绕供方所提供的产品、交付和服务等方面进行验证,很少要求供方必须进行原材料进货验证、半成品检验和提供记录或报告。

4.实施部门有所不同

对公益慈善项目采购过程实施控制,主要责任者是组织的采购部门或供应部门。若把设计和开发过程、产品防护过程(如食品捐赠的储藏和运输)、产品的监视和测量过程(如基金会委托监理部门实施灾后重建的住房跟踪)、服务过程(如社工组织转介案主)等发包过程,一律由采购部门或供应部门进行控制和管理,显然不合适。只有将发包过程授权对口部门或由分管负责人实施控制和管理,才能取得预期的效果。

(二)两者的联系

发包过程和采购过程具有一定的内在联系。如采购过程中的选择、评价和重新评价供方的方式,公益慈善组织与合格供方签订相关合同或协议的形式以及在"适当时"对供方提出其他要求等,发包过程都可以借鉴。发包过程很多要求都和采购过程的要求相类似,只是在控制程度和管理要求方面有所不同,稍加补充和完善即可实施。

第三节 公益慈善项目询价与卖方选择

一、询价概述

询价(request for quotation)是公益慈善项目采购人员在作业流程上的一个必要阶段。在项目向组织提出购买申请,说明购买目的,所购物品名称、型号、数量和大致价格,并获得相关负责人的书面批准后,由项目主管制定人员进行采购。一般而言,公益慈善组织针对采购物品设置了不同的询价基准,例如行动援助就规定:超过2000元以上的物品,应提供至少3家供货商询价信息比较后购买。

(一)询价项目的"品名"与"料号"

首先,询价项目的"品名"以及"料号"是询价单上所应必备的最基本资料。供应商必须知道如何来称呼所报价的产品,这即是所谓的"品名"以及其所代表的"料号",这也是买卖双方在日后进行后续追踪时的一个快速查办以及检索的依据。料号因为在每一客户中有其独特的代表性,在使用上要特别注意其正确性。

通常供应商在报价时都需要知道买方的需求量,这是因为采购量的多寡会影响到价格的计算。除了让供应商了解需求量及采购的形态外,也可同时让供应商分析其自身产能是否能应付买方的需求。

在询价时买方通常都有一个通病,那就是怕量少而无法得到好价格,便把需求量或采购量予以"膨胀"。此时,虽然采购能够获得短期的利益,即使拿到了量产的价格,但如果在真正进行采购后,无法达到报价的预期数量时,供应商不是提高价格,便是在其他方面减少对客户的服务,或停止供应,到头来得不偿失的还是自己。因此,有关需求量的资讯应及时与供应商沟通,同时采购也可拿出市场预测来说服供应商,如此才能达到长期配合、持续供货的目的。

(二)询价项目的"规格书"

规格书是一个描述采购产品品质的工具,应包括测试规格、材料规格、样品等有助于供应商报价的一切资讯。

(三)询价项目的"品质"要求

表达询价项目品质规范要求的方式有许多种。由于公益慈善项目的特殊性,往往项目采购人员很难单独使用一种方式完整表达对产品或服务的品质要求,此时应该依照产品或服务的不同特性,综合使用数种方式来进行。

(四)询价项目的"报价基础"要求

"报价基础"通常包括报价的"币值"与"贸易条件",国内买卖比较简单,通常都以人民币交易,贸易条件不是以"出厂价"就是以"到厂价(运费是否内含则另议)"来计算。

(五)询价项目的"交期"要求

交期的要求包括买方对采购产品需要的时间,以及供应商需要多少时间来准备样品、第一批小量生产,以及正常时间下单生产所需要的时间。供应商虽然可依买方的要求来配合,不过交期的长短关系着采购产品的价格,买方应视实际需要来提出要求,而非一味地追求及时供货。

二、供应商选择

供应商选择是指组织从项目招标中选出潜在的供应商名单,在潜在的供应商名单中作出选择。供应商选择的进程为识别潜在供应商并评选出合格供应商清单,在几家供应商中竞标,最后与供应商达成合作,进行项目匹配,洽谈书面合同,如图9-1所示。

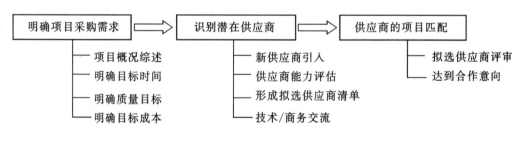

图9-1 公益慈善项目采购管理中供应商选择过程

(一)识别潜在供应商

识别潜在供应商即为满足公益慈善项目采购需求而进行供应商开发的过程。在项目采购管理的规划采购阶段,应编制完成项目采购工作说明书。采购工作说明书应详细描述供应商的识别标准及选择方法,作为后续工作的指导。

(二)供应商的项目匹配

拟选的供应商虽然是根据公益慈善项目采购需求来识别的,但是这种单向作业会存在片面性,原因可归纳为对卖方选择指标和选择方法的理解不同、工作人员个人能力高低不平、沟通途径存在偏差,特别是对项目采购政策和整体状况的把握不准确。因此,在组织识别之后,还需要经历最终的与项目目标的匹配阶段。

第四节　公益慈善项目采购合同管理

许多公益慈善项目更多关注于采购的过程控制,往往忽视了采购合同的管理。公益慈善项目采购合同管理作为公益慈善项目采购管理中的重要一环,能够规避因合同的不规范给采购方带来的不必要损失。对于公益慈善组织的公共性质与焦点化的公众形象来说,合同管理能有效推进项目采购顺利进行,避免因与卖方的法律纠纷等引起公共形象受损,严重影响公益慈善组织的公信力。

采购合同的主要条款包括标的、数量、质量、价格及支付、包装、装运、检验、验收、违约责任、合同变更、不可抗力及争议解决等,其中标的是合同的最基本因素。公益慈善组织在签订采购合同时,要预见到各种不利因素并以条款的方式加以防范,从而规避采购合同中的各种风险,运用法律来保护组织的合法权益。

公益慈善项目采购合同管理内容包括以下几个方面:

(1)负责检查、监督和指导、审核各类合同的签订、履行,参与每份采购合同的可行性研究,审批对外签订的重大采购合同。

(2)对合同专用章、法定代表人授权委托书和合同文本进行严格的管理和控制。

(3)掌握物资采购进度,督促供货商按合同规定期限交货。

(4)对合同的签订履行情况进行统计分析,为项目负责领导提供决策依据,定期召开会议,检查合同履行情况,及时发现和解决合同签订和履行中存在的问题。

(5)培训合同管理人员,及时总结组织采购合同管理方面的经验,组织有关部门和工作人员学习合同法规。

(6)对合同纠纷进行处理,作出决定,配合有关部门解决合同纠纷。

(7)建立公益慈善项目采购合同管理台账,保管好采购合同签订履行中的各种传真文件、邮件、发货记录、运输记录、发货清单、产品检验报告、货款支付凭证等,以备合同发生纠纷时有据可查。

本章小结

在公益慈善项目采购管理中,需要明确管理的过程推进,首先要进行采购计划编制,明确何时采购、采购什么、怎样采购,才可以有步骤地开展采购物资自制、租赁或外购分析,考虑项目预算的任何制约因素,产生采购或发包规划。接着公益慈善组织要进行采购询价与招标,寻找合适的供应商,之后的渠道选择与询价和招标是息息相关的,供应商的层层筛选直接关系到项目采购的效率与质量。而确定卖方后的合同管理及项目采购后期的合同收尾都是不可忽视的环节,这些环节处理不当容易影响公益慈善组织的公共形象,丢失潜在的供应商,降低组织的项目采购工作的可持续性。

公益慈善项目采购管理是公益慈善项目管理中的一个重要部分,有效的项目采购管理是保证项目成功实施的关键环节。本章首先讨论了公益慈善项目采购的基本内容和相关概念以及公益慈善项目采购的步骤,其次分析了公益慈善项目发包规划与采购过程的区别与联系,接着阐述了公益慈善项目询价的基本内容以及选择卖方的方法。许多公益慈善项目更多关注于采购过程的控制,往往忽视了采购合同的管理。在本章最后,对公益慈善项目采购合同管理的相关内容进行了必要论述。

课后习题

1. 阐述公益慈善项目采购过程与发包过程的关系。
2. 阐述公益慈善项目采购的方式及其优缺点。
3. 阐述公益慈善项目合同管理的作用。
4. 叙述公益慈善项目采购管理的过程。
5. 案例分析。

2017年"慈善医疗阳光救助工程"第三十二批采购项目招标公告

发布日期:2017-05-04

联系人:×××

电话:185 1979 ××××

招标编号:CMEETC-177XP115AA20

开标时间:2017-05-23

招标人:慈善医疗阳光救助工程办公室

资金来源:受"慈善医疗阳光救助工程办公室"委托,就"慈善医疗阳光救助工程"第三十二批采购项目进行公开招标,现邀请合格投标人就下列货物和服务提交密封投标。

一、项目信息

项目名称:"慈善医疗阳光救助工程"第三十二批采购项目

招标编号:CMEETC-177XP115AA20

二、招标内容

包号　货物名称及数量　交货地点　交货期

01　人体成分计量仪等设备(碳141套、人体成分计量仪1套、乳腺检查仪1套、脑电图1套)　用户指定地点　合同签订后3个月内

02　眼底彩色照相等设备(眼底彩色照相1套、电测听1套、测听室1套、视力表2套)

03　数字乳腺钼靶机1套

04　口腔CT　1套

05　骨科C臂　1套

注:本次招标投标人必须以包为单位进行投标响应,评标和合同授予也以包为单位。

三、招标用途:自用

四、项目资金情况:本项目资金已落实

五、招标文件售价、文件出售时间、地点、联系方式、银行信息

(1)文件售价:每包人民币 500 元,如需邮寄,另加邮费 50 元,售后不退。

(2)招标文件出售时间:2017 年 05 月 03 日至 2017 年 05 月 09 日,工作日 9:00—11:30,13:30—16:30。

(3)购买地点:北京市。

购买或翻阅招标文件时需携带:营业执照(副本)原件及复印件、组织机构代码证(副本)原件及复印件、税务登记证原件及复印件、有效的医疗器械生产或经营许可证、投标单位出具的对购买人的授权书或介绍信原件、购买人的身份证原件及复印件、开户许可证原件及复印件,所有复印件均需加盖公章,原件备查。

六、投标人资格要求

(1)具有独立承担民事责任的能力;

(2)具有良好的商业信誉和健全财务会计制度;

(3)本项目不接受联合体投标;

(4)按照招标公告要求购买了招标文件;

(5)制造商或代理商均可,代理商投标时需提供合法授权文件;

(6)具有医疗器械生产或经营许可证;

(7)所投产品需具备国家食品药品监督管理局颁发的医疗器械注册证。

七、投标文件递交截止时间和地点:2017 年 5 月 23 日 9:30(北京时间),北京市

八、开标时间及地点:2017 年 5 月 23 日 9:30(北京时间),北京市

报名前与联系人联系获取投标报名表。

联系人:徐××

手机:185××××8781

邮箱:185××××8781@163.com

请结合本章中公益慈善项目采购管理相关知识分析该案例中采购物品类别、卖方潜在选择对象的范围等相关内容并拟定一份项目采购合同。

参考文献

[1] 邱小平,徐玖平.项目采购管理[M].北京:经济管理出版社,2007.

[2] 王冬芳.慈善项目管理[M].北京:中国社会出版社,2014.

[3] 彭小兵.公益慈善事业管理[M].南京:南京大学出版社,2012.

[4] Kevin Forsberg, Hal Mooz, Howard Cotterman. Visualizing Project Management:Models and Frameworks for Mastering Complex Systems[M]. Indianapolis:John Wiley and Sons, 2005.

[5] 哈罗德·科兹纳.项目管理:计划、进度和控制的系统方法[M].11 版.杨爱华,等,译.北京:电子工业出版社,2013.

[6] Project Management Institute. A Guide to Project Management Body of Knowledge(PMBOK)[M]. 5th edition. Newtown:Project Management Institute,2013.

[7] Karen R. J. White. Practical Project Management for Agile Nonprofit:Approaches and

Templates to Help You Manage with Limited Resources[M]. Palmyra: Maven House Press,2013.

[8] 龚国华. 采购与供应链[M]. 上海:复旦大学出版社,2005.

[9] Peter M. Kettner. Designing and Managing Programs, An Effectiveness-Based Approach[M]. Los Angeles:Sage Publications,2016.

[10] 李爱民. 项目采购管理[M]. 北京:对外经济贸易大学出版社,2007.

[11] 阙祖平. 商品采购管理[M]. 大连:东北财经大学出版社,2008.

[12] 刘尔烈,刘戈. 项目采购与合同管理[M]. 天津:天津大学出版社,2010.

[13] Chartered Institute of Purchasing and Supply. Managing Contracts and Relationships in Procurement and Supply[R]. Chartered Institute of Purchasing and Supply,2014.

第十章 公益慈善项目人力资源管理

 引例

"格桑花"的人力资源管理

"格桑花",原名为"格桑花西部助学网",是由热心网友本着以资助西部贫困儿童完成学业愿望而成立的网络慈善组织。但是,其管理与运营方式还在摸索阶段,随着组织的壮大产生了一系列问题,尤其是人力资源管理落后所引发的问题。根据财务报告,领薪人员迄今为止只有个位数,同时项目人员中还有人离职。"格桑花"的成员数量少,流动性大,并且专业性不高,在很大程度上阻碍了组织的发展。

因此,在充分了解组织内部人力资源存在的问题后,组织内部进行了一些调整:①开发电子化的人力资源管理,试着开发电子招聘软件,同时还与一些高校网络教育学院合作,争取让更多员工参加网络培训;②加强员工能力开发,组织为义工提供形式多样的培训内容,有针对性地进行能力提升训练,并且根据培训效果在不同阶段提供不同层次的岗位实习和培训机会;③建立了科学绩效评估系统,根据员工工作性质、职务高低、工作时限等客观因素,制定科学合理的绩效评估标准,将评估标准进行细化,增加人力专员在评估过程中的可操作性;④完善福利待遇政策,加大了对员工福利的关注与投入力度,建立激励制度,正激励和负激励相结合,鼓励员工为实现组织的目标而贡献力量。

通过种种措施,"格桑花"对人力资源的管理更加精细化,对志愿者的培训更加专业,对工作人员的激励力度不断加大,这在一定程度上缓解了人才过度流失、人员流动性过大的状况。同时,通过鼓舞员工,发挥了员工个人的最大价值,使得组织效率大幅度提升,进而创造了更多的社会价值。

公益慈善项目人力资源管理是指对参与或涉及公益慈善项目的人力资源进行管理所开展的一系列过程和工作。其目的是充分发挥涉及项目的各方面人员的主动性和创造性,努力做到人尽其才、事得其人、人事相宜,从而更有效地实现项目的目标。公益慈善组织对一定范围内的人力资源进行规划、获取、维持和开发等一系列管理活动。公益慈善组织环境的变化强调了管理者需要了解战略、人力资源管理和组织效能之间的关系。近年来,临时性公益慈善项目不断增加,但是公益慈善组织内部出现了很多问题,比如专职人员数量较少且流动性差、其他人员专业化程度低、薪酬体制不健全、绩效管理难以有效运行、人员激励不足等。公益慈善项目有关人力资源管理的规划相对落后,简单的数量分析已经不能满足日益成长的公益慈善项目的需要,而有效的人力资源管理对公益慈善组织的发展具有积极作用,因此,对人力资源的管理应该具有远瞻性和计划性。

第一节 公益慈善项目人力资源管理概述

一、公益慈善项目人力资源的构成

公益慈善组织的特殊性决定了公益慈善项目人力资源管理的特殊性。公益慈善组织中包括许多人员,分别是全日制员工(full-time employees)、非全日制员工(part-time employees)和志愿者(volunteers)等。

(一)全日制员工

公益慈善项目的全日制员工是指以公益慈善领域的工作为职业,在公益慈善组织全职工作的人员。一般来说,他们在公益慈善组织中领取薪水。由于慈善组织专业化运作的特殊性,在公益慈善组织规模扩大时,其所需要的员工就必然要有越来越高的工作技能,来满足复杂程度较高、管理难度较大的管理工作。只有走专业化道路,录用专业的全日制员工,公益慈善组织才可能不断提高工作的绩效与服务质量,其执行的项目数量和质量也会相应提升,而成本效益或效率也会更高。此外,全日制员工除了拥有过硬的专业知识和专业能力以外,还要具备职业道德和职业素养,要诚实守信、尊重他人、勇于承担责任。

(二)非全日制员工

公益慈善项目非全日制员工是在完成八小时本职工作任务以外,利用业余时间从事公益慈善组织项目的管理,参与公益慈善组织项目的运行,并且取得一定的物质报酬的人员。兼职工作人员在宽裕的业余时间中,为公益慈善项目贡献着他们的经验和专业知识,熟练掌握专业技能,能为公益慈善项目提供有效的建议,促进公益慈善项目的顺利开展。跟志愿者不同的是,非全日制员工在完成工作后,会得到一定的工作报酬,但他们拥有自己的本职工作,并没有将公益慈善项目作为自己的主要工作内容,所以应与全日制员工区分开来。其不足是非全日制员工的流动性相对较大,当项目出现问题时,责任归属问题也容易产生纠纷。

(三)志愿者

20世纪80年代后期以来,我国的志愿者队伍不断壮大,截至2017年6月底,我国慈善组织已达71万个,有760余万专职人员和620余万兼职人员从事相关工作。我国志愿者总数已达15807.34万人,志愿服务参与率8.7%,志愿服务时长17.93亿小时,贡献价值547.97亿元。志愿者在不同专家的角度有着不同的定义。国务院2017年9月6日发布的《志愿服务条例》第二章第六条规定,志愿者(也称志愿人员、义工、志工)是指以自己的时间、知识、技能、体力等从事志愿服务的自然人。美国的独立部门(Independent Sector)将志愿者分为正式的志愿者和非正式的志愿者。其中,正式的志愿者在时间和活动上更有结构性,并且通过组织而发生;非正式的志愿者包括提供临时帮助的个人或者组织,但是非正式志愿者不是作为有组织的群体的一部分,也不是为了报酬而提供服务。还可以根据志愿者参与的程度将志愿者分为热身型志愿者、同心圆型志愿者和有目标的志愿者。热身型志愿者对人的专业性要求不高,经过简单培训即可上岗,一般是为了满足大型活动而招募的数量较多的志愿者。同心圆型志愿者是指为了满足某一个项目的操作需要,根据项目生命周期招募,需要志愿者具备一定的专业能力,进行一定的专业培训。当项目结束后,志愿者团队也会随之解散,但该类型的志愿者是从头到尾参与到项目执行的。有目标的志愿者是指需要具有某些专业特长,能长期帮助某个机构完成相应目标的志愿者,例如编辑志愿者、美工志愿者等。综上所述,志愿者包含自愿性、不求物质回报、利他性等要素。一般来说,志愿者不领取薪水,但是可以领取必要的津贴或补贴,有权利报销与服务工作相关的必要开支,并由志愿服务执行方为其缴纳保险。虽然志愿者不为了经济利益去奉献,但是也应该得到政府和社会必要的支持。

二、公益慈善项目人力资源管理的特点

相对于政府公共项目和企业商业项目,公益慈善项目人力资源管理具有以下特点:

(1)自主性。相对于官僚化的科层体系而言,公益慈善项目团队通常是扁平化的。成员通常具有较高的工作自主权,并且能够根据自己的能力和兴趣,以及对其他利害得失的比较、权衡,自主选择在不同领域和职位之间流动,以及确定在工作中的投入方向、投入程度和规模。

(2)志愿性。公益慈善项目更多受志愿驱动,这也是公益慈善组织发展的动力。由于公益慈善组织本身并不分配利润,其项目活动主要是提供社会服务,因此对公益慈善组织从业人员而言,薪酬和工作环境已经不在激励体系中占据绝对的比重,价值和认同感相对而言更为重要。

(3)两重性。公益慈善项目人力资源既是投资的结果,同时也能创造社会价值。它既是生产者,也是消费者。从生产与消费的角度来看,人力资本投资是一种消费行为,属于必需的消费品,并且先于人力资本的收益。同时,人力资源与其他资本一样符合投入产出的规律。因此,公益慈善项目尤其需要重视人才培养,加强人力资本的投资。

(4)时效性。由于资源有限,公益慈善项目通常不能聘用组织所需要的全部全职人员,就需要其他的办法来解决。某些特定的工作适合于兼职人员和志愿者来做,但由于只补偿了部分利益,所以很难实现长效机制。由此,对公益慈善项目动态条件下人力资源的形成、开发、分配和使用的相对稳定性就显得更为重要。

(5)社会性。公益慈善项目的人力资源配置与运用不是单纯的经济资源配置与运用问题,还存在大量的价值判断、社会文化问题。因此,其人力资源管理不能简单地依据公共部门或市场部门的人力资源管理方法,需要从人社会属性出发,充分考虑到与人的社会生活相联系的一些需要,如对劳动、交往、奉献的需要等采取相应的措施。

第二节 公益慈善项目人力资源管理的内容

公益慈善项目人力资源管理包括制定人力资源管理计划、项目团队组建、团队建设与管理的各个过程,不但要求充分发挥参与项目的个人作用,还包括充分发挥所有与项目有关的人员——项目负责人、客户、为项目作出贡献的个人及其他人员的作用,也要求充分发挥项目团队的作用。

一、公益慈善项目人力资源管理规划

公益慈善项目人力资源管理规划是指识别和记录项目的角色、职责以及汇报关系。它主要描述何时、以何种方式满足项目人力资源需求。任务、职责和汇报关系可以分配到个人或团队。这些个人和团队可能属于组织内部,也可能属于组织外部,或者两者的结合。内部团队通常与专职部门如筹款部、宣传部或财务部等有联系。项目人力资源规划与设计的依据一般包

括组织环境因素、组织过程资产和项目自身的相关信息①。

在大多数项目中,公益慈善项目人力资源管理规划过程主要作为项目最初阶段的一部分。但是,这一过程的结果应当在项目全生命周期中经常地复查,以保证它的持续使用性。如果最初的项目人力资源计划不再有效,就应当立即修正。

公益慈善项目人力资源管理规划过程总是与沟通计划编制过程紧密联系,因为项目组织结构会对项目的沟通需求产生重要影响。公益慈善组织在编制项目人力资源计划时,要注意到与项目成本、进度、质量及其他因素相互影响,同时也应注意到其他项目对同类人员的争夺,所以项目要有备选人员。

描述项目的角色和职责的工具主要有层次结构图、矩阵图和文本格式的角色描述,可能还有额外附带的通讯录信息。文本格式用来详细描述团队成员的职责,提供的信息主要有职责、权力、能力和资格。

1. 层次结构图

层次结构图是以图形方式自上而下地显示各种职位及其相互关系。层次结构图可以采用组织分解结构和资源分解结构方式。组织分解结构是按照组织内现有部门、单位和团队组织,把项目活动或工作报告列在各个部门下,这样,一个部门只需要找到其所在的组织分解结构位置,就可以了解其应承担项目的所有职责,见图10-1。资源分配结构则是按照资源分配组织的另一种层级结构形式的图表。

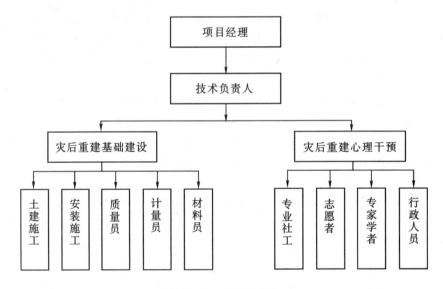

图 10-1 层次结构图

2. 矩阵图

矩阵图表示要完成的工作和团队成员之间的关系,矩阵的格式有表格,可以使每个成员看到自己和相关的所有活动和某个活动的所有成员,矩阵有助于人们了解自己的职责并且使得他们对自己在整个项目组织中的地位有一个全面的了解,是项目管理中非常有用的工具,如表

---

① 在制定项目章程以及以后的项目文件时,任何一种以及所有用于影响项目成功的资产都可以作为组织过程资产。

10-1所示。

表 10-1 职责分配矩阵

活动	张明	李斌	李华	赵强	周兴
设计	A	R	I	I	I
筹款	I	A	R	C	C
实施	I	A	R	C	C
总结	A	I	I	R	I
R＝有责 A＝负责 C＝征询意见 I＝通报					

3.文本格式

如需详细描述团队成员的职责,而且需要不断更新,就可以采用文本型。文本型文件通常以概述的形式,提供诸如职责、职权、能力和资格等方面的信息。通常称为职位描述或角色—职责—职权表,如图10-2所示。

项目名称：_____　　准备日期：_____

资源角色描述

职权

职责

资格

能力

图 10-2 角色和职责

公益慈善项目人力资源规划的内容主要包括以下几个方面：

(1)项目团队组建:人员招募需要根据人员配备管理计划以及组织当前的人员情况和招聘惯例进行。项目中有些人员是在项目计划前就明确下来的,但有些人员需要和组织进行谈判才能获得,特别是对于一些短缺或特殊的资源,可能每个项目组都希望得到,如何使本项目组能够顺利得到,就需要通过谈判来实现。谈判的对象可能包括职能部门和其他项目的成员,有些成员可能组织中无法提供,这种情况下就需要通过招募来获得。

(2)时间表:项目对各个团队成员的时间安排要求,何时开始招募。

(3)成员遣散安排:遣散方法和时间。

(4) 培训需求：预期的员工不具有要求的技能和能力时制定培训计划。

(5) 表彰和奖励：明确的奖赏标准和有计划的奖赏系统可促进并加强期望的行为。制定奖赏计划，确定奖赏时间安排，确保兑现。

(6) 合规性：包括一些策略，以遵循相关的政府规定、工会合同和其他既定的人力资源政策。

(7) 安全：针对安全隐患，为保护团队成员安全而制定的政策和程序。

图 10-3 是常用的项目人力资源管理计划模板。

角色、职责和职权

角色	职责	职权
1	1	1
2	2	2
3	3	3

项目组织结构

作人员管理安排

认可与奖励

标准、规则和政策

安全

图 10-3 公益慈善项目人力资源管理规划模板

在大多数项目中，公益慈善项目人力资源管理规划过程主要作为项目最初阶段的一部分。但是，这一过程的结果应当在项目全生命周期中经常地复查，以保证它的持续使用性。如果最初的项目人力资源计划不再有效，就应当立即修正。

第三节 公益慈善项目主管的能力和职责

一、公益慈善项目主管选择

公益慈善项目主管是公益慈善组织在公益慈善项目上的全权委托代理人。现有的战略人力资源管理文献有一个基本假设，即组织绩效受到两组关系的影响，即所有者和员工，其目标总是不同的，甚至是相反的。在公益慈善组织内部，项目主管是项目的第一负责人，在授权范围内负责、处理各项事务。项目主管要实现预定项目管理的各种目标，必须具备很强的能力。项目主管的能力要求既包括"软"的方面——个人素质，也包括"硬"的方面——管理技能和技术技能,具体来说,作为公益慈善组织项目主管,除了要懂公益慈善组织运行机制外,还要懂得经济、合同、管理等方面的知识,在有理论知识作为指导的同时,还要具备很强的素质和能力,能够高瞻远瞩,统揽全局,沟通协调,真抓实干,做好项目管理中的各项工作。

对公益慈善项目主管的选择主要从以下几个方面考虑:

(1)个人素质方面,即公益慈善项目主管应该具备良好的职业道德和职业精神,工作中要积极主动、尽职尽责、任劳任怨、忠于职守,并具有一定的责任感和创新精神,具有诚实的品格,为人正直,拥有无私奉献的精神。同时也要以项目的总目标和整体利益为出发点,正确地履行合同,公平、公正地对待各方利益。工作中严谨细致,具有服务意识,能够全心全意、一丝不苟地管理项目。必须具有灵活应变的能力,才能对项目实施的过程中出现的各种不利的情况迅速作出反应,并且着手解决。

(2)综合能力方面,即公益慈善项目主管要具备一定的专业技能和丰富的工作经验,掌握公益慈善项目中的主要管理方法,有能力组织志愿者全身心投入项目中,在项目工作中有成熟的判断能力、思维能力、随机应变能力和独特的见解,具有果断的决策能力,能预见到项目进行过程中可能出现的问题和潜在的风险,并能更好地加以解决和避免。公益慈善项目管理是一个动态的管理,这就要求项目主管必须具有灵活应变的能力,才能更好地解决项目现场出现的各种不利的情况。平时要善于协调好各方面的关系,处理好各项工作。作为项目主管还应具有较强的组织和管理能力,能够知人善任,能够组织各方面的协调工作。项目主管应与捐赠方、受益方经常沟通,建立良好的外部环境,获得捐赠方的支持。要设身处地为他人着想,沟通组织内部各部门之间的人际关系,在项目部内部要合理地分配工作,公平地进行奖惩。项目主管还应具有较强的交流能力和号召力,能够充分激发职工的工作积极性。作为项目主管,平时要注重学习,了解技术新动态,掌握项目管理的基本思想、管理方法和手段,并要注重理论和实践的结合,灵活运用所学知识,做好项目过程中的各项工作。

(3)管理技能方面,即项目主管对公益慈善项目必须具有全盘考虑、统一计划的能力。项目主管要能够充分利用他的组织能力对项目实施的各个环节进行统一的组织,即处理在项目实施过程中发生的人与人、人与事、人与物之间的各种关系,使项目按既定的计划进行,在项目实施的过程中要正确指挥,协调好项目内部以及项目部与外界之间关系,在实施过程中合理控制项目的质量、成本等,努力提高项目的整体水平和所创造的社会价值。作为项目主管,还要具有亲和力,能够倾听志愿者的意见和心声。一个公益慈善项目要实现目标,必须依靠全体项目成员的共同努力,作为项目主管,就要把所有的工作人员、志愿者和利益相关者团结到一起,激发每一个人的工作激情,扬长避短,精诚合作,从而奉献和服务社会。

公益慈善项目主管一般可以有内部晋升和外部招聘两种渠道。如果是外部招聘,通常还要对项目主管进行背景调查,确保其具备上述能力并能够迅速融入团队。

▶ 下面就提供了一份背景调查的模板供参考。

公益慈善项目主管背景调查模板

求职者姓名:A

日期:××年×月×日

背景信息:姓名,岗位,组织,联系信息

1.什么时间你和 A 一起工作?他在这家机构工作了多久?他与这家机构关系如何?

2. A 在机构中的角色如何？在该岗位中他的主要职责是什么？
3. 你对他的绩效表现打分的话，是高于平均、平均或低于平均水平？为什么？
4. 可以请你对他的下列技能进行评价吗？
(1) 组织/时间管理技能。
(2) 专业性。
(3) 写作沟通技能。
(4) 口头沟通技能。
(5) 忍耐力。
(6) 对监管要求的程度。
(7) 个人的其他技能。
5. 请你从对 A 的项目管理能力打分？为什么如此打分？
6. A 是否有相关项目管理工具的经验？
7. 你能想到他在他的岗位上所完成的一件重要的任务吗？你对他最大的印象是什么？
8. A 的最大长处是什么？
9. 你认为 A 的发展机会和空间在哪里？为什么？
10. 你未来会雇佣 A 或与 A 共事吗？
11. 给出总体评价和感觉。

资料来源：Tim McConnell. The NPO Dilemma：HR and Organizational Challenges in Non-profit Organizations[M]. New York：DataMotion Publishing，2012.

二、项目主管的能力要求

项目主管肩负着带领整个团队的责任，因此需要具备各方面的能力。对项目主管的能力要求有以下几点：

(一) 号召力

项目团队由专职人员、兼职人员和志愿者组成。因此，调动员工积极性是项目主管必备的能力之一。人是社会人，每个人都有自己的个性，而一般情况下项目团队的成员都是临时调动而来，每个人的素质、能力和思想境界都不尽相同，每个人参与公益慈善项目的目的都有不同，因此每个人的工作积极性均会有所不同，这时项目主管必须拥有号召力，调动各方面的工作积极性，确保公益慈善项目的顺利开展。

(二) 影响力

这里的影响力是指对项目组成员产生影响的能力。项目主管除了要拥有其他员工视为重要的特殊知识，正确地、合法地发布命令外，还需要适当引导项目组成员的个人后期工作任务，授权他人自由使用资金，提高员工的职位，给予成员一定的物质奖励，并结合员工对公益慈善事业的热情设置相应的激励措施。

(三) 交流能力

身为项目主管，与员工的交流能力也是必备能力之一。项目主管应该具备有效倾听、劝告和理解他人行为的能力，也就是和其他人之间建立良好的人际关系。如果项目主管与下属员工的关系恶化，必然会制约公益慈善项目的开展，从而制约整个慈善组织的良好运行。项目主管只有具备足够的交流能力才能与下属、上级进行平等的交流,特别是对志愿者的交流更显重要。与志愿者的良好交流更能直接得到反馈,从而了解项目进行过程中遇到的问题。

(四)应变能力

应变能力是指项目主管在项目进展过程中遭遇突发情况所作出的反应。突发事件(the emergency)是一个公益慈善项目无法避免的,而项目主管必须在极短时间内经过大量的思考,利用专业知识作出最符合公益慈善组织利益的决策。应变能力极其体现一个项目主管的专业水平和紧急状况下的本能反应。

三、公益慈善项目主管的职责

项目主管在公益慈善项目管理中起到至关重要的作用。其素质好坏与能力高低直接关系到项目能否成功实现。项目管理的一个方面就是明确项目主管的主要职责。一般地,项目主管的职责可分为对外职责和对内职责两种。

1. 项目主管的对外职责

(1)成功实现项目目标,争取客户的最大满意度。这一项基本职责是检查和衡量项目经理管理成败、水平高低的基本标志。

(2)不断开拓团队生存的外部空间。

(3)负责对外谈判,履行合同义务,监督合同执行,处理合同变更。项目主管以合同当事人的身份,运用合同的法律约束手段,把项目各方统一到项目目标和合同条款上来。

2. 项目主管的对内职责

制定项目阶段性目标和项目总体控制计划。项目总目标一经确定,项目主管的职责之一就是将总目标分解,划分出主要工作内容和工作量,确定项目阶段性目标的实现标志,如进度控制点等。

(1)组织项目团队,抓好项目团队建设,组织精干的项目管理班子。这是项目主管项目管理的基本前提,也是项目成功的组织保证。

(2)报告工作意图。

(3)制定计划,严格执行。

(4)监控并报告项目进展和存在问题。

(5)建设项目团队。

(6)负责资金的到位、资源的配置。

(7)负责组织并提出项目报告。

四、项目主管的权限

项目主管要实施项目管理,必须要有一定的权限,这既是项目主管必须承担责任的先决条件,也是项目管理取得成功的基础。公益慈善项目首先要用制度和合同把项目主管的权限予以明确。

1. 人事权

项目主管有权决定项目团队的组成、选择和对团队成员进行监督、考核。

2. 财务权

在制度允许的范围内,项目主管有权根据项目需要和计划安排,动用及配置资源,有权对项目团队成员的计酬和分配作出决定。

3. 进度控制权

项目主管有权根据项目计划和项目总目标及阶段性目标的实现情况,根据项目随时出现的人、财、物等资源变化情况进行指挥调度,对于施工进行组织设计和网络计划,也有权在保证总目标不变的前提下进行优化和调整,以保证项目经理能对施工现场临时出现的各种变化应付自如。

4. 决策权

项目主管有权对项目运行过程中遇到的问题作出决策。例如在项目运行时,其部分质量未到计划标准,项目主管有权决定是重做还是弥补,即通过考虑成本及各方面因素作出正确决策。项目主管需亲自决策的问题包括实施方案、人事任免奖惩、重大技术措施、设备采购方案、资源调配、进度计划安排、合同及设计变更、索赔等。

5. 评价权

项目主管有权对项目运行情况及项目完成的各方面绩效做出评价。

▶ ················

某公益慈善组织从同行挖来一位"空降兵"老李,老李在上一家公益机构的杰出表现得到了业内公认,机构也十分爱惜人才,直接给予其重要项目主管的岗位。老李也比较积极,到任后的第一项任务就是从各部门抽调精兵强将组成项目组以进行一次新项目的需求调研。老李深知,这次调研不仅与他本人有关,也与机构的前途有关。于是,他找到相关人员,咨询是否能够参加该项目,但大家的回答是很忙,没有时间参加。

················◀

第四节　公益慈善项目团队创建

一、公益慈善项目团队概述

(一)公益慈善项目团队的定义

公益慈善组织项目团队是由一组为实现一个具体公益慈善项目的目标而组建的协同工作的人员队伍。项目团队的根本使命是在项目主管的直接领导下,为实现公益慈善项目的目标,完成具体项目的项目任务而共同努力,并协调一致和有效地工作。一般来说,公益慈善项目团队成员应尽可能参与到项目的计划与决策中,项目成员的早期参与可以为计划过程提供专业知识,也能够增强对项目的承诺。公益慈善项目团队是一种临时性的组织,一旦项目完成或终止,项目团队的使命也完成或终止,项目团队即告解散。项目团队的结构和特点可以相差很大,但项目主管作为团队领导者的角色是固定不变的,无论项目主管对团队成员有多大的职权。

公益慈善项目团队组建的依据是人员配备需求、人力资源库、制约因素和人员获取等。

(二)公益慈善项目团队的特点

就如公益慈善项目的独特性一样,没有哪两个公益慈善项目团队会完全一样。但不管公益慈善项目团队由多少人组成,不管他们是专职还是兼职,都需要以高效的团队模式运营,才能够既满足工期需求,又能达到公益慈善项目的目的。

1. 目标一致

统一的目标是高效团队的特征之一，公益慈善项目的实行是为了更好地服务社会，创造社会价值，践行公益慈善组织的宗旨和原则，所以项目成员都有着一致的目标，凝聚在一起，并为之共同奋斗。对于一个公益慈善项目，为使整个项目团队工作卓有成效，就必须明确目的和目标，并且对于要实现的项目目标，每个团队成员必须对此及其带来的收益有共同的思考。

下面是行动援助用于凝聚团队成员的价值观。

写在我们纲领性文件中的我们的价值观：
- 平等和公正，要求我们为保证每一个人获得平等机会而工作，不论种族、年龄、性别、性取向、是否患有艾滋病、肤色、民族、是否残疾、地区和信仰。
- 诚实和透明，在任何层次都高度负责以使我们的行动有效，公开自己的意见并愿意与人交流。
- 和贫困民众站在一起，和贫困的、被剥夺权力和被边缘的民众在一起将是我们在对抗贫困的事业中唯一的倾向性。
- 自信的勇气，要求我们充满创意和激进，大胆和革新的——不怕失败——为消除贫困作出可能的影响而奋斗。
- 独立，不受任何宗教和政党的左右。
- 谦逊，在任何语言表述和行为中，都要记得我们只是对抗贫困联盟中的一部分。

资料来源：行动援助国际战略 2012—2017。

2. 绝对的信任

公益慈善项目团队的另外一个特质就是团队成员之间高度信任（trust）。团队成员彼此相信各自的品行、工作以及能力，信任是沟通交流的基础。然而不利的是，信任十分脆弱，它往往需要很长时间才能被建立起来，却又很容易被破坏，而且破坏后想要恢复非常困难。因此，团队成员间彼此绝对的信任是一个公益慈善项目团队的基础。

3. 合理的角色定位

在一个公益慈善项目团队中，要有明确合理的分工与协作，每个成员都要明确自己的角色、责任、权利与义务，目标明确之后，进一步明晰团队成员之间的相互关系。

项目团队中的角色

(1) 项目管理人员，即开展项目管理活动的团队人员，例如规划进度、制定预算、报告与控制、管理沟通、管理风险、提供行政支持。

(2) 项目人员，即执行工作以创造项目可交付成果的成员。

(3) 顾问。顾问为项目管理计划的制定或执行提供支持，如合同、财务管理、物流、法律、安全、工程、测试或质量控制等方面的支持。取决于项目规模大小所需要的支持程度，顾问可以全职参与项目工作，也可以只在项目需要他们的特殊技能时才参与。

(4) 资助方项目官员。将要接受项目可交付成果时，他们通常派代表或联络员参与项目，来协调相关工作，提出需求建议，或者确认项目结果的可接受性。

(5)供应商。供应商也称供方或承包方,是根据合同协议为项目提供组件或服务的外部机构。通常,项目团队负责监督供应商的工作绩效,并验收供应商的可交付成果或服务。如果供应商对交付项目结果承担着大部分风险,那么他们就在项目团队中扮演着重要角色。

(6)业务伙伴成员。业务伙伴组织也可以派代表参与项目团队,来协调相关工作。

(7)业务伙伴。业务伙伴也是外部组织,但是与慈善组织存在某种特定关系,这种关系可能是通过某个认证过程建立的。业务伙伴为项目提供专业技术或填补某种空白,如提供安装、定制、培训或支持等特定服务。

4.高度的凝聚力

凝聚力是指项目团队对成员的吸引力、向心力,也是维持项目团队正常运转的所有成员之间的相互吸引力。公益慈善项目团队对成员的吸引力越强,成员坚守规范的可能性越大。因为慈善项目的资金来源主要为社会捐赠,所以资金在运用的过程中很容易出现漏洞。在高度的凝聚力下,成员具有高度的社会责任感和无私精神,不会出现监守自盗的情况。公益慈善项目的特殊性,使其成为团队成员发挥个人价值、创造社会价值的一种证明,而具有高度的凝聚力,能使团队成员积极、热情地为项目成功付出必要的时间和努力。

二、公益慈善项目团队创建的过程

项目主管应从各种来源物色团队成员,同有关负责人谈判,将符合要求的人编入项目团队,将计划编制阶段确定的角色连同责任分配给各个成员并明确他们之间的配合、汇报和从属关系,这就是建立项目团队的工作内容。

公益慈善项目团队组建是一个动态的过程,即随着项目的发展,对人员的需要是动态变化的。项目经理必须能够监控到这种变化,在人员技能与项目需求不一致的情况下,及时与组织高层、人力资源经理及其他项目人员进行沟通,来保证项目对人员的动态需求。成员管理计划要求项目团队成员全部到任投入工作以后项目团队才算组建完毕。一般而言,项目团队创建过程包括形成阶段、磨合阶段、规范阶段和表现阶段。

(一)形成阶段

形成阶段是项目团队的初创和组建阶段。在这个阶段,团队成员由个体而归属于一个团队,总体上有一种积极向上的愿望,团队成员的情绪特点包括激动、希望、怀疑、焦急和犹豫,在心理上处于一种极不稳定的阶段。项目团队主管需要为整个团队明确方向、目标和任务,在保证角色不缺失的情况下,力求在各个角色间实现平衡。组建项目团队是确认人力资源的可用情况,并为开展项目活动而组建团队的过程。本过程的主要作用是,指导团队选择和职责分配,组建一个成功的团队。

创建的公益慈善项目团队和公益慈善项目之间应保持一致性。另外,团队的规模也是一个考虑因素。一般而言,在团队人数超过三十人时,项目主管的精力往往将不可避免地从对个体的关注转化为对集体的控制。

(二)磨合阶段

这是项目团队发展的第二阶段。这一阶段,团队成员按照分工开始了初步合作,有些成员会发现项目的工作与个人当初设想不一致,有些会发现项目团队成员之间的关系与自己期望不同,有些团队成员与项目管理人员和项目经理发生矛盾和抵触,团队成员情绪的特点是紧张、挫折、不满、对立和抵制。

在磨合阶段项目主管需要应付和解决出现的各种问题和矛盾,需要容忍不满的出现,解决冲突,协调关系,消除团队中的各种震荡因素。

(三)规范阶段

经受了磨合阶段的考验后,项目团队就进入了正常发展的规范阶段。这一阶段的项目团队矛盾要低于磨合阶段。团队成员的情绪特点表现为信任、合作、忠诚、友谊、满意。

项目主管在这一阶段应该对项目团队成员所取得的进步予以表扬,应该积极支持项目团队成员的各种建议和参与,努力规范整个团队的行为和团队成员的行为。

(四)表现阶段

这一阶段是项目团队不断取得成就的阶段。在这个阶段中,项目团队成员积极工作,努力为实现项目目标而做出贡献。成员的情绪特点是开放、坦诚、依赖、团队的集体感和荣誉感。

项目主管在这一阶段应该积极放权,以使项目团队成员更多地进行自我管理和自我激励。同时,项目主管应该及时公告项目进程,表彰先进的团队成员,努力帮助项目团队完成项目计划,实现项目的目标。

三、公益慈善项目团队建设

建设项目团队是提高工作能力、促进团队互动和改善团队氛围,以提高项目绩效的过程。项目主管应该去招募、建设、维护、激励、领导、启发项目团队以获得团队的高绩效,并达到项目的目标。项目团队建设就是培养、改进和提高项目团队成员个人,以及项目团队整体的工作能力,提高项目团队成员之间的信任感和凝聚力,使项目团队成为一个特别有能力的整体,在项目管理过程中不断提高管理能力,改善管理业绩。一个有效的团队包括在工作负担不平衡的情况下帮助他人,按照适合个人偏好的方式去交流,共享信息和资源。

在部署在团队建设过程中,项目团队应该做好以下工作:

(1)在团队成员之间就其应用于工作中的共同价值观和原则达成一致,形成对工作的共同看法和对团队目标的共同认可。在团队共识中,形成项目团队凝聚力。

(2)创造条件,促进团队成员之间有效地交流和沟通。交流是维系一个团队的重要方法之一,通过交流,成员之间可以达到认识一致、行动一致。成员之间形成的高度协作性能够更好地解决项目团队所面临的分歧与冲突问题。集中办公就是一个促进团队成员相互了解、信任和依赖的途径。目前很多公益慈善组织由于缺乏资金,在办公室租用方面利用孵化器或者一些创客空间或基金会提供的工位,这尽管为机构节约了成本,却因机构主管和员工不能经常见面,导致沟通成本的增加。

(3)注重团队的学习,建立一个学习型的项目团队。公益慈善项目所要解决的问题是不断变化的,客观环境的变化也给项目团队带来了很大的挑战。团队只有不断地补充新的公益慈善知识,学习新的公益慈善观念和思维模式,加强和外界信息交流的深度和广度,才能立于不败之地。团队学习是提高团队成员互相配合、整体搭配和实现共同目标的工作能力的学习活动和过程。当团队能真正学习时,不仅团队的整体会产生出色的成果,个别团队成员的成长也比其他方式更快。这一学习的过程不但包括对项目团队由价值的理论、方法、知识技巧的接受和掌握,还应包括团队全体成员对外部的学习研究与内部互相理解、配合和模仿,以及对形势的共同感受、分析、理解和提出有价值的对策。通过团队学习不仅提高了团队成员的工作能力,而且在思想上统一了认识,十分有利于形成共同接受的价值观和信仰,因而非常有利于团队文化建设。

(4)培养团队的创新意识。创新是一个公益慈善项目团队生命力的表现,如果团队不能很好地应对时代的变化和发展,不能进行自我内部的创新,就不能顺利开展项目以实现团队目标。

(5)有效的授权。对项目成员充分的授权,使成员感受到在实施项目过程中能够实现自身的价值。但是要注意授权也要适度,过度授权行为可能会引发项目成员的道德风险,反而不利于公益慈善项目顺利实施。

(6)引入团队奖励机制,以团队为整体进行奖励会增强团队成员的社会认同感。但是成员的个人贡献是不可或缺的,承认个人的贡献并进行奖励,可以激发个人的积极性,并鼓舞士气。因此,对于团队来说,最有效的奖赏与激励机制是既在个体又在团队两个层次上进行的。

下面是行动援助团队建设的一些原则,对其他公益慈善项目而言具有启发意义:

提升我们自己的人力资源,重视不同员工的价值,培养他们不同的能力,来共同实现这个宏伟的战略,尤其要在妇女领导力方面投入更多。

我们将致力于:

(1)在能力建设方面投入:要想成功和可持续地实现这一战略,必须认识到机构上下不同人才的核心能力。我们将尤其重视对员工及合作伙伴政治(不仅仅是技术)能力的培养,使其更好掌握以权力为基础的工作方法、权力分析、有机结合参与式方法,以及有效的进行项目设计、监测和评估。我们也会着重培养资金计划、人力资源管理、宣传、筹资、财务管理、内部治理和领导力发展方面的专业技能。

(2)继续弘扬多样性和促进平等:坚持性别平等的核心价值观,不但在机构内部,也在更大的社会范围内反对性别歧视、种族主义、对同性恋的憎恶羞辱和滥用权力,始终保证我们的世俗身份。我们将努力为不同层次的员工实现工作和生活的平衡,在不同情况和需要下灵活解读政策,尤其重视妇女领导力,建设一个真正"多语种"的机构。

(3)为员工提供一个可以施展拳脚的用武之地,鼓励员工的能动性,提高他们的生活质量并帮助他们实现自己的潜力,这样我们才能最大限度地团结起来共同对抗贫困和不公正。

(4)确保相互间的问责:我们彼此监督互相问责,时刻认识到我们不但要为自己负责,同时也为行动援助的战略和荣誉负责;不但为权利持有者、运动、社区负责,也为合作伙伴、资助人和捐款人负责。我们鼓励团结合作为共同目标努力,反对"每人一摊活"的心理,力求最大限度地达成机构各地区和各部门之间的合作。我们将推行有效的绩效管理,鼓励员工积极认清并排除风险,为维持我们的荣誉和相互关系树立明确标准,增进内部的交流沟通并在机构上下推动决策的透明性。

(5)在追求影响力的同时提供创造性:确保我们因为信念支撑而充满勇气;鼓励积极探索解决方案和好的结果;激励员工为我们实现消除贫困的最终目标献计献策;提高能力适时向外证明我们的工作成绩;重视知识的总结和分享。

资料来源:行动援助国际战略 2012—2107。

公益慈善项目团队建设的输出一般是对团队建设工作进行的正式或非正式的绩效评估。

团队绩效评估是指团队实现预定目标的实际结果。评估指标包括技能的提升、能力与感情的提升，团队成员流动性降低，团队凝聚力提升等。

本章小结

　　本章主要概述了公益慈善项目人力资源的管理。首先，对公益慈善组织人力资源和公益慈善项目人力资源的定义和特征进行阐述，同时对公益慈善项目人力资源存在的问题提出相应的建议；其次，在公益慈善项目管理方面，项目主管扮演着统筹全局、领导和管理的角色，监督着公益慈善项目的开展和运行，同时必须具备高度的责任感和使命感，与其他组织的项目主管存在区别；最后，公益慈善项目一旦立项通过，团队的组建便成为慈善项目能否顺利运行的关键点之一，选择什么样的人才，如何分配人才，都将是创建团队首先要考虑的问题。人力资源的管理是公益慈善项目管理中不可或缺的部分，同时也是公益慈善组织在发展和壮大的过程中不得不去思索的难题之一。

课后习题

1. 公益慈善项目人力资源有哪些特征？
2. 公益慈善项目人力资源存在哪些问题？有哪些解决措施？
3. 请简单分析公益慈善组织项目团队的形成过程。
4. 案例分析。

麦田计划

　　麦田计划成立于2005年6月16日。因为被大山、被那些渴望读书的孩子所感动，一名普通的志愿者在国内发起"麦田计划"。一个民间助学组织，致力于改善中国贫困山区孩子的教育环境，包括为贫困山区中小学生提供读书资助、兴建校舍、成立图书室、资助代课老师、救助山区患病学童等项目。目前主要开展麦苗班、"典"燃梦想、如愿"易"偿、麦蕊等项目。麦田计划在全国开展宣传活动，让社会各方面人士参与到这个行列中，用行动去感动别人。为了有效管理麦田计划，组织下设秘书处、助学部、走访部、推广部、人力部、物资部、项目组、财务部、技术部等。本着麦田资料真实性的原则，公开接受社会的监督与质疑，保证麦田计划以公益为先的性质，麦田计划在贫困山区发展优秀的地方志愿者，专门负责收集贫困学生和学校资料，上门走访，确保每一份资料的真实可靠。资料经过助学部和图书部的整理以后发布到麦田论坛，资助人可以随意浏览和与被资助者、学校联系。麦田计划的原则是保持民间组织的自主、自发、自愿、自由，保证麦田计划以公共利益为先的性质，接受社会的监督和质疑，志愿者在保障本职工作、学业和家庭生活的基础上参与活动。

　　麦田计划在全国开展宣传活动，吸收社会各界人士参与到这个活动中来，其实是吸引人才加入志愿者队伍，扩大志愿者数量，同时传播其慈善项目活动的主旨，感化人心，达到慈善组织的目标。同时，设立秘书处、走访部、人力部等部门，达到人才的合理分配，使人才能发挥其最大价值，从而满足他们的个人需求，达到留住人才的目的。同时，麦田计划的志愿者可以在保证自己的工作、学业不受影响的基础上开展活动，给予志愿者一定的自由，使得志愿者更加自主，体现了麦田计划的创新精神。在麦田计划中，项目主管的职责明确，在发生突发事件时能够及时作出反应和决策,使得麦田计划的项目能够顺利而快速地开展,这也是麦田计划的一个突出亮点。

综上所述,麦田计划对于国内的公益慈善项目的创立和开展都有一定的借鉴意义,也对公益慈善组织的目标和宗旨做了进一步扩展和补充。

(1)麦田计划项目通过哪些步骤实现了人才分配创新化?

(2)志愿者在麦田计划项目中发挥了什么作用?有哪些经验启示?

(3)麦田计划项目的团队构建是否较为复杂?有何利弊?

(4)如果你是麦田计划的项目的主管,你会如何平衡兼职工作人员和专职人员意见的冲突?

参考文献

[1] Kunle Akingbola. Contingency, Fit and Flexibility of HRM in Nonprofit Organizations [J]. Employee Relations, 2013, 35(5): 399-432.

[2] 邓国胜. 公益慈善概论[M]. 济南: 山东人民出版社, 2015.

[3] 共青团中央. 中国注册志愿者管理方法(中青发〔2006〕55号)[Z]. 2006.

[4] McNamara C. Field Guide to Nonprofit Program Design, Marketing and Evaluation[M]. Minneapolis: Authenticity Consulting, LLC, 2003.

[5] 华黎明, 李洪丽. 非营利组织的人力资源构成和管理[J]. 法制与社会, 2008.

[6] 张健. 中国慈善项目发展分析报告[C]//杨团. 中国慈善发展报告. 北京: 社会科学文献出版社, 2010.

[7] Ylva Ulfsdotter Eriksson. Global HRM Standards as Boundary Objects: Adevice to Enhance Legitimacy and Status[J]. Personnel Review, 2017, 46(6): 178-189.

[8] 程斌. 非营利组织受薪员工的人力资源管理与开发研究[D]. 成都: 西南财经大学, 2012.

[9] Baluch A M. Employee Perceptions of HRM and Well-Being in Nonprofit Organizations: Unpacking the Unintended[J]. International Journal of Human Resource Management, 2017, 28(14): 1-26.

[10] Micheal J. Worth. Nonprofit Management: Principles and Practice[M]. Los Angeles: SAGE, 2017.

[11] Akingbola K. Strategy and HRM in Nonprofit Organizations: Evidence from Canada [J]. International Journal of Human Resource Management, 2006, 17(10): 1707-1725.

[12] Fang Liu, Irene Hau-Siu Chow, Dan Xiao, Man Huang. Cross-Level Effects of HRM Bundle on Employee Well-Being and Job Performance[J]. Chinese Management Studies, 2017, 11(3): 133-156.

[13] 美国项目管理协会. 项目管理知识体系指南[M]. 5版. 许江林,等,译. 北京: 电子工业出版社, 2009.

第十一章 公益慈善项目利益相关者管理

 引例

壹基金携手合作伙伴启动全纳（融合）教育公益项目

2016年9月21日，壹基金携手救助儿童会、联合国教科文组织、中国教育学会特殊教育分会、1+1残障人公益集团、心智障碍者家长组织联盟等合作伙伴举行新闻发布会，共同启动2016—2018年全纳（融合）教育公益项目，呼吁社会各界关注残障儿童在普通学校接受教育的需求，倡导融合教育理念，为包括普通儿童和特殊需要儿童在内的每一个孩子创造更加融合、更有利于潜能发展的教育环境。同时，壹基金旗下的海洋天堂公益计划宣布正式启动全纳教育项目。

发布会上，中国教育学会特殊教育分会秘书长许家成教授指出，我国目前仍有大量适龄残障儿童的义务教育质量诉求没有得到很好的满足，残障儿童受教育状况有待进一步改善。他同时强调，在中国，以核心素养理论构建一个特殊教育和普通教育并行互通的融合教育方案是切实可行的，实践证明，全纳教育作为一种更加先进的教育理念，有利于每一个孩子的潜能发展。

与此同时，我国政府部门相继出台支持性政策，推动特殊需要儿童受教育的权利得到保障。2014年年初，国务院发布《特殊教育提升计划（2014—2016年）》，明确提出"全面推进全民教育，使每一个残疾孩子都能接受合适的教育"的总目标；2016年6月1日，国务院总理李克强主持召开国务院常务会议，强调要建立随班就读保障体系，为家庭困难的残疾儿童提供包括高中阶段在内的12年免费教育，确保困境儿童不失学。2017年8月，国务院印发了《"十三五"加快残疾人小康进程规划纲要》，提出"要大力推行融合教育，建立随班就读支持保障体系"。

儿童关怀与发展是壹基金重要的业务领域，2011年以来，壹基金开展了以自闭症、脑瘫、罕见病等特殊需要儿童为关注对象的"海洋天堂公益计划"，推动建立更加包容接纳的社会环境是该计划的重要目标之一。2015年12月，壹基金与合作伙伴共同发起"同桌计划"大型公益倡导活动，旨在唤起公众对脑瘫儿童教育议题的关注，让更多的脑瘫儿童走进校园，实现接受教育的权利。对于此次正式启动全纳教育项目，壹基金儿童关怀与发展部主任王凯说："全纳教育项目积极响应国家政策。参与全纳教育公益项目，是壹基金首次正式在教育领域为特殊需要儿童发声，呼吁保障每一个特殊需要儿童都能够享有平等受教育的权利。"

王凯介绍说，在本期项目中，壹基金将从软件、硬件设施两方面为合作伙伴提供支持，与合作伙伴一道多维度、全方面地推进全纳教育工作。壹基金对特殊学习需求进行分类与回应，将在学校内搭建特殊资源教室，教室内设有符合特殊需要儿童需求的学习咨询区、情绪缓释区和游戏训练区，促进无障碍校园建设。壹基金在深圳、西安和贵阳的6所项目试点学校的特殊资源教室建设进展顺利，2017年推广到44所学校。同时，壹基金也将为全纳教育项目提供专业支持，对普通学校校长、老师和伙伴机构老师进行全方位、有针对性的培训，帮助更多的人更详细地了解全纳教育，提升普通学校老师应对特殊儿童的能力。

发布会上，壹基金与合作伙伴共同发出了倡议，呼吁公众接受残障儿童本来的样子，不忽视、不排斥、不歧视。在普通学校接受教育,应当成为残障儿童接受教育的首选途径。适龄残障儿童申请接受义务教育,所有学校都应当坚持"零拒绝"原则。同时,希望在未来能够有更多的企业、机构加入到推进全纳(融合)教育公益项目的队伍中。王凯表示,相信通过全社会的共同努力,可以逐步消除歧视,创造出全纳残障人士和每一个个体的生活和学习环境,保障每一个人平等享有接受教育和社会参与的权利,最终实现融合社会的建立。

2011年以来,壹基金海洋天堂公益项目着力搭建由特殊儿童服务机构、家长及病友组织、研究机构、公众和企业组成的联合行动网络,推动加建立包容接纳的社会环境,支持家长自助网络发展和特殊教育教师的能力建设。迄今为止,已有7000余名儿童和16000余名家长从中受益。2016年至2018年,壹基金将与合作伙伴一起继续推进全纳(融合)教育公益项目试点工作,包括在项目学校继续开展试点工作,对师范类学生开设全纳教育课程,推动地方和国家层面的政策落实,消除公众对于残障儿童的刻板印象等。

试析壹基金为什么要联合其他合作伙伴一起开展全纳(融合)教育公益项目的试点?

资料来源:壹基金官方网站 www.onefoundation.cn/.

随着公益慈善项目复杂化的发展趋势和对于时间、成本及质量的要求越来越高,项目的成功不再仅仅依赖项目主管的管理水平,需要所有利益相关者的支持和参与。项目团队必须弄清楚谁是利益相关者,确定他们的要求和期望,然后根据他们的要求对其影响力加以管理,确保项目取得成功。衡量项目成功的标准也不再局限于传统的"铁三角",利益相关者是否满意成为横向项目成功的重要维度之一。真正成功的项目是交付了预定目标,得到了满意的结果,并符合利益相关者期望的项目。因此,公益慈善项目管理越来越关注利益相关者,项目利益相关者管理成为公益慈善项目资源利用规划和实施过程中的一个重要工作包。

第一节 公益慈善项目利益相关者管理概述

一、公益慈善项目利益相关者

利益相关者(stakeholders)也称为干系人或涉众,其研究最早起源于经济学中的企业理论。20世纪60年代斯坦福大学的一个研究小组证明企业存在的目的并非仅为股东服务,在企业的周围还存在很多关系到企业生存的利益群体,如果没有他们的支持,企业就无法生存。20世纪80年代以后,随着利益相关者界定研究的演进,人们发现早期研究的局限性,它只考虑到利益相关者对企业单方面的影响,并且利益相关者的范围仅限于影响企业生存的小部分。克拉克森认为利益相关者是在组织中投入了一些实物资本、人力资本、财务资本或一些有价值的东西,并由此而承担了某些形式的风险,或者说,他们因组织活动而承受风险。弗里德曼在《战略管理:一种利益相关者的方法》一书中,给出一个更为广义的定义,即利益相关者是"那些能够影响企业目标实现,或者能够被企业实现目标的过程影响的任何个人和群体"。

相比之下,弗里德曼的观点与公益慈善组织的实际情况更为贴近,我们将公益慈善项目的利益相关者定义为那些能够影响公益慈善项目目标实现,或者能够被项目实现目标过程影响的机构、群体和个人。例如:受活动影响的机构、群体或个人,影响活动的机构、群体或个人,在项目中有利益的机构、群体或个人,受某一决策影响或能影响某一决策的机构、群体或个人,直接受活动影响的机构、群体或个人,利益群体(在活动中有利益的人和机构、调解人,包括不参与活动的人），倡导策略或具体目标的对象（地方、国内和国际机构、社区团体、社会团体、企业等），项目实施人员，外部服务提供者，资助方，将受活动影响的未出生人口和后代人口，社会公众，等等。

> 英国救助儿童会提出应该用问题自检的形式确定单个项目中的利益相关者。
> 有关哪些人应当参与的决定取决于下列问题：
> • 哪些人的权利会受到项目的影响？对于以权利为本的项目运作工作方法，权利拥有者应当积极主张权利，包括儿童。
> • 哪些人作出有关项目的决策？
> • 应当认识哪些人？哪些人的观点、着眼点和经验值得借鉴？
> • 哪些人对分析问题和寻找适当的解决方案感兴趣？包括那些尚未表现出感兴趣的人。
> • 期望哪些人执行决策？
> • 哪些人的积极支付对于项目的成功必不可少？
> • 哪些人可能会认为项目的变化对他们不利？
> 这些问题的答案将决定让哪些利益相关者参与。
> 资料来源：路易莎·戈斯林，迈克尔·爱德华兹.发展工作手册：规划、督导、评估和影响分析实用指南[M].北京：社会科学文献出版社，2007.

一般而言，公益慈善项目的主要利益相关者被划分为以下五类：

1. 政府（government）

政府主要通过倡导成立、主管业务、政策支持和购买公共服务等形式影响着公益慈善组织的生存和发展。

2. 捐赠者（donor）

资源是公益慈善项目运行的水之源、木之本。捐赠者主要通过投入捐赠资源的大小、多少和可持续性来影响公益慈善组织的上游之水。

3. 受助者（recipient）

受助者是公益慈善组织的直接或间接服务对象。帮助受助者是公益慈善组织存在的使命，受助者的需求满足程度是衡量公益慈善项目运行成效的重要标尺。

4. 志愿者（volunteer）

志愿者是公益慈善组织的"生命之血"。志愿者通过投入人力、智力和时间的方式提供志愿服务，服务的质量和可持续性直接关系到公益慈善项目目标的实现程度。

5. 媒体（media）

媒体是一把双刃剑，运用好了可以为公益慈善组织发声，增强公益慈善组织的知名度和美誉度，运用不好，则会造成失控局面，引起社会质疑。

上述利益相关者与公益慈善项目之间的关系可以用图11-1表示。除了上述直接利益相关者外，公益慈善项目还存在着广泛的潜在利益相关者，包括项目竞争者、受益对象的亲属或朋友、社区普通居民等。例如阿拉善生态协会在致力于内蒙古阿拉善荒漠化治理的过程中，开始着力通过种植一些耐旱的植物来抵制荒漠化，但他们发现许多牧民经常在这些地方放牧，牛羊把这些植物全吃掉了。此时他们才意识到治理沙漠还要关注牧民的扶贫问题。

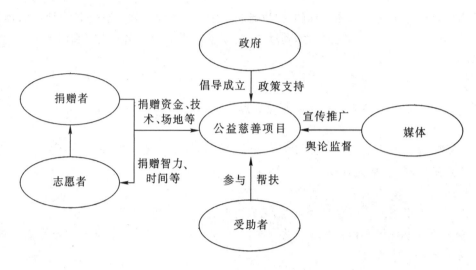

图 11-1 利益相关者图

二、公益慈善项目利益相关者分析的目的

公益慈善项目利益相关者分析是确定利益相关者,了解他们与活动的关联以及他们的利益和需求的过程,旨在发现机会和潜在威胁。开展利益相关者分析并不是一种"单向"活动。关键问题是确定哪类分析最适合哪种目的。

利益相关者分析的目的一般包括以下几点:
(1)确定在项目中有利益的个人和群体。
(2)深入了解他们在项目过程中的利益、需求和能力。
(3)了解不受活动直接影响的人群的需求和利益。
(4)分析哪些群体能够直接参与活动的不同阶段。
(5)找出与不同群体和个人的潜在合作和障碍。
(6)为制定未来策略提供依据。

利益相关者分析作为一项工具,它可以帮助回答这一问题。

第一阶段是分析哪些人是不同的利益相关者,他们在项目工作中有什么利益,以及他们在参与调研、督导、复查、评估或影响分析方面有什么利益。随着公益慈善项目复杂性的提高,所涉及的利益相关者越来越多,他们的异质性非常鲜明,彼此之间的关系也错综复杂,并存在明显的机会主义风险和各种矛盾冲突。因此,从项目一开始就必须阐明和协商好各利益相关者的角色以及他们之间的关系,这些角色和关系应该在整个项目周期内不断发展。这部分分析可以用来确定不同群体在项目参与中的优先次序。

分析工作包括以下步骤:
(1)确定项目致力于要解决的问题以及受影响的所有个人、群体和组织。
(2)按照利益群体、社会性别、个人地位、种族、组织关系、职权、权力等分类。
(3)讨论在具体问题上应该优先考虑哪些利益相关者的利益。
(4)确定各群体在应对问题中有哪些潜能(优点、缺点、机会和威胁)。
(5)确定利益相关者之间的关系(利益冲突、合作关系、依赖性、促进合作的机会)。

表 11-1 列出了利益相关者参与分析工作表。

表 11-1 项目利益相关者参与分析

利益相关者	问题	潜能	关系

利益相关者分析的第二阶段是决定不同群体在什么阶段参与以及如何参与,见表 11-2。参与的程度可以从提供信息到控制活动过程。这方面有不同的模式。应当明确和现实地决定不同阶段的参与;还应当根据资源、现有联络人和可用时间进行现实的考虑,不能想当然地认为人们有能力参与和愿意参与,参与程度和关系在整个项目周期内会不断变化。参与矩阵模型是一种非常方便的工具,能够用图解法表示项目不同阶段的不同参与形式。可以将不同的利益相关者安排到矩阵模型中,看看在项目不同阶段哪些人应该参与以及通过什么方式参与。

表 11-2 参与矩阵模型

	信息	协商	合作关系	控制
分析情况				
规划				
承担费用				
实施				
督导				
评估				

英国救助儿童会运用这一工具分析了儿童救助项目的潜在利益相关者,见表 11-3。

表 11-3 潜在的利益相关者

社区成员	• 与项目工作相关的权力拥有者和责任承担者(在以权力为本的项目中,务必让他们参与) • 关键人物(例如接生员和老师) • 公认的社区代表(例如老人和村委会) • 社区内的特殊利益群体(例如,不同的民族或家庭、单身家长、残障人士和他们的家人、妇女组织) • 受项目工作影响的男人和女人,以及倡导活动的目标对象 • 儿童和青少年,包括脆弱儿童 • 非受益者
政府和合作伙伴	• 中央和地方政府领导,作为儿童权利的责任承担者和合作伙伴 • 合作组织的工作人员和管理人员

续表 11-3

项目	• 项目管理者 • 项目工作人员
其他	• 机构内外的政策制定者 • 参与倡导活动的人 • 反对项目工作的人 • 资助方 • 参与类似项目工作的其他机构

资料来源：路易莎·戈斯林,迈克尔·爱德华兹.发展工作手册:规划、督导、评估和影响分析实用指南[M].北京:社会科学文献出版社,2007.

同样,英国救助儿童会利用这一工具进行了不同利益相关者潜在利益的分析,如表 11-4 所示。

表 11-4 不同利益相关者的潜在利益

利益相关者	潜在利益
受益者/社区	• 通过参与产生主人翁意识 • 提高通过自我反思进行改变的能力 • 通过开发新技能增强能力 • 能更好地控制对自己有影响的发展领域活动
合作伙伴:社区组织/ 非政府组织、政府相关部门	• 用于规划和策略的信息 • 开发良好实践 • 更好地向自主机构汇报 • 更适用于资金筹措的信息 • 项目规划和督导与评估技能方面的能力建设 • 更适用于倡导的信息 • 促进项目可持续性
项目官员	• 开发良好实践 • 评估项目影响/成本效率 • 督导与评估技能方面的能力建设 • 更好地向项目官员汇报 • 更适用于倡导的信息
项目主管	• 用于项目策略方案的信息 • 开放良好实践 • 认可项目影响/成本效率 • 更好地向政府和资助方汇报 • 更适用于资金筹措的信息 • 更适用于倡导的信息

续表 11-4

利益相关者	潜在利益
全球范围	• 良好实践范例 • 更好地向利益相关者汇报 • 向其他利益相关者展示项目的有效性
资助方、国际机构	• 分享在监督和督导项目有效性方面总结的经验 • 认可和实施最佳实践 • 向政府汇报

资料来源:路易莎·戈斯林,迈克尔·爱德华兹.发展工作手册:规划、督导、评估和影响分析实用指南[M].北京:社会科学文献出版社,2007.

第二节 公益慈善项目利益相关者分析

确认利益相关者的位置有两种基本方法:权力/动态性矩阵和权力/利益矩阵。

一、权力/动态性矩阵

表 11-5 列出了一个权力/动态性矩阵,在这个矩阵上可以画出各利益相关者的位置。利用这种方法可以很好地评估和分析出在新战略的发展过程中在哪儿应该引入"政治力量"。

表 11-5 利益相关者分析的权力/动态性矩阵

不同的优先性		行为可预测性	
		高	低
权力	低	A 地位较低却死心塌地	B 地位较低却左右摇摆
	高	C 位高权重且立场坚定	D 位高权重却容易动摇

(1)最难对付的团体是出于 D 象限内的那些团体,因为他们可以很好地支持或阻碍新项目,但是他们的态度却很难预测。其隐含的意思非常明显:在已建立一个不可改变的地位前一定要找到一种方法,来测试这些利益相关者对新项目的态度。

(2)相反,在细分象限 C 内的利益相关者,可能会通过管理人员的参与过程来影响战略,但这些管理人员统一他们的观点并建立那些带他们期望的项目。

(3)虽然细分象限 A 和 B 内的利益相关者权力很小,但是这并不意味着它们不重要。事实上,这些利益相关者的积极支持本身,会对权力更大的利益相关者的态度产生影响。

二、权力/利益矩阵

利益相关者分析的权力/利益矩阵如表 11-6 所示,它根据利益相关者与其持有的权力大小的关系,以及从何种程度上表现出对组织项目的兴趣,对其分类。

表 11-6　利益相关者分析的权力/利益矩阵

不同的优先性		利益水平	
		低	高
权力	低	A 最小的努力	B 保持信息灵通
	高	C 保持满意	D 主要参与者

这个矩阵指明了项目与利益相关者之间的不同类型。显然,在项目设计和实施过程中,应重点考虑主要参与者(D象限)是否接受该项目,因为他们既有权力又有兴趣。关系最难处理的一类利益相关者是C象限内的利益相关者,虽然总的来说他们是相对被动的,但却可能因某特定事件而对项目产生兴趣,并施加有力的影响。因此,全面考虑利益相关者对项目的可能反应很重要。如果低估了他们的利益而迫使其突然重新定位于D象限内,并且组织项目实施,那么情况就会很糟糕。类似地,需要正确地对待B象限中利益相关者的需要,因为企业的经营业绩和战略,与他们的利益密切相关,而他们并没有太大的权力,所以可以通过保持信息交流来满足他们对利益关注的心理要求。

通过权力/利益矩阵可以明确以下一些问题:

(1)组织的政治和文化状况是否可能会阻止采纳特定的项目,如处在一个成熟领域具有惰性文化的公益慈善组织,可能不愿意采用创新型项目。换句话说,确定利益相关者位置是一种分析文化适应性的方法。

(2)确定哪些个人或团体是项目的支持者和反对者。为了重新确定某些特殊利益相关者的地位,要明确是坚持项目还是改变项目,以满足他们的期望和要求。

(3)一旦明确了项目和利益相关者的地位,就应该采取一定的维持行动,以组织他们对自己重新定位。因为重新定位会阻碍项目的实施。这意味着应努力保持C象限内利益相关者的满意程度,并保持与B象限内利益相关者的信息沟通。

第三节　公益慈善项目利益相关者服务

一、如何服务利益相关者:五项原则

(1)需求原则(demand principle):不同的对象有不同的需求,同一对象在不同阶段也有各种不同的需求。公益慈善项目需要从服务对象的实际需求出发,提供有针对性、有层次性的服务。

(2)人本原则(humanistic principle):公益慈善项目与政府公共项目和企业商业项目相比最大的不同就是驱动力不同,公益慈善项目作为一个资源的聚合体,尊重和协商是它的优势和独特性所在。公益慈善项目要实现跨部门合作,就需要尊重不同利益相关者的需求和个性,尊重不同的思维方式和语言习惯,尊重不同部门和人员价值观和利益表达方式,一切从"人"出发。

(3)公益原则(principle of public benefit):公益原则是最大程度上满足社会公众的利益,

而不是一己私利。这也是公益慈善项目存在的基本使命和宗旨。

（4）量力原则（principle of capacity）：公益慈善项目应根据组织自身的条件和能力去提供服务，量力而行，尽力而为，因此在为利益相关者提供服务时，需要有效管理利益者的需求，不要空口许诺。

（5）共赢原则（win-win principle）：公益慈善项目不仅是要满足利益相关者的需求，也是为了与利益相关者共同构建合作伙伴关系，共同成长，共谋发展。

二、服务体系设计

根据以上原则，公益慈善项目对利益相关者服务体系的整体设计思路是：以服务对象的需求为导向，以组织所拥有的资源和能力为界限，提供针对性、多元化和可操作性的一系列服务，具体步骤如下：

1. 分析服务需求

任何服务都是要以需求为导向的，在设计对利益相关者的服务体系时，首先需要通过各种方法来分析服务需求。根据马斯洛的需求层次论，人有五种需求：生理需要、安全需要、归宿和爱的需要、尊重需要和自我实现的需要。因此，在分析利益相关者需求时就要考虑不同利益相关者的不同利益需求，一般可利用观察法、问卷调查法、访谈法等来了解服务对象的需求。

观察法是重要的定性研究方法之一。根据观察者融入情景的差异，观察法可以分为旁观式观察法和参与式观察法。旁观式观察法更适合对"物"的观察，例如留心观察某个社区的自然环境和区位特点，校舍、道路等基础设施建设，或者某家庭的家具、电器、装修甚至燃料使用情况等。参与式观察是指研究者深入到所研究对象的生活背景中，不暴露研究者真正的身份，在实际参与研究对象日常社会生活的过程中所进行隐蔽性的观察。如果要深入了解当地的文化、人际关系、社会结构或某个群体的生活方式，可以使用参与式观察法。

访谈是获取一手信息的重要手段。因为是面对面的沟通，访谈获得的资料格外鲜活生动。由于被访者的叙述零散，有时有价值的信息不多，所以对访谈者的能力要求较高。根据受访者人数的多寡，访谈可以分为个人访谈和座谈。个人访谈的优点是省时、深入，但缺点是信息有时容易被遮蔽或歪曲，而且访谈结果无法量化。座谈需要注意参与者的代表性。为了使每个参与者能充分地交流，并且话题不至于太分散，座谈一般人数控制在5~8人为宜。座谈法的优点是能节省时间人力，但容易产生团体压力和从众行为，敏感问题不适合采用座谈法。

问卷调查法能够在很短的时间内了解一个社会群体对某个现象或社会问题的认知或解释，尤其是在有很明确的项目意向时。问卷调查的大致步骤是：问题概念化—在指标/量表操作化基础上设计问卷—确定抽样方法—问卷发放、回收、录入及分析—完成调查报告。问卷调查的优点是能够在较短时间内勾勒出某个群体认知或判断的轮廓，而且，定量的数据非常直观，有说服力。但需要注意指标化、问卷设计的科学化以及保证调查的信度和效度。

2. 制定服务方案

在明晰了利益相关者的服务需求之后，公益慈善项目就需要针对不同的需求制定有层次、系统的服务方案，寻找最便捷最有效的服务方式和服务工具。图11-2列出了不同利益相关者的服务分类，可以据此设计不同的服务方案。

3. 实施服务方案

在实施具体方案时，公益慈善组织应注意把握好公益原则和参与原则。一方面实施服务方案时切忌突破红线，公益慈善组织提供的服务是不收取任何费用的；另一方面在方案实施过

受助者	捐赠者	志愿者	政府	媒体
延伸服务领域 细化服务产品 细化受助群体	信息服务 宣传表彰 交流发展	培训 参与 表彰 交流发展	专项报告 政策建议 成果共享	提供素材和故事 合办活动

图 11-2 不同利益相关者的服务分类

程中,需要将利益相关者参与进来,只有这样,服务方案才能顺利进行。

4. 服务效果反馈

利益相关者服务体系的设计模式是一个循环的模式,而不仅仅是单向的输出。那么服务的效果如何,就需要检验和反馈,以便及时地调整服务方案,更有针对性地提供服务。对于服务效果的检测和反馈可以用一些核心指标来反映,比如志愿者流失率、资金捐赠的可持续,以及服务对象的满意度等。

行动援助伙伴关系管理制度

一、行动援助合作伙伴关系的哲学基础

自从 1998 年开展工作以来,行动援助主要与当地政府和社区建立合作伙伴关系并开展工作。同时,行动援助也就各种问题与大学、研究机构、省级政府部门、国家部委、网络和个人建立了合作伙伴关系。我们的工作既要与当地政府建立合作伙伴关系,又要进行直接的社区干预,是这二者的适当结合。行动援助的合作伙伴关系并不只限于为合作伙伴提供资金和技术支持,也希望为反贫困力量的发展创造空间,并促使权利拥有者的能力不断增长。在中国,行动援助项目的实施主要靠员工与社区协力完成,合作伙伴更多扮演的是项目实施方主人的角色。但行动援助希望通过与合作伙伴的共同工作,能够与合作伙伴分享我们的价值和原则。期望之一就是我们的合作伙伴能意识到贫困与边缘化人群的真正需求,并使他们开始参与到自我发展中来。我们的合作伙伴工作方法也将进一步强化,从提供服务的工作模式向基于权利的工作方法逐渐转变。

二、行动援助合作伙伴关系的定义

这里的"合作伙伴关系",指的是行动援助与其他实体(如社区、政府、研究机构、NGO、个人等)之间,为了消除导致贫困的原因,发生的协助和合作的关系。在这种合作伙伴关系中,应该强调贫困与边缘化人群的需求,运用基于权利为本的工作方法,并以消除所有不平等和不公平为目标而努力。

服务合同与咨询不属于合作伙伴关系。发展合作伙伴关系的途径也不只限于资金支持。如果涉及支付合作伙伴的报酬,此类关系不属于合作伙伴关系,仅为合作关系的服务关系。

三、行动援助合作伙伴的范围

①当地政府、省级政府、中央政府。
②NGO(全国性、地方性、城市、农村)。
③基于社区的组织(农民协会、教师网络、赤脚律师协会)。

④社会活动家。
⑤公共机构(大学、培训中心、科研机构)。
⑥群众组织/GONGO(如妇联)。
⑦公民社会组织(CSO)。
⑧基于某主题的 NGO 联盟。
⑨NGO 发展工作论坛。
⑩主题网络。
⑪国际 NGO。
⑫商业机构/公司。

四、合作伙伴关系原则

行动援助基于一定的原则建立合作伙伴关系。我们的合作伙伴应该认同行动援助对贫困的分析,应该自愿地运用基于权利为本的工作方式和参与式方法开展工作。在发展合作伙伴关系的过程中,必须无条件遵守下列原则:

①合作伙伴共享价值观:互相尊重(行动援助与合作伙伴之间、行动援助与社区之间)、平等和公平、诚信透明、与贫困人群团结一致、坚定的信念、独立于宗教和党派。
②为消除引发贫困的原因(权力不平衡、不平等、不公平)而工作。
③互尽责任。
④治理和财务管理上的透明。
⑤社会性别敏感。
⑥互相学习,倾听贫困人群的声音。
⑦合作伙伴关系而非资助关系:重要的是转变我们的定位和视角——是协作者而不是捐资者。
⑧提高开支效率:尽可能降低行政运作费用。
⑨认同社会发展不仅仅是经济发展。
⑩参与:在项目的整个周期中都必须有合作伙伴与社区的参与。
⑪保持机构的独立性。

五、合作伙伴关系的类型

①长期合作伙伴关系。
②短期合作伙伴关系。
③主题合作伙伴关系。
④无资金支持的合作伙伴关系。
⑤联盟/网络合作伙伴关系。
⑥社区合作伙伴关系。
⑦战略合作伙伴关系。

根据角色定位,县级合作伙伴的分类如下:
①从横向上分类如水利局、妇联等合作伙伴。
②从纵向上分类如县级、乡镇、村级等合作伙伴。

六、选择合作伙伴关系的标准

①贫困人群有实际需要。

②工作区域偏远。
③愿为贫困和边缘化人群工作。
④愿意在行动援助优先工作领域和中国国家战略领域工作。
⑤认同行动援助的工作方法(基于权利的方法)。
⑥认同行动援助的合作伙伴关系价值观和原则。
⑦具有社会性别敏感性。
⑧愿意使用参与式影响评估和监测方式。
⑨愿意为合作伙伴提供管理上的支持。
⑩运用行动援助的财务管理系统。
⑪为非营利组织,或在非营利社会发展项目领域工作。
⑫符合行动援助的地理区域偏好。
⑬在发展项目管理上具有一定经验。
⑭可以帮助儿童筹资工作(DA合作伙伴)。
⑮是否有助于行动援助的机构形象塑造。

七、合作伙伴管理

与合作伙伴管理的协议需写明一些基本条款,如在开设新的项目点之前,需要对发展示范区所在政府相关机构进行评估,并确认相关合作协议内容,协议的大致框架基本相同,但是会根据各个发展示范区的不同而有差异。例如对于合作共建办公室政府则有对人力、技术、办公室等方面的支持。行动援助则提供项目支持情况和工作方法等国际和国内经验。签订合作伙伴交流协议的目的是加强与合作伙伴的诚信沟通。

理想情况是所有(财务和项目设计)决策相关的与合作伙伴的交流中,所在区域的区域统筹都能在场。DA协调员与合作伙伴进行与项目实施有关的定期交流。如果合作伙伴需要,也可以与DA协调员/项目官员约定日期交流项目运作的有关事宜。合作伙伴也可以直接与其他相关部门直接交流,但有关记录应与其他地区分享。建议所有交流都有文字记录,包括口头和电讯交流,以避免信息缺失。

在县级层面,为了开拓和合作伙伴关系讨论项目事宜可以发生偶尔的招待费(餐费),根据票据报销。在发展示范区的县级合作伙伴关系拓展成熟后,如发现和县级相关单位合作比签署开设新的项目点的协议的指定合作单位更加密切,不能抛弃指定单位,而与其正式合作关系。应该从签约报告里,通过正常的程序由县级指导委员会来协调。当然对于DA工作,区域统筹应大力支持推进示范区的合作关系,具体体现在以下三个方面:

①拓展和推进与示范区所属省相应部门的合作关系;
②邀请各级合作伙伴参加区域会议;
③参加在DA点举办的有县级重要合作伙伴部门的大型正式会议。

八、合作伙伴关系终结的规定

除了合作伙伴关系的自然终止外,如果下列情况发生,行动援助认为合作伙伴关系无法继续:

①违背合同。
②严重违反财务规则。
③背离项目目标。

④严重违背社会性别敏感。
⑤违反合作伙伴关系原则。
⑥无资金支持。
⑦错误地传达行动援助信息,对其信誉度产生直接影响。
⑧时间期限结束。
⑨项目绩效缓慢/无法令人满意。

如果以上任何一条内容在合作组织中正式或非正式地发现或报告,行动援助都将考虑合作伙伴关系是否继续的问题,并采取下列步骤作最后决定:
①成立调查组。
②评估情况。
③财务审计。
④外部审计(如果财务出现问题)。
⑤外部审查。
⑥管理小组审查调查报告和审计报告。
⑦知会合作伙伴报告内容,寻求解释。
⑧审查合作伙伴组织的答复。
⑨作出最终决定:合作伙伴关系的终止应通过国家主任的信函正式结束涉及的相关手续。

九、变更/回顾合作伙伴关系政策

我们将定期回顾合作伙伴关系政策,来根据行动援助国家环境或全球环境做适当调整。这一政策也应照顾到合作伙伴不断变化的需求。合作伙伴关系政策在地区和国家政策层面都应具有相同效力。

资料来源:行动援助 DA 工作指南 2008 版。

本章小结

利益相关者的相关概念表明,现实的管理活动都是在一定的系统或网络背景下进行的,单一主体的单个行动往往难以取得最优的绩效。因此,在管理实践中要注重考察不同主体相互作用的方式与程度以及它们对管理目标的影响。本章首先阐述了利益相关者的概念与分类,然后分析了在公益慈善项目中进行利益相关者分析的目的和模型,最后讨论了对利益相关者的服务原则和服务体系。公益慈善组织要实现有效管理,提高组织的社会公信力,关键性因素就是建立利益相关者之间的协调和参与网络,使政府、企业和社会公民等多方利益主体在持续的互动过程中经过重复的博弈建立一种健康的合作与互惠关系。

课后习题

1. 公益慈善项目利益相关者的分类是什么?并简述其承担的作用。
2. 公益慈善服务项目利益相关者的五项基本原则是什么?
3. 公益慈善组织如何管理项目利益相关者的参与?

4. 公益慈善项目合作伙伴管理应注意哪些问题?
5. 案例分析。

照明设计

案例背景

目前,全球范围内仍有 15 亿多人家里没有能通上电,这些家庭平均收入为每天 15 元,晚上唯一的光线是柴油灯,村里没有通上电,而电池又太贵。可是,这些低质量、危险易燃的柴油平均花费他们 30% 的收入;而且,柴油燃烧的时候会释放对人体有害的物质,柴油灯光线又太暗以致孩子晚上学习效率不高,对于多数从事手工艺品制作的家庭来说,晚上不能工作等于让其收入降低。

团队

团队叫做"照明设计",使命为通过提供洁净、可负担的照明系统提高暂时还没能通电的家庭的生活水平。照明设计希望成为社会企业,即在实现社会使命的同时能够盈利。一定的利润能允许照明设计扩大生产规模、降低产品价格以接触更广阔的市场,从而让更多的人受惠。现在照明设计包括三名成员:

① 技术人员:发明了配备储电池的便携式太阳能照明系统。
② 筹款人员:寻求当地政府与投资者的政策和财务支持。
③ 推广人员:在当地群众中推广产品。

产品

照明设计的产品是一组为未通电地区量身设计的小型家居太阳能系统。此套系统的造价为市场上现有同类产品的 10%,售价大约 400 元,不过只能承载电灯、手机充电和收录机的用电量,通过拓展系统可以承载更大的用电量。此产品造价为 250 元,其他成本包括推广、行政、交通和成员工资等。暂时照明设计通过了第一轮风险投资 40 万元,外包给某工厂制造出 500 套系统。此套易于安装的系统包括安装在屋顶的太阳能发电板、开关盒子,以及一盏能足够照亮一个房间的明亮发散式 LED 照明灯泡。此产品已于某村落进行试点,共有 10 户人家采用,用户反馈十分正面,可是由于产品价格比较高,村民暂时对购买系统持观望态度。此村落大部分人家进行农业生产和民族手工艺品制造。

商业模式

照明设计暂时的商业模式十分简单,基本上是希望通过推广人员到当地村落联系分销商,然后通过分销商到各家各户推销。可是,由于前期村民还存有疑虑,或者对新产品还不适应,销量并不好。团队正考虑落实一系列实地考察计划以了解村民的生活方式,同时也希望通过低价或者免费赠送的方式打开销路,不过作为初次创业的社会企业家,团队并没有太多钱允许进行太激烈的市场营销策略。同时,其他地区的村落也存在类似的市场。照明设计团队需要决定在有限的财务和时间内如何将产品销售出去。

竞争对手

照明设计现有的最主要竞争对手为柴油灯销售商。柴油灯已于当地社区存在近两百年历史,市场比较成熟,分销渠道也已经被柴油灯销售商掌握。现在,柴油灯销售渠道最主要的掌握者为当地领导的侄子。虽然当地领导为人相对明智,也愿意倾听村民的意见。另外,柴油的销售源头来自于某化工厂。通常该化工厂其中一产品为燃灯用柴油,由承包商进行分销到各地区,再由二级分销商每星期一次将柴油运到村落进行售卖。柴油的二级分销商与村落的领导人员无亲属关系或金钱瓜葛的人员。

照明设计团队需要考虑的其他问题：

①资方希望照明设计在18个月内收回成本，否则撤资；

②此村落大部分居民只有小学不到的教育水平，在设计战略和商业模式的时候请考虑本地化的问题。

当地领导提供的信息如下：

——他们生在村落、长在村落，与该村每门每户都十分熟悉；他们十分希望治理好村落，让村民的生活水平提高；他们在村中的威望很高。

——村民平均寿命为68岁，工作寿命为65岁。

——村落的GDP与他们的政绩直接挂钩。

——他们都有初中的教育水平，是全村教育水平中比较高的。

——该村现有1所小学，学生共有150人，教师3人，他们兼任学校的行政人员；没有中学，能升上中学的孩子皆到附近城市上中学。

——农业收入占全村总收入的60%，手工艺品占30%，其他为交通运输以及低级养殖业。

——柴油灯最重要的分销商是当地领导侄子，平时负责从城市运来柴油灯和灯芯，也负责帮部分农户将鸡和鸡蛋等农副产品运送到城市售卖，人很友善，村民也都很喜欢他。

——村民的平均受教育水平不到小学，可是他们很希望孩子能多读点书，平时一直存钱是为了让孩子能上学。

——该村晚上7点全黑，晚上柴油灯几乎都只给孩子学习用，村民晚上不能进行农务和手工工艺品制作，只能在月光下打牌和侃大山。

——柴油的气味十分令人难受，他们也知道它对身体健康不好的影响。

——当地领导与村民可随时沟通。

请大家充分启发智慧，创造出更多的沟通方案。

参考文献

[1] Edward Freeman. Strategic Management：A Stakeholder Approach[M]. Cambridge：Cambridge University Press,1984.

[2] Jackson R. Contracting with Nonprofit Organizations：A Model for Local Governments[D]. MPA/MPP Capstone Projects, 2004.

[3] Wellens L, Jegers M. Effective Governance in Nonprofit Organizations：A Literature Based Multiple Stakeholder Approach[J]. European Management Journal, 2014, 32(2):223-243.

[4] Micheal J. Worth. Nonprofit Management：Principles and Practice[M]. Los Angeles：Sage Publication,2008.

[5] Waters R D, Burnett E, Lamm A, et al. Engaging Stakeholders through Social Networking：How Nonprofit Organizations are Using Facebook[J]. Public Relations Review, 2009, 35(2):102-106.

[6] Balser D, Mcclusky J. Managing Stakeholder Relationships and Nonprofit Organization

Effectiveness[J]. Nonprofit Management&Leadership,2010,15(3):295-315.

[7] 陈津利.中国慈善组织个案研究[M].北京:中国社会出版社,2008.

[8] 吴官芸.利益相关者合作逻辑下的我国城市社区治理结构[J].城市发展研究,2007,14(1):82-86.

[9] 苏永华."依附式"合作与双重推动——中国慈善组织与政府、企业的关系研究[D].厦门:厦门大学,2007.

[10] 胡象明,唐波勇.论利益相关者合作逻辑下的公共危机治理——以汶川"5·12"地震为例[J].武汉大学学报(哲学社会科学版),2010(2):214-219.

[11] 陈美冰.中国非营利组织的保障型公益项目运作与管理机制研究——以国际小母牛组织中国项目为例[D].武汉:武汉科技大学,2011.

[12] 陈慧.论政府与非营利组织和谐互动合作关系的构建生产力研究[J].生产力研究,2011(8):109-111.

[13] 张祖平.中国慈善组织资金筹集问题研究[J].中国社会组织,2011(1):33-37.

[14] 李敏.治理视角下政府与慈善组织的互动探究[D].苏州:苏州大学,2014.

[15] 韩俊奎.非营利组织项目管理[M].北京:社会科学文献出版社,2015.

[16] 孙亚锋.利益相关者视角的民间慈善组织治理机制分析[J].北方经贸,2012(10):110-111.

[17] 崔炜,周悦.论中国慈善组织的角色定位与发展路径[J].长沙民政职业技术学院学报,2010,17(4):2-4.

[18] 谢钰敏,魏晓平.项目利益相关者管理研究[J].科技管理研究,2006(1):168-194.

第十二章　公益慈善项目风险管理

引例

电视台参与的慈善项目

某省级电视台推出一档电视节目,先是通过电话、网络、实地采访等各种渠道从贫困地区搜集家庭困难儿童的信息,然后制作成视频在电视台播放,并将需求信息陈列在特定场合供人们挑选及捐助。这个节目很受观众欢迎,贫困孩子也得到了大量的捐赠。电视台方面也很有成就感,并认为这是一种低门槛、开放式的新型慈善方式,是老百姓触手可及的一种慈善。

试分析该项目是否存在风险?

项目管理如同生活,往往是变化无常的。每个公益慈善项目在某种程度而言都有创新性存在,因此也充满了不确定因素。这种不确定的事件或条件,就是项目风险,它会对项目目标造成消极或积极的影响。消极方面,即风险对项目目标实现的威胁;积极方面,则是风险所带来的机会。许多公益慈善组织在项目管理最初阶段,容易将关注重点放在成本与进度上。之所以发生这种情况,是因为我们对成本、进度了解较多,对风险管理则知之较少。但风险对于公益慈善项目的重要性并不亚于成本和进度,某免费午餐前管委会成员曾说过:我们不担心发生财务问题,我们最担心的是孩子吃免费午餐过程中出现食品安全问题,这个问题一旦出现对于项目的打击是毁灭性的。面对风险,我们应采取"共生"的态度来进行管理而非简单的"视而不见"或回避。

第一节　公益慈善项目风险管理概述

一、公益慈善项目风险管理的定义

风险就是指项目可能产生的意外性和不确定性,其具有两个基本特征:一是事件的不确定性;二是事件发生后可能产生的后果(损失或收益),也叫风险程度。从这个定义看,风险发生既可能对项目产生积极影响,也可能对项目产生消极影响。

从风险的概念看,每个风险都是"可能性"和"影响"的函数,即:

$$风险 = f(可能性,影响)$$

图12-1反映的是风险的特征关系。

在上述关系中,当"可能性"及"影响"两个自变量任何一个增加时,项目风险也会增加。因此项目风险管理必须考虑到"可能性"和"影响"因素。

由于公益慈善项目开展的条件、时间、对象不尽相同,因此公益慈善项目都是独特的,所有的公益慈善项目都包含风险因素。例如某公益慈善组织为减少农民种植水稻时使用剧烈农

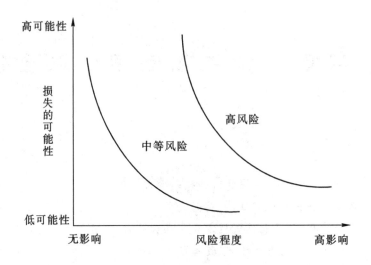

图 12-1 风险基本特征及关系

药,某公益慈善组织专门设计了一个项目对此进行干预,干预的方法是通过引进稻田养鸭,让鸭子把虫吃掉,以起到杀虫作用。项目所在的村庄每家每户都领了小鸭回去,开始在稻田养鸭。该机构出具的评估报告显示项目非常成功,并开始向其他村庄推广。一年之后的回访中发现鸭子不见了,村民表示鸭肉很鲜美。由上例可知,公益慈善项目风险是指由于项目所处环境和条件本身的不确定性和资助方、受助方及其他利益者主观上不能准确预见或控制的影响因素,使得项目的最终成果/服务与最初的期望产生背离,从而给执行方带来损失或者机遇的可能性。公益慈善项目风险管理是通过对项目环境不确定性的研究与控制,采取主动行动,创造条件,达到降低损失,控制成本,进而可靠地实现项目目标的活动。风险管理的活动包括风险的计划、识别及分析风险,提出应对风险的处理方法,对风险进行监控。公益慈善项目风险管理的真正含义并不是彻底消除风险,而是要提高对风险的认识程度,并做好充分的准备应对。风险管理会推动我们着眼于充满不确定性的未来并制定适宜的行动计划,以防范任何可能给项目带来不利影响的潜在事件发生。

二、公益慈善项目风险管理的内涵

公益慈善项目风险管理为公益慈善项目计划的制定提供了依据。公益慈善项目计划考虑的是未来,而未来充满着不确定因素。公益慈善项目风险管理可以有效减少项目整个过程中的不确定性,有利于提高计划的准确性和可行性。公益慈善项目风险管理可以增加公益慈善项目预算的准确性和现实性,在项目开展过程,加深对项目的认识和理解,以便减少风险,可以提高项目各种计划的可信度,还有利于改善项目执行组织的内部和外部之间的沟通。项目风险管理的内涵体现在如下三个方面:

(一)全过程管理

项目风险管理既不是在项目实施前对于影响项目的不确定因素的简单罗列与事先判断,以及建立在此基础上的硬性的、条条框框的项目风险管理对策,也不是在项目进行过程中,当实际的项目风险发生时的危机管理以及应变对策,更不是纯粹的项目风险发生后的补救方案设计与事后经验总结,而是对于项目风险全过程的管理。项目风险的全过程管理,要求项目主管能够审时度势、高瞻远瞩，通过有效的风险识别，实现对项目风险的预警预控；要求项目主管能够临危不乱、坦然面对，通过有效的风险管理工具或风险处理方法，对于项目运行过程中产生的风险进行分散、分摊或分割；要求项目主管能够在项目风险发生后，采取有效的应对措施，并能够总结经验教训，对项目风险管理工作进行改进。

(二)全员管理

项目风险的全员管理并不仅仅是对于项目运行全部参与方或参与人员的管理，而是要求所有的人员均能够参与项目风险的管理。项目管理风险不仅包括对政治、经济、社会、文化、制度等外部环境中的不确定性因素的管理，还包括项目自身在其计划、组织、协调等过程中所产生的不确定因素的管理。对于后者而言，人为的主观影响成分较大。项目风险管理既是对项目全部参与方(人员)的管理，同时也是全员共同参与对项目风险的管理。

(三)全要素集成管理

从项目风险管理所追求的现实目标或项目风险管理所需解决的根本问题，其主要涉及项目工期、造价以及质量三方面的问题。可见，项目风险管理的过程是一个在可能的条件下追求项目周期最短、成本最低、质量最优的多目标决策过程，且项目风险管理不能仅满足于对单一目标的追求。这是由于项目的周期、成本与质量是三个直接关联和相互作用的相关要素。项目周期的提前或滞后将直接影响成本的高低，项目质量的优劣与项目成本直接相关，同样项目的周期与质量的波动受成本因素的影响。由此不难得出，项目风险管理是对周期、成本以及质量的全要素集成管理。

三、公益慈善项目风险的类型

公益慈善项目在开展过程中至少面临以下风险：

(1)自然环境风险。社区是否自然灾害频发？自然禀赋如何？交通情况如何？

(2)社会风险。社区治安是否糟糕？是否面临大规模冲突？公共卫生事业是否落后？社区内是否有帮派冲突？干群关系是否紧张？村委会和村支部关系如何？社区是否排外？

(3)文化风险。社区民众是否有不良消费习惯？对某些弱势群体是否有很强的歧视和排斥观念？在社区里从事智力障碍服务的项目在租房方面是否会遇到困难？居民对此反应如何？

(4)政策风险。开展项目是否违背当地的政策？执行过程中相关政策发生调整，政策倡导能否按照计划进行？

(5)组织风险。组织有能力回应社区需求吗？若准备在社区开展项目，持续筹款面临的挑战是什么？来自资助方的压力是什么？

(6)团队风险。团队成员之间发生冲突的可能性有多大？出现矛盾该如何处理？项目主管或核心骨干是否会在关键时刻离职？一旦离职会给整个项目带来什么影响？如何设置激励机制降低这种风险？

(7)财务风险。资金使用的规则是否可靠？成本与产出时是否匹配？票据报销时是否合规？实际操作中，如果开支超出预算如何处理？

▶

把外国人带到欧洲或北美的医疗学校进行培训，这意味着这些人将习惯于技术密集型医疗实践。作为这种培训的部分结果，这些医生在回到本国之后会在城市行医，仅仅服务于富人。近些年,尼日利亚90%的医疗资源已经被花费在城市,仅有少数人生活在城市。与此同时,许多农村儿童却得不到非常便宜的疫苗。有人断言外援"最有可能帮助了最富有的人的消费活动"。

资料来源:埃米尔·J.波萨瓦茨,雷蒙德·G.凯里.项目评估:方法与案例[M].7版.于忠江,译.重庆:重庆大学出版社,2014.

第二节 公益慈善项目风险管理的过程

公益慈善项目风险管理是公益慈善项目管理的一部分,目标是提高积极事件的概率和影响,降低消极实践的概率和影响,最终提高项目成功的可能性。需要注意的是,风险管理并不是一项独立活动,而是公益慈善项目全面管理的一部分,与范围、质量、进度、成本、沟通等项目实施的关键过程紧密相连。在风险管理过程中,风险管理应是主动的而非被动的,积极的而非消极的。

公益慈善项目风险管理涉及范围广,其过程包括:规划风险管理、识别风险、分析风险、应对风险和控制风险。在项目的风险管理中,风险登记册是重要产出成果,将会从识别风险开始,贯穿其后的所有风险管理过程,并且随着项目其他管理过程文件的不断更新,从而有效地跟踪和管理风险。

一、规划风险管理

规划风险管理是决定如何进行、规划和如何实施项目风险管理的活动,该活动应该在项目计划的早期进行。风险规划的目标是研究并形成有条理的、易于理解和互动的风险管理文件,为采取风险应对策略、项目各环节的资源分配提供参考。

规划风险管理促进与所有利益相关方的沟通,获得他们的同意与支持,从而确保风险管理过程在整个项目生命周期中的有效实施。规划风险管理的重要性还在于为风险管理活动安排充足的资源和时间,并为评估风险奠定一个共同认可的基础。

规划风险管理的方法包括规划会议、经验判断等。项目团队举行规划会议是常见的规划风险管理的方法。参会者可包括项目团队的成员、受益方、资助方、机构高层等其他利益相关方等,共同确定风险管理活动的总体计划,可用于风险管理的成本预算及相关人员职责等内容。经验判断是指向曾开展类似项目的项目官员、特定领域的主题专家、社会团体、项目利益相关方及机构管理者征询对项目风险的建议。

规划风险管理的产出是风险管理计划,其内容包括相关方的角色与职责、风险的准确界定、风险的概率和影响、执行风险应对的步骤、风险类别、风险识别和分析的方法、利益相关方的风险承受能力等。需要注意的是,规划风险管理呈现的是如何安排和实施整个项目的风险管理工作,而非针对具体风险的实施计划。规划风险管理就像地图一样向项目的利益相关方呈现应从何处着手处理风险并实现怎样的目的,需要根据项目执行情况及时更新,如图12-2所示。

此外,规划风险管理还需要对项目官员及项目执行人员进行相关的培训,面对不同的项目负责模块及内容,培训内容可有不同的侧重。

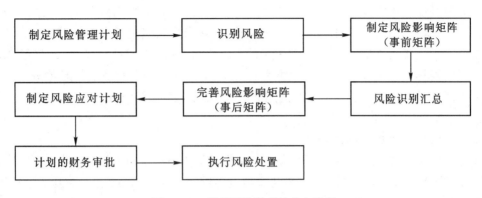

图 12-2 规划风险管理的基本流程

二、识别风险

(一) 识别风险的方法

风险识别是指项目项目团队通过对大量来源可靠的信息资料进行认真分析,确定项目的风险来源、产生条件,描述其风险特征和确定哪些风险会对本项目产生影响,认清项目开展过程中存在的各种风险因素,进而确定面临的风险及性质。

识别风险因素主要包括常见的风险因素识别方法,有主观信息源出发和客观信息源出发两种:

1. **主观信息源出发的方法**

(1) 头脑风暴法。头脑风暴法作为一种创造性的思维方法在风险识别中得到广泛的应用,它适用于探讨的问题比较单纯,目标比较明确、单一的情况。如果问题牵涉面太广,包含因素过多,就要先进行分解,然后再分步进行讨论。让关键的项目利益相关者和项目团队成员聚在一起,让他们自由发表意见并记录下各种想法、观点,然后将这些想法、观点进行分类并评价。

(2) 专家判断法。专家调查法是以专家为索取信息的重要对象,主要利用各领域专家的专业理论和丰富的实践经验,找出各种潜在的风险并对后果作出分析和估计。这种方法是基于专家对风险的认识水平高于一般人的基础之上,它不仅用于风险的识别,而且用于分析风险。拥有类似项目或业务领域经验的专家,可以直接识别风险。项目主管应该选择相关专家,邀请他们根据以往经验和专业知识识别可能的风险。专家调查法的优点是在缺乏足够统计数据和原始资料的情况下,可以作出定量的估计,缺点主要表现在易受心理因素的影响。

(3) 情景分析法。情景分析法是根据发展趋势的多样性,通过对系统内外相关问题的系统分析,设计出多种可能的未来前景,然后用类似于撰写电影剧本的手法,对系统发展态势作出自始至终的情景和画面的描述。当一个项目持续的时间较长时,往往要考虑各种技术、经济和社会因素的影响,可用情景分析法来预测和识别其关键风险因素及其影响程度。情景分析法对以下情况是特别有用的:提醒决策者注意某种措施或政策可能引起的风险或危机性的后果;建议需要进行监视的风险范围;研究某些关键性因素对未来过程的影响;提醒人们注意某种技术的发展会给人们带来哪些风险。情景分析法是一种适用于对可变因素较多的项目进行风险预测和识别的系统技术,它在假定关键影响因素有可能发生的基础上,构造出多重情景,提出多种未来的可能结果,以便采取适当措施防患于未然。情景分析法从20世纪70年代中期以来在国外得到了广泛应用,并产生了目标展开法、空隙添补法、未来分析法等具体应用方法。一些大型跨国公司在对一些大项目进行风险预测和识别时都陆续采用了情景分析法。因其操作过程比较复杂,目前此法在我国的具体应用还不多见。

2. 从客观信息源出发的方法

(1) 核对表法。根据以往类似项目和其他来源的历史信息与知识编制风险识别的核对表,针对同类已开展的公益慈善项目的环境与实施过程进行归纳总结后,建立该类项目的基本风险结构体系,以表格形式按照风险来源排列,核对表中包含公益慈善项目常见风险事件及来源、项目范围、成本、项目产品/服务的说明书、项目成员等内容,核对表是识别公益慈善项目风险的宝贵资料。核对表简单易用但无法穷尽,项目团队也应该考察未在核对表中列出的事项,并对核对表要随时调整,以便完善和修正相关内容。核对表法的优点是结合公益慈善项目的实际开展状况,参考对照核对表,可以有所借鉴;缺点是公益慈善项目风险管理的积累较少,目前尚没有机构编制完整的项目风险核对表,基础资料缺乏。

(2) 分解分析法。识别风险要弄清项目各个组成部分的性质、相互之间的关系、项目同环境之间的关系等。项目工作分解结构(WBS)有助于完成上述任务。这种方法的原则是将大系统化为小系统,将复杂事物分解为较简单的事物。具体步骤为:将项目按类别或层次分解为若干几个子项目,然后进一步分解子项目的工作,直到能确定全部风险因素为止。最后再进行综合,绘制识别结果。该方法的优点在于:由于项目管理的其他方面,如范围、进度和成本管理,也要使用工作分解结构,在风险识别中利用这个已有的现成工具并不会给项目管理增加额外的工作量。但是它的缺点是对于大的公益慈善项目时,分解过程过于复杂、繁琐。

(3) 故障树分析法。故障树分析法也称问题树分析法,多被广泛用于复杂情况下的公益慈善项目风险分析识别,该方法是利用图解的形式,将大的故障分解成各种小的故障,或对各种引起故障的原因进行分析。图12-3列出了世界宣明会提供的社区文化生活项目的故障树分析图。

故障树分析实际上是借用可靠性项目中的失效树形式对引起风险的各种因素进行分层次的识别。图的形式像树枝一样,越分越多,故称故障树。进行故障树分析的一般步骤为:一是定义公益慈善项目的目标,此时应将影响项目目标的各种风险因素予以充分的考虑;二是作出风险因果图、失效逻辑图;三是全面考虑各风险因素之间的相互关系,从而研究对公益慈善项目风险所应采取的对策或行动方案。

故障树经常用于直接经验较少的风险识别。该方法的主要优点是比较全面地分析了所有故障原因,包括人为因素,因而包罗了系统内、外所有失效机理,比较形象化,直观化较强。不足之处是这种方法应用于复杂情况时,容易产生遗漏和错误。

(二) 识别风险的流程

1. 决定识别风险的负责人

风险识别涉及的主要内容是确定影响项目各种风险并将其特点文档化。参与风险失败的

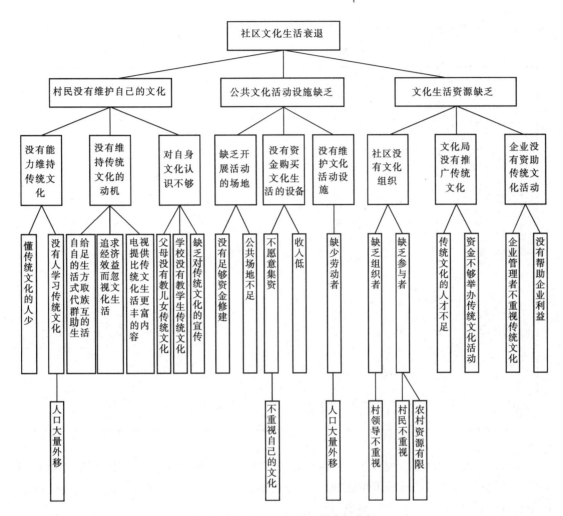

图 12-3 世界宣明会的故障树案例

人员一般应尽可能包括项目组、客户、其他相关项目的项目主管、项目其他利益相关者以及外部专家等。

2. 决定识别风险的时间

项目风险识别在项目启动过程就应该开始。在项目计划编制过程中,应进一步识别、记录风险并编制相应的风险应对策略。

随着项目的进展以及内外部环境的变化,可能出现许多新的项目风险。当风险事件的发生概率增加或某项风险已经成为现实时,项目主管就必须依照风险应对策略对待各种出现的现实问题,并需要根据变更情况重新编制风险管理计划。

3. 确定风险类别

为了迅速、完全地识别项目风险,需要根据项目的特点和以往的管理经验、教训对项目风险进行分类,并明确风险分类的依据,以体现不同的风险来源。

(三)识别风险的产出

风险登记册,即将各种项目风险用文档的方式记录下来,这样既有利于采取相应的应急措施以减轻风险带来的后果,又有利于跟踪和对比项目风险处置前的效果,如表12-1所示。

表12-1 风险登记册示例

风险编号		风险名称		
风险描述				
受影响的工作范围				
发生的概率		发生的后果(对项目范围、时间、成本、质量的影响)		风险级别
应对策略与措施				
责任人		风险追踪时间和其他要求		

在进入项目开展阶段以前,项目团队要再次审查风险管理计划,并加入新识别的风险。随着项目的进展,项目组成员要识别新的风险区域并将其更新到风险管理计划中。同样,在项目控制过程中,要随时去掉一些早期识别并经过处置的风险。

三、分析风险

(一)分析风险的方法

识别出风险因素仅是从定性的角度了解和认识风险,要对识别出的风险因素进行有效把握,就必须对识别出的风险因素进行进一步的分析。一方面,对分析风险因素可能带来的后果有一个比较清楚的认识;另一方面,分析量化过程也可以帮助我们更清楚地辨识主要的风险因素,有利于管理者采取针对性的决策和措施,减少风险对项目目标的不利影响。

1. 风险定性分析

在风险出现的可能性或影响程度难以精确定义时,采取定性分析方法十分有益。风险分析主要包括发生的可能性分析和可能造成的后果分析。

(1)发生的可能性分析。

根据风险因素发生的可能性大小,可将风险发生的频率大小用4、3、2、1、0表示,将它分为五个等级,如表12-2所示。

表 12-2 风险发生可能性表

风险出现频率	简单描述	等级指数
经常	在项目开展过程中多次出现	4
很可能	在项目开展过程中出现几次	3
偶然	在项目开展过程中偶尔出现	2
极小	在项目开展过程中有极小概率出现	1
不可能	在项目开展过程中不会发生	0

(2)可能造成的后果分析。

根据风险因素造成的后果大小,可将风险造成的后果分为灾难性的、关键的、严重的、次重要的、可忽略的五个等级,如表 12-3 所示。

表 12-3 风险后果等级表

严重程度	简单描述	等级指数
灾难性的	项目失败、组织破产	4
关键的	项目目标无法完全达到、超过风险准备费用	3
严重的	工期大幅度拖延、耗费大量意外费用	2
次重要的	可接受的工期拖延、需要部分意外费用	1
可忽略的	损失很小、可认为没有损失后果	0

(3)结合风险发生的可能性分析以及可能造成的后果分析,可以得出关于风险的综合度分析,如表 12-4 所示。

表 12-4 风险因素综合度分析表

	经常	很可能	偶然	极小	不可能
灾难性的	不可接受	不可接受	不可接受	希望不发生	希望不发生
危险的	不可接受	不可接受	希望不发生	希望不发生	可接受
严重的	不可接受	希望不发生	希望不发生	可接受	可接受
次重要的	希望不发生	希望不发生	可接受	可接受	可忽略
可忽略的	希望不发生	可接受	可接受	可忽略	可忽略

2.风险定量分析

进行风险定量分析的目的是从数值上分析每项风险发生的概率及其对项目目标的影响程

度。一般来说,风险定量分析应在风险定性分析之后进行。风险定量分析针对于以下情况进行:识别的风险要求有准确的概率;量化数据容易得到;需要有准确概率的大规模项目以及定性分析判定风险很大的项目。

风险定量分析的输入内容包括风险管理计划信息(项目复杂性、技术成熟度、组织风险因素、风险假设等)以及已被识别的潜在风险、定性分析的输出内容中的其他任何有助于风险定量分析的相关信息。

将风险因素定量化的方法有如下几种:

(1)德尔菲法。德尔菲法指与利益相关方及相关专家进行面谈,将风险发生概率及风险对项目目标的影响程度进行量化。德尔菲法又称为专家评价法,它是一种根据专家意见进行评价或预测的技术。

(2)敏感性分析。敏感性分析可以帮助项目相关人员确定"哪些风险对项目的潜在影响非常大"。在保持其他不确定因素基准值不变的情况下,敏感性分析可以帮助人们审查某一项目的不确定性对项目目标的影响程度,如图12-4所示。

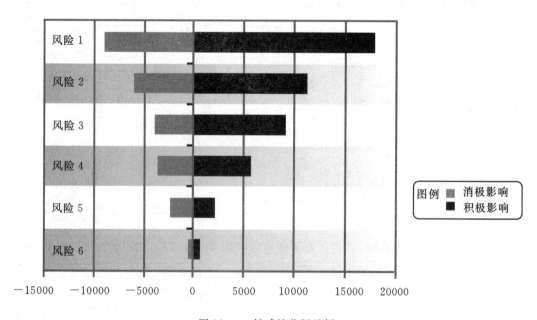

图12-4 敏感性分析示例

(3)决策分析。决策分析通常借助于决策树的形式进行,适用于决策过程较为分散、不成一体的情况。通过决策树分析,就会在分析成本、收益的情况下算出期望值,接下来的工作就是作决策,取能够获得最大期望收益值的策略,如图12-5所示。

(二)分析风险的流程

1.风险定性分析的步骤

(1)列出所有的风险因素;

(2)将风险因素出现的可能性按照从小到大的顺序分为不可能、极小、偶然、很可能、经常五个等级;

(3)将风险因素一旦出现将对项目产生的影响程度按照从小到大的顺序分为可忽略的、次

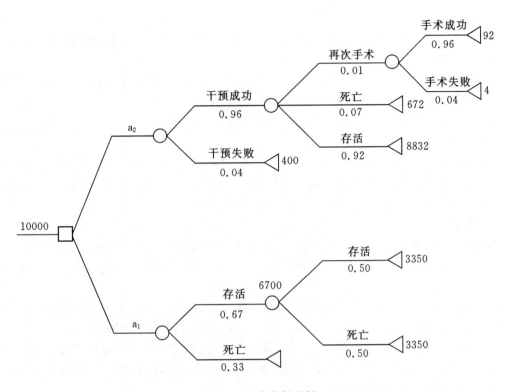

图 12-5 决策树示例

重要的、严重的、关键的、灾难性的五个等级；

(4)将各识别的风险因素的可能性、影响程度进行归类,以确定各风险因素的风险等级。

2.风险定量分析——德尔菲法步骤

(1)请有关专家对项目风险因素进行分析,并请他们就风险因素的概率和影响提出定量判断；

(2)收集和统计专家们的估算结果；

(3)把统计后的估算结果反馈给专家,并请他们再次重现各自估算；

(4)重复(2)、(3)两个步骤,直至专家们的意见一致。

四、应对风险

项目风险应在对风险有了一个基本的识别、分析的基础上,项目主管对风险因素采取一定的措施。选择应对策略的原则是有效性,即应对策略对风险一定要有效。针对不同类型的风险,消极的风险(威胁)可采取风险规避、风险转移、风险缓解、风险接受等手段,积极的风险(机会)可采取开拓、分享、提高、接受等手段。

1.风险规避

风险规避是指通过变更公益慈善项目的执行计划,从而消除风险或者消除风险产生条件,或者是保护公益慈善项目的目标对象不受风险的影响。风险规避的方式主要有两种：

(1)规避风险事件发生的概率；

(2)规避风险事件发生后可能有的损失。

风险规避的方法主要包括终止法、程序法和教育法等。

2. 风险转移

风险转移是指设法将某风险的结果连同应对风险的权力和责任转移给他方。风险转移分保险和非保险两种方式。

保险方式主要是通过向保险公司交纳一定的保险费,一旦所投保的风险事件发生,造成财产或人身伤亡时,则由保险公司给予赔偿的一种制度。

非保险方式主要包括寻找联合执行方、担保或履约保证、合同条件变更等。

3. 风险缓解

风险缓解是指将项目风险的发生概率或后果降低到某一可以接受程度的过程。缓解的途径主要包括降低风险发生的可能性、减少风险损失、分散风险、采取一定后备措施等。如在公益慈善项目执行中,简化流程、采取相对成熟的服务方式、选择可靠的合作伙伴等。

4. 风险接受

风险接受的内涵是指由公益慈善组织自行承担风险后果的一种风险应对策略,风险接受不会改变项目整体计划,通常是无法找到其他合理应对策略的选择。风险自留分为主动风险接受和被动风险自留。

主动风险接受是指项目主管在识别风险及其损失,并权衡了其他处置风险的技术后,主动将风险接受作为应对风险的措施,并适当安排一定的资金、时间或其他资源准备。

被动风险自留是指没有允分识别风险及其损失的最坏后果,没有考虑到其他处置风险措施的条件下,不得不承担损失后果的处置风险的方式。对于此类风险,项目主管需记录风险发生的原因、影响,为今后类似的风险管理提供借鉴。

5. 积极风险应对

对于项目执行中的积极风险(机会),项目主管可采取开拓、分享、提高、接受的策略。开拓,即消除与该机会相关的不确定性,进而确保机会一定出现。分享,即将机会分享给更多组织。提高,即提高机会发生的概率和影响。接受,即机会发生时充分利用,不采取任何措施以制造机会。机会的应对手段较为简单,也普遍应用于慈善组织项目的实践中,而威胁的应对则是项目主管需重点关注并善于使用的方法,以此才能尽可能地降低威胁带来的损失,为项目目标的实现提供保障。

五、风险控制

风险控制是指随时监测并记录公益慈善项目的各项风险状态,并与风险管理目标相比较,如果发现偏差,则及时采取控制措施的过程。公益慈善项目风险的确定与控制是影响公益慈善项目的整体成功的重要因素。

(一)风险控制的措施

风险控制是一个实时的、连续的过程,它应该针对发现的问题及时采取措施。当项目的情况发生变化时,要重新进行风险分析,并制定新的应对措施,包括但不限于随机应变措施、纠正措施、变更计划、修改风险应对计划等。

1. 随机应变措施

随机应变措施是指消除风险事件时所采取的未事先计划到的应对措施。这些措施应及时地进行记录,并融入公益慈善项目的风险应对计划中。

2. 纠正措施

纠正措施是指实施已计划了的风险应对措施,包括实施应急计划和附加应对计划。

3. 变更计划

过多的实行随机应变措施,可能会大大增加项目的风险,增加过多的费用,这种情况时可以对风险作出反映项目计划的变更请求。

4. 修改风险应对计划

当预期的风险发生或未发生时,当风险控制的实施消减或未消减风险的影响或概率时,必须重新对风险进行评估,对风险事件的应对计划等作出修改,以保证重要风险得到有效的控制。

表12-5列出了某养殖项目的风险控制方案。

表 12-5 针对某养殖项目中存在的风险控制方案

产出序号	风险	可能性等级	后果严重性等级	风险控制方案
1.1	社区居民不积极参与项目	低	高	宣传参与的重要性,使社区深知组织的理念和工作原则
1.1	经济合作组织在社区与其他利益相关者冲突	中	高	借由利益相关者分析、韦恩图等工具了解社区里政治及组织关系,避免与现存正式或非正式关系及制度冲突带来的负面影响
1.2	养殖过程中发生重大疫情	中	高	做好养殖场所卫生管理,定期做好防疫注射并随时观察畜禽的生长变化,随时预防跟进
1.4	农民在实际操作中不种植新的品种	中	高	建立试验点以及组织农民去本地区其他成功模式现场观摩
1.4	有重大旱灾、涝灾	高	高	做好前期防灾工作(疏导、水利配套),制定解决突发灾害的方案
2.2	社区及政府不进行投入	高	中	倡导政府对农村水利的投入,并与其签订协议明确规定责任与义务等,在政府资金到位后,再开始实施项目

(二)控制风险的产出

控制风险是在整个项目中实施风险应对计划、跟踪已识别风险、监控残余风险、识别新风险,以及评估风险过程有效性的过程。其主要作用是在整个项目开展过程中提高应对风险的效率,不断优化风险应对。

控制风险将会对项目管理计划进行调整,并由项目主管提出推荐的纠正措施或项目变更申请。

本章小结

  项目风险是影响项目目标实现的所有不确定性因素的组合。公益慈善项目风险管理是项目管理过程中的重要环节,决定着整个项目的成败与否。在本章中介绍了公益慈善项目风险管理的含义和意义,以及公益慈善项目风险管理的目标。着重分析了公益慈善项目风险管理的五个过程,即规划风险管理、识别风险、分析风险、应对风险和控制风险,在各个过程中对相关技术方法进行了详细阐述,掌握如何规避公益慈善项目中的各种风险。

课后习题

1. 什么是公益慈善项目风险?
2. 简述常见的公益慈善项目风险。
3. 简述公益慈善项目风险控制的主要措施。
4. 简述公益慈善项目风险管理的意义。
5. 简述公益慈善项目风险应对的主要措施。
6. 案例分析。

  某基金会资助一草根社区居家养老服务机构开展"中国社区居家养老行业发展机制研究"项目,希望通过本项目的执行能推动部分初期社区居家养老组织的成长发展,既形成行业内的互助支持,又希望行业外的政府、媒体更多地关注与了解社区居家养老在中国的发展状况,推动社区居家养老行业的整体发展,并且在发展过程中建立本土的行业自律规则,最终更好地为老年群体服务。本项目计划从 2014 年 12 月至 2015 年 11 月期间实施,申请资金××万人民币开展行业研究、撰写行业调研报告、召开媒体发布会等工作,在项目推动过程中逐步形成社区居家养老行业的支持机制。

  试分析项目可能预见的风险及应对措施,如实施过程中,在技术、人力、经济或政策方面,可能遇到哪些困难或风险?你将如何避免或克服这些困难或风险?

风险描述	影响程度及描述		发生可能性 (高、中、低)	应对措施	备注/说明
	(高、中、低)	影响描述			

参考文献

[1] 美国项目管理协会. 项目管理知识体系指南[M]. 5 版. 许江林,等,译. 北京:电子工业出版社,2009.

[2] 哈罗德·科兹纳. 项目管理:计划、进度和控制的系统方法[M]. 11 版. 杨爱华,等,译. 北

京:电子工业出版社,2013.

[3] 强茂山. 成功通过 PMP[M]. 3 版. 北京:清华大学出版社,2013.

[4] 郭俊. 工程项目风险管理理论与方法研究[D]. 武汉:武汉大学,2005.

[5] 韩俊奎. 非营利组织项目管理[M]. 北京:社会科学文献出版社,2015.

[6] Sieber J. E. Fatal Remedies:The Ironies of Social Intervention[M]. New York:Plenum, 1981.

第十三章 公益慈善项目沟通管理

 引例

项目团队的内部冲突

方女士和牛总监在一家"中"字头儿童救助类基金会工作。近期机构发起了一个重要项目,经验丰富的方女士和牛总监都被纳入新组建的团队,牛总监担任项目主管。

一天中午快下班的时候,牛总监给方女士布置了一项紧急任务,并特别强调一定要在下午2点以前办好。请她把吃午饭的时间变动一下,要么在办公室吃一份盒饭,要么推迟一会儿回家吃饭,以便把这项急件突击出来。其实,这项工作并不复杂,对于方女士这样一个业务熟练的老手来说,根本不费吹灰之力,只不过需要一点时间而已。可方女士表现出明显的不情愿,她说:"对不起,我还要到银行去一趟。而且,我还想趁午休时间干点私事,恐怕不能从命。"牛总监非常不满地说:"你怎么总是这样,每次让你干点儿工作,你就有事,你的事可以挪到下午办嘛。"

"午休时间是所有职工都应享受的权利,你没权占用。再说了,那么多人干嘛就找我呢?"方女士气冲冲地顶了回去。

其实,牛总监与方女士的矛盾由来已久。两年前基金会项目总监离职,有小道消息传来,说方女士是新任项目总监的候选人。她也认为凭自己的业务能力和工作经验可以当之无愧。但是,基金会却从外面"挖"来了牛女士空降总监一职。牛总监对儿童救助类业务完全是一个外行,性格也不像原来的项目总监那样热情、开朗。牛总监总是冷若冰霜,严肃认真,不苟言笑,一副公事公办的样子。方女士觉得牛总监一点也不喜欢她,她推测牛总监多半是提防着像她这样一个经验丰富的人。而牛总监觉得方女士由于没有当上总监对她充满了敌意。像方女士这样一个业务能力强的人,准会讨厌一个外行来领导她。前一段发生了一件事,更加深了她们彼此之间的猜疑、隔阂。

事情是这样的,方女士突然得了流行性感冒,高烧不退,病得不轻,遵医嘱病休在家。在她休息的时间里,牛总监打电话给她,问她好了没有,能不能尽快回单位上班,因为项目人手不够,工作严重积压。方女士回答说:她的病还没好,还在发烧。医生给她开了一周的病假,还需要休息几天才能上班。碰巧第五天天气特别好,方女士感到自己的病好了不少,想出去运动运动。结果,就在她出门溜达的时候,恰逢牛总监经过。她肯定牛总监也看见了她。但双方就打了一个照面,彼此都没有打招呼。

当下一个星期,她回到单位上班的时候,她觉得应该和牛总监解释一下。可是当她一开口,牛总监就说不用说了她都知道,病好了就上班。说完,牛总监就走开了。方女士不知道牛总监都知道了什么,反正她知道解释是没有用了。又过了几周,秘书长找方女士谈话,原因是牛总监提出方女士出勤记录平平,又不服从团队工作安排,为保证项目的进度,申请将方女士调离该项目。方女士知道后勃然大怒,认为牛总监存心与自己过不去。她在想:"既然你说我没有工作责任心,那我就真的做给你看,看你到底能把我怎么样。"

试分析案例中的牛总监和方女士之间的冲突是可以避免的吗?公益慈善项目团队沟通中应该注意哪些问题?

公益慈善项目涉及范围广泛,常常包括社会、经济、文化、政治以及生态环境等诸多领域,项目的论证和开展具有社会意义并体现机构价值,符合机构的宗旨、愿景及战略方向,因此公益慈善项目沟通管理应从整体利益出发,进行有效管理。

公益慈善项目在开展过程中拥有众多的利益相关者(资助方、受益方、政府、专家等),相互之间存在着一定程度的联系,并且在文化背景、组织架构、专业领域、技能水平及利益诉求等方面存在着诸多差异,对公益慈善项目的开展过程及结果造成影响,因此需要采取合适的方式建立利益相关者(包括项目团队成员)之间的联系,进行有效的沟通管理,以更好地传递信息、交流观点以及协调利益,取得对公益慈善项目的理解和支持,促进公益慈善项目正常有序地开展和目标的实现。

第一节 公益慈善项目沟通管理概述

一、公益慈善项目沟通管理

公益慈善项目沟通管理是保证及时有效地生成、收集、分发、利用和存储项目信息的全过程,目的是保证各主要利益相关者(包括项目团队成员)可以方便地得到所需要的信息并对信息作出相应的反应。因此,公益慈善项目沟通管理强调沟通对项目顺利开展的重要作用,是有计划、有目的的管理行为。

项目主管在与利益相关者(包括项目团队成员)的沟通中扮演着核心的角色,优秀的项目主管必须具备良好的沟通能力,且需花费大部分时间(80%~90%)进行各方面各类型沟通工作,以保证沟通是主动和受控的,因此项目主管必须加强沟通管理,分析清楚项目利益相关者的需要,进行积极有效的沟通,协调解决项目中出现的问题。

二、公益慈善项目沟通的类型

在公益慈善项目开展过程中所涉及的沟通活动,可按多种标准进行分类,通常的分类标准和举例(包括但不限于)如下:

1. 按沟通的渠道来划分:正式沟通和非正式沟通

在公益慈善项目开展过程中,正式沟通是依据组织制度规定的渠道进行信息交换的方式,通常的表现形式为:一种是书面文件往来,如项目合同、公函、通知、会议记录、情况报告、验收报告等;另一种是组织和召开会议,如项目启动会议、设计评审会议、定期例会、验收会议等。非正式沟通的形式比较灵活,常见的有电话、电子邮件、备忘录、即兴讨论,以及私聊、聚会、出游、生日宴会、主题酒会等活动。

2. 按信息的流向来划分:上行沟通、下行沟通和平行沟通

不同的项目管理者由于职位和角色不同,信息的流向是相对的,因此该划分标准是相对的。如以项目主管为例,上行沟通是项目主管向上级领导或委托方汇报工作情况,提出建议、意见,或表达意愿等;下行沟通是指项目主管对项目所属员工进行工作部署、下达指令、了解情

况等;平行沟通指项目主管与同事、其他职能部门、合作伙伴、社会机构及其他同一层级上的利益相关者之间的信息传递和交流。具体如图13-1所示。

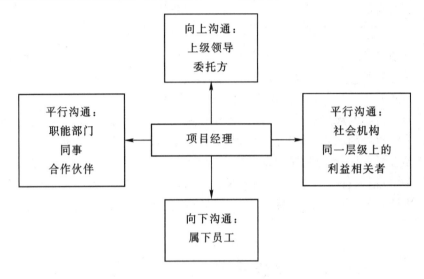

图13-1 项目主管沟通信息流向图

3. 按沟通的方法来划分:交互式沟通、推式沟通、拉式沟通

交互式沟通是沟通的双方或多方之间进行多向信息交换,是确保全体参与者对特定话题达成共识的最有效的方法,如会议、电话、即时通信、视频会议等;推式沟通是指把信息发送给特定接收方,这样可以确保信息的发送,但不能确保信息送达及被充分理解,如函件、备忘录、报告、电子邮件、传真、新闻稿等;拉式沟通适用于信息量很大或受众很多的情况,一般要求信息接收方自主地访问信息内容,如企业内网、电子在线课程、经验教训数据库、知识库等。

从沟通过程的反馈情况来讲,交互式沟通存在反馈,在信息传递的过程中,接收方接到信息后还需要通过自身的理解,把意见反馈给接受方,角色不断变换,同时传递的信息也不断变换,因而信息传递准确性高,沟通是较为有效的。推式沟通和拉式沟通均为单向沟通,发送方只发送信息,接收方只接收信息而不需要进行信息反馈,因而两者角色不发生变化,信息传递速度快,但准确性较低。

4. 按表达形式来划分:书面沟通和口头沟通/语言沟通和非语言沟通

书面沟通是指以文字表达的形式将所需要传递的信息发送给对方,具有权威性、正确性,如上述正式沟通中提到的文件往来。值得注意的是,随着信息技术的普及,越来越多的组织和个人以电子邮件、短信、微信、QQ等形式进行信息交流,其中以文字形式呈现的亦可视为书面沟通。口头沟通则是指通过口语表达来进行信息的传递,具有灵活、快速的特点,如交谈、会谈、电话等。

另外,按照表达形式还可以将沟通分为语言沟通和非语言沟通。语言沟通是借助辅助工具如声音、文字、图像等形式进行交流;而非语言沟通则指通过肢体动作、光影、面部表情等方式进行信息交流。文字、图像一种是作为语言形式进行归类,认为文字、图像就是语言的表达形式;而另外一种将语言直接归类为口头沟通,非语言归类为书面沟通。

电子邮件,也属于书面沟通的一种,不过此种方式的沟通正式性与否还存在着差异,有的把它定义成为正式的,而也有许多地方把它定义为非正式的。对于口头的沟通,大多被归结在非正式沟通之中,例如以面对面或电话询问的方式了解到一些关于项目的进度等基本情况。但并不是所有的口头沟通都属于非正式沟通,如召开的各种会议虽然也属于口头的沟通方式,但却是归属于正式沟通。

三、公益慈善项目沟通管理的意义

在公益慈善项目开展过程中,沟通管理起到了项目各方面管理的纽带作用,将利益相关者(包括项目团队成员)之间的人员、思想和信息建立起必要的联系,进行恰当的沟通,可取得共同认可和支持,弱化由于利益诉求不一致而造成的制约和阻力,以保证项目顺利开展。因此,项目是否能够取得成功与沟通管理的有效性密切相关,如果缺乏有效的沟通管理,项目注定失败。公益慈善项目沟通管理的意义和作用主要体现在如下几个方面:

1.沟通管理是计划和决策的基础

公益慈善项目的机构管理层和项目团队要想制定出切合实际的、可行的项目计划和执行方案,以及在启动和开展过程中作出正确的决策,必须以准确、完整、及时的信息为前提条件,而沟通管理是综合了解和分析各方面关系和信息的基础。

2.沟通管理是控制管理过程的依据

通过加强沟通管理,项目项目团队可以清晰和准确地发现项目开展过程中的各种资源情况,并保证项目控制且充分了解项目开展情况,及时发现项目中潜在的问题,对范围、质量、进度、预算等各方面进行科学的管理,及时发现偏差,然后进行变更处理,使得项目目标可以更加顺利地完成;同时机构管理层及其他利益相关者,通过及时、准确地掌握各种信息,就可以实现对资源需求进行合理安排,提供必要的支持,促进项目顺利实施。

3.沟通管理是确保目标一致的手段

公益慈善项目涉及许多专业领域,在整个项目开展过程中,需要以沟通管理为手段,促使项目参与人员明确目标、计划等方面的内容,以共同的目标为努力方向。如果缺乏了良好的沟通管理,项目的各参与者只顾及自己的利益,导致目标的差异性,阻碍了整个项目的顺利进行,项目注定不会成功。

4.沟通管理建立和改善人际关系的条件

沟通是人的一种重要的心理需要,是人们用以表达思想、感情与态度的方式手段,而公益慈善项目往往是临时性的,参与人员和组织因为项目的存在而发生相关的联系,通过信息沟通、意见交流,许多独立的个人、机构、社会团体贯通起来,形成良好的人际关系,并且通过沟通管理,可以减少冲突,形成融洽的人际关系,更能够增强项目各成员的积极性、主动性,从而起到提高工作效率、质量的作用。

5.沟通管理是项目主管成功领导的重要手段

项目主管是处于沟通管理的核心位置,进行着各种形式的信息交流,在项目的开展过程中,项目主管需要恰当地汇报情况并安排任务,如果沟通不畅通,就不容易得到利益相关者的支持,并会造成项目团队无法正确理解和完成项目目标和要求,导致项目执行的混乱或者失败。因此,对于项目主管而言,唯有通过良好的沟通管理,才可以协调利益相关者的利益诉求,使整个项目团队听从指挥,保证整个项目开展过程中的执行力。

第二节　公益慈善项目沟通管理的过程

公益慈善项目沟通管理的过程包括编制沟通计划和开展项目沟通两个过程。编制沟通计划是减少"沟通障碍"的有效方式,是沟通管理的核心内容,建立一个规范的、适用的沟通计划直接决定了沟通管理的成败,也间接决定了项目的成败。沟通管理是持续的过程,贯穿于项目开展的始终,开展项目沟通正是按照沟通计划的内容持续执行,并且随着沟通需求的变更而及时更新沟通计划的内容,使沟通更有效。

一、编制沟通计划

公益慈善项目沟通计划是项目整体计划的一部分,在编制沟通计划的过程中,需要利益相关者的共同参与,并得到其支持、协助和确认,这有助于保证沟通计划的规范和可行性,能够防止或减少沟通问题的发生。

编制沟通计划就是分析并确认项目利益相关者所需要的信息和沟通需求,制定合适的项目沟通方式,即为了保证项目顺利进行,明确应该与谁沟通、应该沟通什么、应该以什么样的方式和频率沟通、沟通应该达到什么效果,并应该如何收集反馈意见。虽然所有的公益慈善项目都需要沟通,但沟通需求和传播方式差别很大,确认利益相关者的沟通需求和决定满足需求的适当方式是项目获得成功的重要因素。下面将从编制沟通计划的方法、步骤、成果三个方面分别介绍。

(一)编制沟通计划的方法

编制沟通计划的方法包括沟通需求分析、沟通方式、沟通方式选择、沟通模型、讨论和对话、会议等。

1.沟通需求分析

沟通需求是指为了完成项目目标,相关利益相关者之间该怎么进行有效沟通的客观需要,主要包括谁(who)需要信息、需要什么(what)信息、何时(when)需要以及应如何(how)传递信息。通过沟通需求分析确定利益相关者所需信息的类型和格式,以及信息对于利益相关者的作用和价值。常用于沟通需求分析的信息包括(但不限于):组织结构图、项目组织与利益相关者之间的责任关系,项目所涉及的学科、部门和专业,有多少人在什么地点参与项目,内部信息需要(如何时在组织内部沟通),外部信息需要,来自干系人登记册的干系人信息和沟通需求。

2.沟通方式

项目团队可使用的沟通方式非常多,如从随意的谈话到正式的会议,从提交项目报告到可在线查询的数据库等。不同沟通方式之间的差距是非常大的,而沟通方式的恰当选择是最重要的。可能影响沟通方式选择的因素包括(但不限于):信息需求的紧迫性、沟通方式的可用性、沟通的效率、项目环境因素以及信息的安全性、保密性要求。项目利益相关者可能需要对上述影响沟通方式选择因素展开讨论并取得一致意见。

3.沟通模型

将沟通的过程分解为一系列的环节和因素,主要包括如下部分:①沟通双方,即信息的发送方和接收方,可以是个人或群体;②编码,指发送方采取某种形式来传递信息的内容,如语言、书面文字、电脑编码等;③媒介,即沟通所利用的渠道和载体,如面对面、电话、网络传播、视频会议、即时通信等；④解码，指接收方对接收到的信息还原成有意义的思想或观点；⑤告知收悉，指接收方接收到信息后需告知对方已收到信息，但这并不一定意味着同意或理解信息的内容；⑥反馈信息，即接收方对收到的信息进行解码并理解后，将还原出来的思想或观点进行编码，再传递给发送方，体现出沟通效果反馈，使沟通成为一个循环的过程；⑦噪声，即可能干扰或阻碍信息传递的任何因素，如距离、不熟悉的技术、文化差异和缺乏背景信息等。基本沟通模型如图13-2所示。

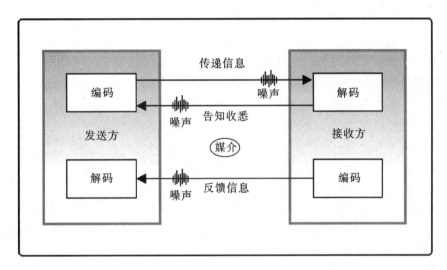

图13-2　项目沟通模型

在制定公益慈善项目沟通计划时，可按照交互式沟通、推式沟通和拉式沟通所包含的环节和因素分析相应部分，尤其是在交互式沟通中，在每一个沟通过程中发送方负责信息的传递，需确保信息的清晰性和完整性，需要确认信息已被正确理解；接收方负责确保完整地接收信息，正确地理解信息，并需要告知收悉或做出适当的回应。

4. 讨论和对话

在编制沟通计划过程中，项目团队内部以及与项目利益相关者之间经常展开讨论和对话，以便确定最合适的沟通方式、更新和传递项目信息、回应各利益相关者对项目信息的请求等。这些讨论和对话通常以会议的形式进行，并且通常比较正式，有事先安排的时间、地点和议程，可以采用面对面或音、视频的形式。

5. 会议

项目会议在开展项目沟通中起着重要作用，是进行过程控制、进展分析、预测及制定纠偏措施的重要沟通形式，通过面对面的讨论（或借助技术手段，如远程虚拟的视频会议等），对一些重要项目文件、需要协作的工作或问题进行研讨，可以传递更多的信息并得到及时的交流和反馈。召开项目会议的目的有很多，如进行决策、谈判、制订计划、分配任务、提供和接收信息、解决争端和冲突等。

公益慈善项目会议的形式主要有开放空间或世界咖啡等。会议的类型虽然不同，但组织高效的会议一般流程如下：

(1) 会议准备：明确会议的必要性、确定会议目的地、制定会议规则、拟定会议议程、准备会议文件、分发预阅资料、确定会议主持人、确定与会人员、预定会议场所、补充最新信息等。

(2)会议过程控制：除介绍参会人员,宣布会议的主题和目的,讨论会议议题并征求参会人员意见,坚持事先定义好的议程,控制讨论进程,避免跑题,遵守预定的时间,处理解决特定的问题外,还应该使与会者享受团队的气氛,在每个问题讨论结束后加以概括,以便达成共识或作出决策,会议结束时对已取得的结果进行概括,安排做好会议记录等。

(3)会后工作：及时整理会议纪,得到参会人员的确认,做好会议纪要分发和签收,做好会议任务的监督和检查等。

在会议过程中,罗伯特议事规则也是一种很好的民主决策机制。

▶ ────────────────────

罗伯特议事规则(简版)

第1条动议中心原则：动议是开会议事的基本单元。"动议者,行动的提议也。"会议讨论的内容应当是一系列明确的动议,它们必须是具体、明确、可操作的行动建议。先动议后讨论,无动议不讨论。

第2条主持中立原则：会议"主持人"的基本职责是遵照规则来裁判并执行程序,尽可能不发表自己的意见,也不能对别人的发言表示倾向(主持人若要发言,必须先授权他人临时代行主持之责,直到当前动议表决结束)。

第3条机会均等原则：任何人发言前须示意主持人,得到其允许后方可发言。先举手者优先,但尚未对当前动议发过言者,优先于已发过言者。同时,主持人应尽量让意见相反的双方轮流得到发言机会,以保持平衡。

第4条立场明确原则：发言人应首先表明对当前待决动议的立场是赞成还是反对,然后说明理由。

第5条发言完整原则：不能打断别人的发言。

第6条面对主持原则：发言要面对主持人,参会者之间不得直接辩论。

第7条限时限次原则：每人每次发言的时间有限制(比如约定不得超过2分钟);每人对同一动议的发言次数也有限制(比如约定不得超过2次)。

第8条一时一件原则：发言不得偏离当前待决的问题。只有在一个动议处理完毕后,才能引入或讨论另外一个动议(主持人对跑题行为应予制止)。

第9条遵守裁判原则：主持人应制止违反议事规则的行为,这类行为者应立即接受主持人的裁判。

第10条文明表达原则：不得进行人身攻击,不得质疑他人动机、习惯或偏好,辩论应就事论事,以当前待决问题为限。

第11条充分辩论原则：表决须在讨论充分展开之后方可进行。

第12条多数裁决原则：(在简单多数通过的情况下)动议的通过要求"赞成方"的票数严格多于"反对方"的票数(平局即没通过)。弃权者不计入有效票。

(二)编制沟通计划的步骤

编制沟通计划一般可按照如下程序进行,相关内容可以根据资料收集情况不断补充完善：

1.信息收集和整理

信息收集和整理包括：收集公益慈善项目信息;收集沟通对象信息,包括了解沟通对象的数量、机构、知识层次、地位、社会关系等;收集沟通方法的信息;有关的法律法规、机构办理程序等方面的知识;其他相关的信息。要对收集到的信息进行加工和处理,根据信息内容、作用进行分类和排序。

2. 确定沟通的对象

要将正确的信息给正确的人,必须明确谁是正确的人。如果我们不能识别和定义清楚我们的沟通对象,那么沟通就失去了意义。沟通务必充分考虑沟通对象的情况,明确沟通对象的观念、需要以及情绪。

3. 确定沟通目标

明确各主要利益相关者(包括项目团队成员)的责任和需求,确定沟通所要达到的目的和效果,尽量全面、准确、完整地提供信息。

4. 确定沟通的内容

沟通内容的原则包括:首先信息要简洁明了,可用 KISS(Keep It Simple and Short)来进行概括;其次信息要诚实,有足够的可靠性,不能为了某些利益或为了使问题得到解决而提供虚假的信息;最后信息表达要规范,保证信息清晰和完整并能够被正确地理解。

5. 确定沟通的方式、时间和频率

沟通的方式有时比沟通的内容更重要,需要根据沟通的内容和接收者的具体情况,考虑在什么样的环境和场合下进行沟通。沟通要把握恰当的时机和频率,并以最适合于项目利益相关者角色特点和需求的方式展现出来。在进行项目沟通的时候,还要考虑沟通需求的紧迫程度和沟通频率,项目的成功有时候依靠大量的、不断更新的信息沟通,有时候只需要定期发布书面报告就可以满足要求。

6. 建立有效的反馈机制

反馈机制有利于增加理解、减少误解,并促进沟通计划的改进和提高。反馈机制主要回答下面三个问题:信息是否已经被接收?信息是否已经被理解?信息沟通是否已经达到目的?

(三)编制沟通计划的成果

编制沟通计划的成果是沟通管理计划表。该计划表在项目前期阶段、项目项目团队成立后,由项目主管负责组织团队成员共同完成,并且要得到利益相关者的协助和确认。通过沟通计划表,可以系统地提前识别沟通需求,避免一事一议的沟通状态,提高沟通效率;同时,该沟通计划表,还可作为一种团队成员职责的提前定义,减少与利益相关者沟通失误时产生内部冲突或责任推脱等现象。

1. 术语表

列出使用的专用术语和缩略语、图形符号的解释等。尤其在公益慈善项目规模较大、负责承担较高、利益相关者较多时,术语表可以帮助参与人员对一些重要术语有基本一致的理解。术语表编制需要得到相关专家的支持和确认,并开展相应的培训。

2. 信息收集与处理

需要获取的信息将从何处、以何种方式获得,包括:项目文档/文件如何存放,如何保证信息安全,信息要传播到真正需要的人手里,防止那些试图危害项目的人获得敏感资料。

3. 沟通对象

参考需求调查表、利益相关者登记册等文件确定利益相关者的角色以及对项目的影响,确定沟通对象及联系方式。要了解沟通对象的需求以及其他环境因素,如机构、知识层次、地位、社会关系等。

4. 沟通方式

描述不同类型信息传播的方式，如访谈、会议、电话、电子邮件、正式陈述、汇报等；分析现行的沟通方式对项目所起的优势作用，是否可以改善的相关措施。

5. 沟通责任

形成组织机构图和机构职责、人员职责分工，详细说明人员安排，负责与沟通对象对接人员，项目报告签署，当下层员工无法解决问题时的上报程序及时限。

6. 沟通内容和频率

项目沟通的具体内容和频率，依据上述各对象在项目各阶段的具体需要而定，项目项目团队应随时保持对项目情况的动态跟踪，收集各种项目信息，并进行加工、整理、发布、利用和存储。

7. 反馈机制

发布信息后需要作出回应的时限和频率（如适用），在项目团队内部和外部公布联系人员及联系方式，建立记录，及时处理各种反馈回来的信息。

8. 沟通计划更新

确定对沟通计划更改相关的制度和流程，描述在项目开展期间沟通计划的更新方式及时间，项目团队人员有责任将发现的问题以及处理建议及时反馈给项目主管。

在项目前期阶段，大量的工作需要以沟通的方式来制定和落实，而且整个项目的一些规范性文档及项目计划均需要在沟通的基础上予以明确。项目沟通计划所包含的内容有些是机构的管理制度及作业指导文件，因此应不断完善机构制度建设，这对于整个机构沟通效率的提升是有很大帮助的。

二、开展公益慈善项目沟通

沟通是需要实际行动的，在编制完成沟通计划后，就要按照沟通计划的内容开展项目沟通，如正式的或非正式的、定期的或不定期的、口头的或书面的沟通等。

(一) 开展项目沟通的方法

公益慈善项目沟通的方法有很多，如在编制沟通计划中提到的沟通方式、沟通方式选择、沟通模型，在此都同样可以作为此阶段有效的沟通工具，但随着公益慈善项目的不断开展，环境和条件是不断变化的，存在诸多潜在的障碍和挑战，因此关键是确保相应沟通方法的适用性。

另外，作为机构运行管理的重要组成部分，用来管理和分发项目信息的信息管理系统也是开展项目沟通的方法，为项目团队获取、存储和向利益相关者发布项目信息提供了标准化的工具，可以保证沟通的程序性以及提升沟通的效率。根据机构信息化应用的程度，常见的信息管理系统包括（但不限于）：纸质文件管理，如汇报、请示、会议纪要、项目报告、备忘录和新闻稿等；电子通信管理，如电子邮件、传真、电话、视频和网络会议等；项目管理信息化工具，如项目管理软件、虚拟办公支持软件、门户网站和协同工作管理工具等。

在项目开展过程中，沟通是持续性的过程，编制项目报告是普遍运用并对项目沟通效果影响最大的方法和手段，在此作为重点进行介绍。

项目报告是指收集和发布项目信息的活动，主要作用是通知项目的进展情况、比较项目实际执行情况与项目计划的偏离情况、拟采取的改善措施和建议，可以采用文字、表格、图形和实物等各种形式。项目报告有不同的分类标准,如按照提供报告的频率分类,可以分为日报、周报、月报、季报等,即分别对每天、每周、每月和每季工作的汇总;从报告所反映的项目内容情况分类,可以分为范围、进度、成本、质量、风险、采购以及综合报告等;从项目报告的交付对象分类,可以分为资助方、政府、专家等;从报告所反映的事情重要性程度分类,可以分为日常报告、例外报告、特别分析报告等。需要强调的是,项目报告对于不同组织、部门和层次的人员,需要提供的广度、深度、频率、内容细节程度是不尽相同的。

项目会议在开展项目沟通中起着重要作用,是进行过程控制、进展分析、预测及制定纠偏措施的重要沟通形式,通过面对面的讨论(或借助技术手段,如远程虚拟的视频会议等),对一些重要项目文件、需要协作的工作或问题进行研讨,可以传递更多的信息并得到及时的交流和反馈。召开项目会议的目的有很多,如进行决策、谈判、制订计划、分配任务、提供和接收信息、解决争端和冲突等。

(二)项目进展报告的编写方法

1. 进度报告法

进度报告法就是利用多种形式报告进度信息的方法,包括报告表、横道图、里程碑表、关键路线图和"香蕉"曲线图。项目进度报告见表13-1。

表13-1 项目进度报告

	项目名称	蓝丝带项目	报告日期	2018.07.31
关键问题	任务范围变化情况	工作量增加三分之一		
	进度状况	与计划进度吻合		
	费用状况	计划工作预算费用40万元,已完成工作实际费用39.6万元,资金略有剩余		
	质量状况	满足资助方验收要求		
	技术状况	采用国内先进技术		
	对跟踪项目的解释:工作量增加三分之一,但项目周期没有延误			
未来设想		任务计划		
		问题和办法:新干预方法的应用增加了成本		
完成人:B 日期:2018/08/31 评审人: 日期:2018.08.01				
审核意见:周期提前 审核人:杨青 审核时间:2018年8月1日				
项目主管意见:周期提前 项目主管:王大帅 日期:2018年8月2日				

2. 费用报告法

最常用的费用报告法是费用报告表和S曲线。图13-3显示了某公益慈善项目的费用报告图。

3. 综合报告法

综合报告就是将费用和进度两方面都在同一个报告内反映,以便能够完整地描述项目状况,见表13-2所示。

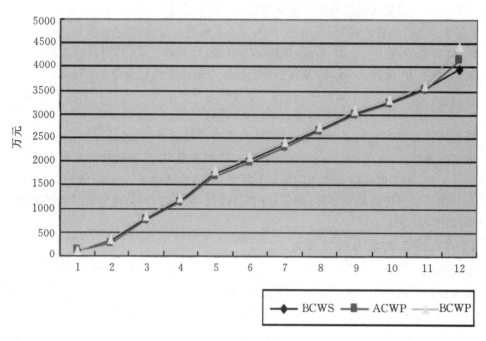

图 13-3 费用报告

表 13-2 项目管理综合报告

项目名称		公益慈善学园	项目号	1300
报告日期		2018.07.31	报告份数	6
状态总结		已完成任务或工作占用时间占项目周期比例		50%
		已完成工作量占总工作量的比例		
		提交物状况		
		目前状态对项目周期的影响程度预测		总周期有望提前 2 个月
		目前状态对项目费用的影响程度预测		实际成本可节约 2 万元
		目前状态对项目质量的影响程度预测		有利于阅读量提高
人员配备情况		满足计划要求		
技术状况		满足设计要求		
项目完成情况评估		比计划工期提前,质量标准提高,成本节约		
其他需说明的事项		无		
审核意见:周期提前	审核人:杨青		审核时间:2018 年 8 月 1 日	
项目主管意见:周期提前	项目主管:王大帅		日期:2018 年 8 月 2 日	

(三)开展项目沟通的流程

开展项目沟通正是为了项目顺利实施,是持续性的工作,在此阶段项目团队要全面展开内部沟通和外部沟通,电话、邮件、项目例会、报告等多种沟通方式并存,需要按照项目实际进展以及情况的变化及时采取适当的沟通方式,与利益相关者保持恰当的联系,及时发布并公示项目进展情况,促进项目的运行状态和方向朝着项目的最终目标良性地发展。

不同的沟通方式有着不同的工作流程和技巧,按照阶段划分,基本上包含准备、实施、检查、总结等内容,在此,重点介绍项目报告以及项目会议的工作流程。

项目报告的编制和发布的一般流程如下:

(1)信息收集和整理:收集项目开展情况、环境制约因素、利益相关者等相关信息,并进行初步分析和整理,形成有用的资料。对于专业性很强的信息,需要由相应专业的专家来分析和整理;对项目进度、成本、质量和范围绩效信息,要由综合管理人员来分析和整理;对于一般的通用信息,则按照项目团队任务分配来分析和整理。

(2)项目报告编制:对信息进行初步分析和整理后,就要根据项目计划、工作结果和其他项目记录,把信息汇编成各种各样的项目报告,包括各种专题报告和综合报告。项目报告要真实反映项目运行情况。

(3)项目报告发布:应该按照项目沟通计划表的要求以及利益相关者的需要,把项目报告及时、准确地分发给各利益相关者,以便利益相关者在获取最新的信息后制定具体措施和最新的工作计划。

(4)项目报告的反馈:项目报告的反馈要有文字记录,并由反馈者签字确认,避免在发生纠纷时出现出尔反尔、互相推诿等现象。项目报告接收者在收到项目报告后,应该及时审阅,并作出合理的反应,如作出新的项目的决定,采取新的项目的行动,这些又成为项目项目团队必须收集的信息。

(5)存储和归档:项目报告应该分门别类进行存储和归档,包括信息的分发时间、分发对象、内容以及反馈时间、反馈信息情况等,以便项目结束时,能够根据完整的项目资料进行项目后评价。

备忘录是一种比较好的沟通机制,有利于项目合作过程中,互相尊重,平等沟通,保证项目按照计划执行,在可控范围内有效实现项目目标,如表13-3所示。

表13-3 沟通机制备忘录

时间	内容	产出	方式	负责人	相关人

(四)开展项目沟通的成果

项目主管及项目团队在开展项目沟通中承担主要责任,开展项目沟通的成果直接影响着项目能否顺利推进,因此,项目主管及项目团队应该充分认识到各利益相关者直接存在着立场、地位、经历、背景的不同,理解其中的差异,设法以适合的方式进行沟通,并应以项目目标为共同的标准,注意协调各项目利益相关者之间的沟通。

通过选择适当的沟通方式,取得的沟通成果包括(但不限于)如下内容:

1. 项目管理计划的更新

如果前期没有制定相应的沟通计划和制度,或制定的沟通计划过于简单、与实际情况不符难以实施的,应当在这一阶段予以变更、细化和明确。在多数公益慈善项目中,编制沟通计划是在项目早期进行的,但在项目开展过程中,随着项目管理工作的不断深入和具体情况的变化,需要对其进行检查,并根据需要进行修改、调整和补充,以保证其持续适用。

2. 项目信息

在开展项目沟通过程中所形成的关于项目进度、成本、质量、范围、采购、风险等信息的收集和整理,根据项目利益相关者所要求的详细程度展示项目状况和进展信息,并且受信息的紧急性、传递方式、安全保密性要求的不同,呈现方式可能不同,一般会形成文字、表格、条形图、直方图及其他图形等形式,并作为项目报告或专题报告的重要组成部分。

3. 项目记录

项目记录是指在开展项目沟通过程中的电话、通知、函件、备忘录、电子邮件、项目演示资料以及项目利益相关者的回函、反馈意见等描述项目情况的文件,项目记录有些是比较正式的、公开的,有些比较随意,如项目项目团队会在项目笔记本或记录本(纸质或电子)中记录项目情况,应该尽量安排并整理好相关记录,尤其形成制度,将比较随意的记录方式转化为项目团队可以共享的正式的记录。项目报告以及项目会议作为重点进行介绍。

4. 项目报告

项目报告根据情况的不同,内容和侧重点不尽相同,有些报告是专题性的,有些报告是综合性的,一般来讲,可按照上述所提到的所需提供的信息情况进行编制,一般包括以下内容(可进行增减):

(1)项目状态信息:描述目前项目所处的状态,也就是实际情况与计划相比较的结果,如与进度和预算有关的状况。

(2)项目的进展情况:描述项目团队已完成的工作,例如项目完成的工作百分比、进度完成的百分比、成本完成的百分比等。

(3)项目预测:包括对项目何时完工、最终实际总成本的预测等,为当前是否要采取措施或者作某些决策提供依据,这是项目报告的一个重要功能。

(4)质量状况:包括项目产品的质量情况和项目管理的有效性。

(5)项目的统计数据:如项目项目团队的工作量分配,问题出现的情况、风险等,对于大的项目,这些数据往往用图表的方式直观地表达。

(6)任务完成报告:反映项目任务的完成情况,包括可交付成果/服务、任务完成的实际时间和成本、期间遇到的重大问题以及任务评审状况等信息。

(7)重大突发性事件报告:该报告可以反映在项目开展过程中发生哪些重大的突发性事件,包括事件发生的时间、部位、起因、补救措施以及对项目的影响等。

5. 项目会议纪要

在有关重大问题或存在困惑的问题决策上,组织高效的项目会议进行讨论、研究决定。定期召开项目组例会,形成会议纪要,并以书面形式呈送参会人员。

第三节 公益慈善项目冲突管理

一、公益慈善项目冲突概述

公益慈善项目冲突就是在项目过程中的个人、团队、组织阻止或限制另一部分个人、团队、组织达到预期目标的行为。在项目过程中,冲突是不可避免并且普遍存在的。很多时候,项目中的一些冲突会导致不良后果,如士气低迷、内耗和项目效率低下等。但是,尽管冲突可能阻碍某些个体目标的实现,但如果冲突能产生有利于项目总体目标的行为或信息,则其结果是有益的。也就是说,冲突事实上有其有利的一面。一味地否定、避免或压制冲突并不是一种正确的做法,这只能进一步恶化冲突,最终导致更大的弊端。

公益慈善项目冲突管理是创造性地处理冲突的艺术。冲突管理的作用是引导这些冲突的结果向积极的、协作的而非破坏性的方向发展。在这个过程中,项目经理是解决冲突的关键,他的职责不是宣布不许冲突或让冲突自己消亡,而是在做好冲突防范的同时,在冲突发生时分析冲突来源,运用正确的方法解决冲突,并通过冲突发现问题、解决问题,促进项目工作更好地开展。

二、公益慈善项目冲突源

(一)项目优先权冲突

项目成员经常对成功完成项目应该执行的活动和任务的次序有不同的看法。例如,有些项目参加者应优先进行的一些活动在另一些参加者看来处于次要的地位,这就是一种项目优先权的冲突。优先权冲突不仅会发生在项目团队内部,也会发生在项目团队与其他相关项目团队之间。当几个不同的项目团队需要同时使用某种有限资源时,就会产生冲突。比如一家从事儿童救助类的基金会,下面设置了若干个服务儿童的项目组,这些项目组都是彼此之间独立运作的,就有可能因面向同一个对象开展劝募产生冲突。

确定项目的优先权会受到很多因素的影响,常见的有:项目规模的大小及项目实施中的技术风险;项目组织面临的财务和竞争风险;交付日期的临近,逾期交付的惩罚;项目的投资回报率;对其他项目的影响。

(二)管理程序的冲突

许多冲突来自项目应如何管理,在管理问题上发生的冲突一般发生在:项目主管权力和职责定义、报告关系定义、管理支持程序、项目范围、运行要求、实施的计划、状况审查或者与其他项目组织协商的工作协议。冲突来自多个方面,如对项目主管有无必要建立关于文件记录工作及审批的某些程序的一些看法,对项目中的信息沟通方式,对资源的分配等有不同的意见,对于一笔附带条件的捐赠是否应该接受,对于机构员工上下班是否应该考勤扣工资等。同时,冲突也会由于项目中沟通的缺乏,成员对目标的理解不足、角度不同,没有及时召开会议以及无法及时作出决策等情况而产生。例如,如果项目主管坚持所有的信息沟通都要通过他来进行,就可能产生冲突。

(三)进度计划的冲突

冲突可能来源于对完成项目工作任务所需要的时间长短、次序安排以及项目中的技术问题和人力资源利用的不同意见。

(四)工作内容和技术意见的冲突

在项目中关于如何完成工作,要做多少工作或工作以怎样的标准完成,以及在项目实施中的技术问题等都会有不同的意见,从而导致冲突。

(五)人力资源的冲突

大部分人力资源的冲突发生在那些给项目招聘分配人员的部门,人员需求界定在什么样的范围内,对什么样的个人和团队要具备什么样的技能,如何将项目任务和职责分配到合适的项目成员,如何满足项目团队成员的需求,如何保证所利用的人力资源对项目具有最高的工作效率等方面都会有不同的意见。

(六)费用的冲突

在项目进程中,经常会由于成本超支而产生冲突。费用冲突也常发生在项目工作分解的支持部门,即当项目主管与其他支持部门磋商使其完成项目的一些任务时,费用冲突就会经常发生。

(七)个性冲突

个性冲突是指由于项目团队成员在个人价值及态度上的偏见或差异而在他们中间产生的冲突。

上述冲突源在项目的不同阶段强度不同。一般来说,在项目启动阶段,主要表现为优先权冲突、管理程序冲突和进度计划冲突;在项目计划阶段,主要的冲突表现为优先权冲突、进度计划冲突和管理程序程度;在项目实施阶段,主要的冲突是进度计划冲突、技术冲突和人力资源冲突;在项目收尾阶段,主要的冲突是进度计划冲突、成员个性冲突和人力资源冲突。

从整体来看,项目进度计划的冲突强度最大。它常发生在项目主管与相关支持部门之间,项目主管对这些部门只有有限的权力;此外,它也经常产生在对组织各部门优先权的不同理解上。进度计划冲突通常起因于技术和人力资源问题。

三、公益慈善项目冲突的处理

结合项目生命周期各个阶段,我们给出解决或减少项目冲突的途径,见表13-4。

表13-4 项目周期各阶段主要冲突的解决途径

项目生命周期阶段	冲突源	建议
项目概论阶段	优先级	制订清楚的规划,与相关各方共同做出决策
项目概论阶段	管理	制订详细的管理运作程序,然后用于对项目进行指导;确保取得重要的管理者的认可;制定不成文的规章。
项目概论阶段	进度	在项目真正开始之前,制定进度计划,对其他部门的优先级和对项目可能产生影响的事情进行预测
项目规划阶段	优先级	通过情况检查会,为支持区提供关于预计的项目计划和需求方面的有效反馈信息
项目规划阶段	进度	与职能小组协作,安排工作分解包(项目子单元)的时间
项目规划阶段	管理	为关键的管理事项准备应变措施

续表 13-4

项目生命周期阶段	冲突源	建议
实施阶段	进度	不断监控,将情况通常给相关的各方,对问题进行预测,并考虑备选方案,识别需要密切关注的"故障点"
	技术	对于技术问题,要尽早解决,与技术人员就进度和预算问题进行沟通,注重安排足够的技术测试
	人力	及早对人手问题进行预测和沟通,与职能部门和人事部门一同确定人手需求和优先级
收尾阶段	进度	考虑为容易产生工期延误的关键项目区域重新调派可用的人手,对可能影响进度的技术问题要立即加以解决
	个性和人力	为项目结束制定重新安排人力的计划,与项目班子和支持小组保持融洽的关系,缓解"高度紧张"的氛围

本章小结

在公益慈善项目实施过程中,项目需要通过有效的沟通来确保在有限的时间、有限的成本内使正确的信息被相关人员及时获得。成功的公益慈善项目管理离不开有效的沟通管理,通过公益慈善项目沟通管理,相关利益主体之间的信息可以高效、准确、及时地传递,可以保证所有相关人员对公益慈善项目的理解达成一致,从而确保项目目标能够得到实现。本章主要介绍了公益慈善项目沟通管理的含义、分类和意义。在公益慈善项目管理中,由于涉及的利益相关者众多,难免产生沟通障碍,需要了解本章详细阐述了公益慈善项目沟通管理的过程以减少或规避沟通障碍的产生。

课后习题

1. 简述公益慈善项目沟通常见的标准与分类。
2. 简述公益慈善项目沟通管理的意义。
3. 简述公益慈善项目中常见的沟通障碍。
4. 简述编制公益慈善项目沟通计划的步骤。
5. 假设你是一家境外在华 NGO 的项目主管,通过了解得知,项目团队中的本土成员对外方成员存在抵触情绪。比如本土成员经常抱怨与外方成员相比同工不同酬,外方成员可以拿他们几倍的薪水,孩子上昂贵的国际学校,还租住高档的公寓,而本土员工就没有这些福利。他们认为一个组织或项目内部不应该差别化对待,这种情绪已经对项目实施和内部沟通产生了影响。作为项目主管你认为应该采用什么手段来解决问题。
6. 案例分析。

郑卫宁:谈残友集团

我给大家讲一个故事,香港中文大学的社工系的宗旨是培养未来福利届的领袖,我就去跟他们社工系的马主任说,你能不能给我调两个香港的应届毕业生到我那儿实习,然后让大家在实习当中让我们福利机构看一看,香港大学的毕业生跟大陆实习生有什么区别。他就拿着名单抽,一边是男的,一边是女的,我这边随机抽了个男的,那边随机抽了个女的,就派过来了。当时政府给批了一个深圳的自然村,在梧桐山,自然村里全是住着农民和农民楼出租的,深圳的广东农民迷信到什么程度,残疾人他们叫断腿仔,他们说每天看到断腿仔,孕妇生孩子都会残疾,这是观念的问题。他迷信,我们就没办法,不让我们进,也是他们俩就请战,说我们去做个项目,这次要的多,九百,项目都要批经费,我就给批经费,九百他们做了什么项目,他们去了以后邀请了五十个村民和五十个租客,一共一百个人。到残友动漫来体验残友的五菜一汤,居民觉得吃饭觉得都愿意来,来的时候他们就做游戏,在门口每个人进来了就抽个签,你要抽的是盲人,他就用黑布把眼蒙上;你要抽的是轮椅,他就给你个轮椅,反正活动的时候你就不许起来;抽的是拐杖,他给你一副拐杖。体验残疾人生活,由于这样趣味性七家媒体都去了,什么深圳商报、科技报全去了,结果这个活动下来七个报纸报道,参与梧桐山活动,而这个居民玩了这么一趟,又吃了个饭,这九百块钱,就是做了一百个人的饭菜,把饭吃完以后,没问题了。

案例来源:王名.中国NGO口述史(第二辑)[M].北京:社会科学文献出版社,2014.

参考文献

[1] 美国项目管理协会.项目管理知识体系指南[M].5版.许江林,等,译.北京:电子工业出版社,2013.

[2] 哈罗德·科兹纳.项目管理:计划、进度和控制的系统方法[M].11版.杨爱华,等,译.北京:电子工业出版社,2013.

[3] 汪小金.项目管理方法论[M].2版.北京:中国电力出版社,2015.

[4] 杨侃,等.项目设计与范围管理[M].2版.北京:电子工业出版社,2013.

[5] 康路晨,等.项目管理工具箱[M].2版.北京:中国铁道出版社,2016.

[6] 丁荣贵.项目管理:项目思维与管理关键[M].2版.北京:中国电力出版社,2013.

[7] 强茂山.成功通过PMP[M].3版.北京:清华大学出版社,2013.

[8] 鲁耀斌.项目管理:原理与应用[M].大连:东北财经大学出版社,2009.

[9] 崔佳颖.组织的管理沟通研究[D].北京:首都经济贸易大学,2006.

[10] 赛云秀.工程项目控制与协调机理研究[D].西安:西安建筑科技大学,2005.

[11] 魏江.管理沟通、理念与技能[M].北京:科学出版社,2007.

第十四章 公益慈善项目收尾管理

 引例

世界宣明会 WASH 项目评估案例

一套简单明确的评估标准究竟对组织有多大的帮助？世界宣明会（World Vision）在 WASH 项目（一项为非洲当地社区提供获取清洁卫生水源的项目）中，采用了一套虽然简单但有意义的评估标准。这套标准帮助他们增加了获取水源的途径。

当国际非政府组织寻找衡量项目效果的评估标准时，实际操作通常都是由执行项目的当地社区付诸实践，而为这些社区提供运作基金的资助人却远在大洋彼岸。因此，评估标准必须简明，同时对资助人和当地社区都有意义，这样才能在所有利益相关者走向健康生存环境这一共同愿景的过程中取得成就。

以世界宣明会在非洲扩展清洁水源获取途径的经历为例。几年前，宣明会改变了 WASH 项目的运作方式，为自身设定了一个在五年内使得项目惠及 500 万需求人口的宏大目标。为实现这一目标，项目必须具备快速扩张的能力，达到每年帮助三个西非国家约 20 万人口建设水井的水平，同时在十个国家范围内，每年帮助五倍于上述数字的人口。新的运作方式意味着宣明会要合作的当地社区的数量也要增加到原有的五倍，这些社区拥有项目，对项目投资，同时维护项目的运行。

在撒哈拉以南非洲地区，多达一半以上的儿童因污染的水源和落后的卫生条件而丧生，再没有什么比保证该地区儿童的健康更重要的了。为了吸引资助人认真投入到清洁水源获取的项目中去，世界宣明会需要通过一种方式去就项目的挑战和潜在影响力进行评估和沟通，而这种方式必须令村民、掘井队和潜在资助人都感到自身与该项目密切相关。

第一步：对需求采用统一的评估标准——获得清洁水源

此前，参与项目的每个国家对这个需求的定义都不尽相同。世界宣明会在与社区的对话中做了如下的定义：水源的获取意味着在一年 12 个月之内，人们从家中出发，在 30 分钟以内可以到达清洁的水源地。以这个标准评估，在世界宣明会资助人长期注资的非洲社区里，只有 45% 的人真正地获得了清洁的水源。依然有 150 万人至今喝不上干净的水。这个数字巨大，令人警醒。此外，还有更多的人需要厕所和卫生安全培训。通过这个简单的衡量标准，我们看到了面临的挑战，并可以此与资助人进行沟通，让他们了解到当地人民真实的需求，同时激励当地社区行动起来，争取将这条每日水源之路花费的时间缩短到 15 分钟。

第二步：保证清洁水源的获取是可持续的（这是任何改进的关键之处）

在这一点上，重要的评估标准包括构建社区水源委员会，该委员会主要管理水源点，建立筹资机制，向每个使用该水源的人收取每年 1~2 美元的费用，用于日后的维修和日常维护人员的培训。这些日常维护人员由 7~8 人组成，一般可由委员会推选。此外，委员会必须确保让每个村民都学会保持水源洁净的方式，包括：盖上井盖，在水泵周围搭建围栏，使牲畜远离水源。除了评估这些投入，我们同样要评估结果，包括钻井速度和十年后的维修情况。对加纳的一项研究表明，10年前钻的水井中，仍旧有90%可以使用，但是研究也指出，这些水井的维修频度并不稳定。

这些在需求和社区委员会方面的简单的评估标准使得组织能够提高筹款额度，确保能够雇用相关专家，进一步发展项目。利用评估标准，宣明会与现有的资助人形成了强有力的合作。作为企业家，这些资助人在五年多的时间里筹集了350万美元用于聘用更多的技术专家、雇用项目承包人、购买设备以及落实持续性的评估体系。管理能力的提高使得宣明会能够灵活调整运作方式，可以雇用承包人、寻找本地志愿者、与当地政府及私人钻井队合作，将非洲这十个国家范围内获取水源的速度加速五倍。某资助人认为：世界宣明会具备合适的人选去完成项目的扩展，特别是非洲和美国的高级管理层，他们的职责能够吸引更多的资助人。正是因为有了简单的评估标准和资助人长期以来的参与，世界宣明会的WASH项目组才能够在多年来第一次在不受同比预算波动干扰的情况下筹划活动。

第三步：任何项目都需要简单的评估标准来衡量有效性和结果

在扩展过程中，WASH项目以每个家庭成员获得干净水源的成本的降低来评估项目的有效性。在项目实施的最初两年中，由于开发了供水能力更强的水源点，同时根据地形需求调整钻井方式——在有些地方甚至采用了廉价的人工钻井方式，获取水源的成本由80美元减至50美元。此外，宣明会以痢疾和腹泻症状下降的发生率，以及因不再需要离家取水而重返校园的女童的数量，作为项目影响力评估的标准。据了解，当地痢疾的发生率降低了70个百分点，而越来越多女童重返校园的故事也在不断传来，这些结果将在后续的独立分析评估中详细阐述。

评估是激励之源。截至2012年年底，通过卫生安全培训，世界宣明会将清洁水源的获取率提高了五倍，每年惠及100万当地民众。为此，世界宣明会认为有必要通过网络分享他们的成功经验和结果，让更多的人了解到他们的评估方式。

对一个项目来说，项目收尾是一个项目生命周期的最后一个环节，属于项目的终期阶段，项目收尾在公益慈善项目的整个管理过程中也处于这样的地位。项目的收尾阶段正是提交和显示项目成果的时候，它并不意味着项目工作人员就可以放松了，相反，此时正是需要最大限度调动项目团队投入工作的时候。因为项目收尾工作除了需要完成必要的收尾工作——合同收尾、管理收尾、审计、工作总结、项目评估等，还需要解决之前项目工作中产生的所有零碎、繁琐的残留问题，这是相当费时、费力的。有一个规律叫"九十九十率"，意思是90%的工作在90%的时间里完成了，余下的10%的收尾工作却还要90%的时间才能做完。

公益慈善项目收尾的大致工作与一般项目收尾工作有很多共性，但是在其细节处理上具有一定的特性。本章主要就公益慈善项目收尾的一些必要工作进行简要介绍，并结合一些实际案例进行简单应用分析。

第一节 公益慈善项目收尾管理概述

一、公益慈善项目收尾的定义

项目收尾过程是以正式结束项目或合同责任而实施的一组过程,其包含为完结所有公益慈善项目管理过程而进行的所有活动。当这一过程组完成时,就表明为完成某一项目或项目阶段所需的所有过程的所有过程均已完成,并正式确认项目或项目阶段已经结束。项目收尾中包括大量的文档化工作,涉及行政收尾、更新合同记录,以反映最后的结果,将信息存档供将来使用,是总结经验教训、完善更新组织过程资产的重要基础。

我国公益慈善组织实施项目管理的必要性最初来源于公共部门的改革,这对公益慈善组织的发展产生了深远的影响。然而在实际公益慈善项目管理中,项目管理收尾的过程和工作往往不被大家重视。有时因为项目任务繁重,项目团队为了按时完成任务忙于埋头赶工,或诸多问题急需解决,有的公益慈善项目主管甚至忽略处理这些事情,甚至导致社会公信力的损失,影响了项目可持续性。

二、公益慈善项目基本收尾程序

根据美国项目管理协会的定义,项目收尾可以分为两部分,一部分是合同收尾,另一部分是管理收尾。合同收尾就是与客户一起对合同进行核对,查看是否符合合同的具体要求,项目验收成果是否令人满意。管理收尾是指针对项目验收及项目参与或组织人员而对项目验收成果进行验证和归档。这两个基本部分又可以进一步细分为以下几个基本步骤,如图14-1所示。

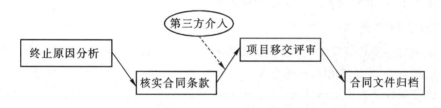

图14-1 项目收尾基本流程图

(一)项目终止的原因分析

首先需要明确一个观点,项目终止并非意味着项目不成功,也并非代表项目主管的失败。项目终止有很多复杂的原因,这些原因大体上又可以分为三类:资助方希望终止、执行方希望终止以及不可抗力迫使项目不得不终止。这时就需要找出原因,因此在项目收尾工作上,就需要我们从合同中找出这些项目终止的部分原因,以保持项目的稳定性。资助方和公益慈善组织希望终止的原因大体相同,分为以下几种:一是发现更好的项目,新项目对问题的解决或资源的投入都优于该项目,不得不终止该项目以减少资源损耗。对于这种情况,另一方可以要求终止方适当给予补偿,例如给予赔偿金或签订其他项目作为弥补。二是一方资金预算调整或内部人事变动等因素不得不终止项目。在这种情况下,虽然可以根据合同约定赔偿,但对方可能实在无力赔偿的情况下,双方一般通过协商解决。比如一家基金会与一家环保机构签订了为期5年每年100万的项目资助合同,但第二年该基金会发生较大的人事变动,原秘书长离职,理事会也发生较大变动,结果基金会决定不再资助继续该项目,环保机构因念及第一年资助的"交情",也没有要求赔偿,双方签订的合同也就随之失效了。三是公益慈善组织由于项目延期、质量不合格等问题导致资助方要求终止项目。在此情况下,执行方将承担相应责任。四是双方之外的不可抗力等客观原因,诸如政策变革、自然灾害、战争等原因造成的项目不得不终止时,往往会造成双方受损的情形。这些内容通常会在合同中约定免责条款。

(二)核实合同条款

进一步排查在公益慈善项目的执行过程中合同条例的兑现程度,确定该公益慈善项目所带来的社会效应是否达到合同预期。

(三)项目移交评审

这一环节也往往被称为合同收尾,目的是获得资助方对项目可交付物的验收。最好的方法是召开一次移交评审会。通过召开会议,可以避免项目主管就尚未解决的问题逐个向资助方澄清。这个会议的一项重要内容是项目主管需要作出项目执行陈述,比较项目最终可交付成果与项目合同文件要求的偏差。在许多情况下,由于项目自身的专业性,资助方会要求聘请外部专家进行评审。项目移交评审可能得到如下结果:一是通过评审,即资助方代表同意项目符合验收标准,并且资助方取得可交付产品及支持材料的所有权;二是有条件通过评审,即资助方代表同意接收项目的结果,但必须先完成指定的纠正措施;三是未通过评审,即项目产品没有达到验收标准,需要进行其他工作。项目团队应安排执行已确定纠正措施的时间,并重新提交修订后的项目可交付物进行后续验收。在有条件通过的情况下,后续验收只需要确认已经完成指定的纠正措施。如果是未通过评审,可能往往要重新执行整个项目。

除非有特别说明,收回尾款是项目主管的责任。项目主管必须要落实资助方在项目成果移交过程中的责任,并确保资助方尾款的顺利支付。

(四)保存项目文档

为了使项目得到有效实施,也为了给未来项目的设计、计划、估算和管理积累经验,并应对后续的评估和审查,要注意记录和保存项目相关文档。在项目收尾过程中,由于项目团队的注意力集中在完成任务和期待新任务方面,记录项目数据和信息,以及进行经验总结很容易被遗忘。

不同的公益慈善组织对项目文档的具体要求不同,但一般应包括以下内容:项目日志、项目计划、项目往来函件、项目会议记录、项目进展报告、合同文档、技术文件和其他文件等。

公益慈善组织应该建立保存和维护这些项目数据的计算机信息系统,方便在需要时可以迅速检索和查找。在英国、美国、新加坡等国家,公益慈善项目的年度报告等文件保存时间为7年,超过这个时间才可以销毁。

(五)妥善安置项目团队成员

做好项目团队成员的妥善安置。多数公益慈善组织是借助项目来"养"人,项目收尾往往意味着员工暂时结束手里的任务,甚至还有可能会失去工作。如果项目组成员持有这种想法,他们往往会感到失落。项目主管有责任对团队成员感情上的变化作出反应,使这些人保持正常的工作状态。必须牢记团队成员是公益慈善组织的一分子,项目工作只是这些人员暂时性的工作,但他们在项目中积累了丰富的经验,为组织作出了自己应有的贡献。为此,机构负责人或项目主管应该在项目收尾之前,结合团队成员的能力和优势提前申请新的项目或将解散原有项目团队转入到新的项目团队中。如果有条件的话,还可以针对成功的项目召开庆功会,给予团队成员纪念章、证书或物质奖励等激励。只有在妥善地处理了上述问题以后,才能宣布项目的结束。在这个过程中,机构负责人或项目主管必须要让成员清楚,只有保质保量地完成现有的项目,才能加入到新的项目团队中去。

▶

小张是一家基金会的行政人员,因其表现突出,被抽调到某个项目组工作。一年期间,该项目组的成绩显著,受到机构表扬,但这一切似乎与小张无关。项目结束后,他又回到了行政岗位。秘书长问他参加如此成功项目的感受,小张回答说:"感觉很好,但以后这样的项目不要再派我参加了。"

◀

第二节　公益慈善项目审计

一、公益慈善项目审计概述

公益慈善项目审计是对公益慈善项目管理工作的全面检查,包括公益慈善项目的文件记录、管理的方法和程序、财产情况、预算和费用支出情况以及公益慈善项目工作的完成情况。公益慈善项目审计既可以对启动、进行或收尾的项目进行审计,也可以对公益慈善项目的整体进行审计,还可以对该项目的部分进行审计。任何类型的项目审计对于该项目来说意义重大。项目财务审计需要大量信息,以便确定项目所花费的时间和资源是否被真正用在项目上。这些信息通常包括以下内容:项目预算计划、工作记录表(考勤表)、外部合同、采购政策、采购单、预算执行情况报告、变更控制结果。要完成公益慈善项目的审计,就需要组织管理者运用自己的管理手段,充分调动组织资源,力求形成公益慈善项目审计现场的管理体制,保证收尾项目的审计有序进行。公益慈善项目通过审计,可以提高公益慈善项目效益。

项目财务审计小组可以由组织聘请外部的审计小组执行,也可以由机构内部审计小组来完成。很少有公益慈善组织建立了内审制度,因此财务审计通常是委托外部会计师事务所进行的,这在政府或基金会委托的项目中尤其常见。外部审计小组的目的是基于经验和公正性,内部审计小组主要考虑到项目的规模及成员对财务政策的熟悉程度。审计小组有权得到有关项目的所有记录,并随时同项目团队成员进行接触,以确保对项目的财务状况作出公正的评价。

二、公益慈善项目审计的作用

一是及时发现不合理的经济活动,并能提出相应的改正建议,促使项目主管最大限度地实现对人、财、物使用的综合优化,从而尽可能降低项目造价,提高项目收益。相对于政府组织的一年一度的审计,公益慈善项目审计可以是半年一次,甚至一季度一次,形成跟踪审计的局面,这在客观上对公益慈善项目保持了高压态势,有利于公益慈善项目的健康运行。例如中华社会救助基金会"大爱清尘"项目委托北京中瑞诚会计师事务所审计师对其进行一个季度一次、一年四次的高强度审计,保证了项目的透明化、捐赠款物管理和适用的效率化。

二是保证捐赠决策和项目实施期间的重大决策的正确、可行。公益慈善项目审计可以对公益慈善项目决策是否遵循了科学的程序、决策依据是否充分、方案是否经过了优选等做出正确评价,而从避免或终止错误的决策。这一点,对防止盲目捐赠和实施中的重大决策失误非常重要。

三是可以揭露错误和舞弊,制止违法违纪行为,提高组织信誉度,维护捐赠者的权益。公益慈善组织接受捐赠和社会税收优惠以及其他形式的公共资产,前提是承诺从事公益慈善事业,也因为他们的行为涉及一个极其广泛的利益相关方,所以慈善组织有责任向公众开放自己的行为标准和操作程序,接受社会监督。高质量的公益慈善组织有动机聘请审计师来传递关于公益慈善组织捐赠资源管理的信息,因为捐赠者更愿意向公开透明的公益慈善组织进行捐赠。例如,案例"河南水窖"项目是中国首个公开民间公益活动审计报告的公益慈善项目,正是因为信息公开才使得到上万人支持,新建水窖1117座。要注意的是,公益慈善组织遵循与商业和政府不同的会计惯例。如果一个审计方不熟悉这些惯例,或者没有经验的情况下对公益慈善组织进行审计,是不太可能发现财务上的不法行为的。

四是可以交流经验,吸取教训,提高公益慈善项目管理水平。在公益慈善项目审计的任何时期都会发现经验和暴露问题,这些经验和问题会帮助项目主管以及高层管理部门改善管理状况,避免或减少再次出现类似的错误。比如许多公益慈善项目都是按照企业的会计准则进行财务处理的,缺乏关联方信息披露、接受物资捐赠没有入账、随意变动预算等问题。通过发现并克服这些问题会大大提高公益慈善组织的项目管理水平。

五是可以激发公益慈善项目管理人员的积极性和创造性。在审计过程中,通过对管理和建设现状的评价与签证,使渎职舞弊的人员受到处理或批评,使成绩优异的部门和管理人员受到承认和荣誉,从而激励项目管理人员恪敬职守,努力工作。

六是项目主管调控项目的重要手段。通过审计报告结果,可以对公益慈善项目的效用和效度进行直观而全面的分析。

三、审计报告

与其他财务审计一样,公益慈善项目审计也需要以审计报告的形式呈现出来。公益慈善项目审计报告是指审计人员根据审计计划对被审计单位实施必要的审计程序,就被审计事项作出审计结论,提出审计意见和审计建议的书面文件,是注册会计师在完成审计工作后向委托人提交的最终产品。项目审计报告主要完成以下目标:①当前项目的财务状况,主要描述用于项目的各项费用支出情况;②财务偏差情况,主要描述与各财务基准指标相比而出现的比较大的偏差或变化(从费用角度)以及用于批准这些变更的流程是否合乎法律和组织管理规范;③解释与建议,即解释那些发生偏差的原因,说明其合理程度,并针对这些偏差提出处理的措施,以及就未来项目出现这种情况如何处理提出建议。

审计报告一般是组织委托有关专业部门进行的,项目审计报告的格式和内容一般是有相对固定的模板。在审计报告中,审计小组有必要将那些与项目有关的信息和无关的信息区分开来。审计报告要由审计会计师签名盖章,受委托事务所盖章。盖章必须是参审会计师本人,也必须是委托事务所的有关工作人员亲自盖章,否则不符合会计行为守则,要追究相关法律责任。2011年12月,民政部、财政部下发《关于进一步加强和完善基金会注册会计师审计制度的通知》(财会〔2011〕23号),规定基金会重大公益项目必须接受审计,其中重大公益项目包括以下三种情形:当前该项目的捐赠收入占基金会当前捐赠收入的1/10以上的;当前该项目的支出占基金会当前总支出1/10以上的;持续时间超过两年的。在项目活动结束后应向登记管理机关报送经注册会计师审计的专项报告,并按照要求向社会公布。因参与处理自然灾害等突发事件需要开展的募捐活动,以及登记管理机关要求进行专项审计的其他活动,也需要出具审计报告。

▶ ——————————————

"捐一元"项目专项审计报告

中瑞岳华专审字〔2012〕第 1967 号

百胜咨询(上海)有限公司:

我们接受百胜咨询(上海)有限公司(以下简称"百胜咨询")的委托,对 2010 年 8 月 21 日至 2010 年 9 月 5 日止,百胜咨询以及百胜(中国)投资有限公司(以下简称"百胜投资")(以下合称百胜咨询及百胜投资为"百胜公司")及顾客、员工对"捐一元·献爱心·送营养"项目(以下简称"捐一元"项目)捐款以及中国扶贫基金会"捐一元"项目接受捐款及使用情况执行商定程序。

"捐一元"项目发起人(中国扶贫基金会和百胜公司)的责任包括:建立有效的内部控制制度,以保证资产的安全及提供相关资料、信息的合法性、真实性和完整性。

我们的责任是按照《中国注册会计师执业准则》的规定执行商定程序。中国注册会计师执业准则要求我们遵守职业道德规范,计划和实施审计工作并出具专项审计报告。

现将有关审计情况报告如下:

一、审计目的

对在 2010 年 8 月 21 日至 2010 年 9 月 5 日期间,百胜公司及顾客、员工"捐一元"项目捐款以及中国扶贫基金会"捐一元"项目接受,以及 2010 年 11 月至 2012 年 4 月使用该项捐款的情况执行商定程序,并出具专项审计报告。

注:2010 年"捐一元"项目所筹善款中国扶贫基金会于 2010 年 11 月至 2012 年 4 月使用,因此于 2012 年 6 月进行审计工作。

二、审计范围

(1)2010 年 8 月 21 日至 2010 年 9 月 5 日止,百胜公司及顾客、员工"捐一元"项目捐款的明细资料;

(2)2010 年 11 月至 2012 年 4 月止,中国扶贫基金会"捐一元"项目接受、使用情况,2010 年 8 月 21 日至 2010 年 9 月 5 日止,百胜公司及顾客、员工"捐一元"项目捐款的情况;

(3)2010 年 11 月至 2012 年 4 月止,"捐一元"项目涉及的云南省教育局的项目款及项目物资接受、使用情况。

三、"捐一元"项目工作流程简介

(1)捐款来源:百胜公司旗下餐厅消费者捐款、百胜公司员工、百胜公司。

(2)百胜公司收集、汇总、核算全部捐款后统一汇款至中国扶贫基金会。

(3)中国扶贫基金会收到捐款后,选择资助地。受助学校必须满足处于贫困县,贫困生比例较大,以住宿制学校为主等条件。中国扶贫基金会再根据名单逐个考察各校实际情况。

(4)中国扶贫基金会通过实地考察、对比询价以及竞争性谈判等方式确定项目供应商。

(5)中国扶贫基金会与食品供应商、当地教育局签订三方协议,采购学生奶和鸡蛋;中国扶贫基金会与炊具供应商签订采购协议,购买爱心厨房设备,并与各受助教育局签订捐赠协议,将爱心厨房设备赠给各受助学校。

(6) 中国扶贫基金会分三批向受助教育局拨付项目资金。项目协议签订初期向受助教育局拨付首批项目资金；在项目执行中期和项目结束后，对教育局提供的项目执行报告、项目对账单、鸡蛋和牛奶的供应商与教育局往来的发票票据等进行审核确认后，向教育局分批拨付项目资金。

(7) 由学校或教育局签收牛奶、鸡蛋、炊具。牛奶和鸡蛋供应商送货时出具出库单，项目中期、终期制作项目对账单，每月向教育局开具发票，由教育局核对每批次的接收数量、金额后签字存档，并根据发票金额向供应商分批拨款；炊具供应商送货时出具出库清单，并由受助学校负责人核对数量、品种后在出库单上签字存档。

(8) 由学校指定专人保管、发放牛奶、鸡蛋，妥善保管并使用炊具。

(9) 中国扶贫基金会项目执行人员及内部监测部门对项目执行情况进行定期监督、检查。

四、执行的商定程序

从终端消费者和员工到百胜中国。

我们核对了5家市场明细账中记录的消费者和员工的捐款同5家市场原始凭证的记录，核对相符。

对于百胜公司总部以及5个市场，我们执行如下程序：

(1) 消费者捐款：在每个选取的市场上再任意选取5家餐厅，获取捐款期间（2010年8月21日至2010年9月5日）的月POS机签购单，检查签购单上的捐赠金额是否同该市场明细账上记录的月捐款总额相符。

执行结果：经核对，5家市场共计25家餐厅的月POS机签购单上的捐赠金额与百胜公司RAS系统以及财务明细账记录的捐款总额相符。

(2) 百胜公司员工捐款：从百胜咨询以及选取的5家市场的人力资源部门获取一个月的员工工资计算表，从百胜咨询总部任意抽取25名员工，从每个市场任意抽取5名员工的捐款作为样本，并与相关员工的签字确认的数额核对。

执行结果：经核对，记录相符。

(3) 获取与(2)中相同月份的工资计算表，核对工资计算表中的员工捐款总额是否同明细账中记录的该月员工捐款金额相符。

执行结果：经核对，记录相符。

(4) 从百胜投资获取百胜中国市场的捐款明细，该明细中分别罗列了百胜咨询、加盟商和所有各市场的客户及员工的捐款数额。核对选取的5家市场的银行出账水单上的捐款金额是否同捐款明细相符。

执行结果：根据百胜投资提供的5家市场的银行出账水单以及捐款明细表，经核对，记录相符。

(5) 核对百胜投资的银行对账单中从上述5家市场汇入的捐款额是否同相关市场的汇出金额相符。

执行结果：根据百胜投资提供的银行对账单，经核对，记录相符。

(6) 核对捐款明细的总额是否同百胜投资和百胜咨询的明细账中记录的捐款总额相符。

执行结果：根据百胜公司提供的捐款明细及JDE系统捐款明细账截屏，核对相符。

五、从百胜中国到中国扶贫基金会

(1) 获取记录百胜投资和百胜咨询为"捐一元"项目汇款至中国扶贫基金会的银行对账单，并核对是否同百胜投资和百胜咨询明细账中记录的捐款金额相符。

执行结果：根据百胜公司提供的银行对账单及JDE系统截屏，核对相符。

(2)获取中国扶贫基金会为百胜投资和百盛咨询开具的"捐一元"项目捐款发票,并核对是否同银行对账单中的金额相符。

执行结果:经核对,记录相符。

六、从中国扶贫基金会到教育局及炊具供应商

(1)获取所有有关中国扶贫基金会向教育局和炊具供应商汇款的银行出账水单,核对每一张银行出账水单的金额是否同教育局开具的收据相符,并核对相关银行出账水单总金额是否与炊具供应商开具的发票相符。

执行结果:经核对,记录相符。

(2)从中国扶贫基金会获取收付款明细,并核对从百胜中国汇入的金额是否同[五(2)]中所述的收到金额相符,后者又是否同明细账中的金额相符,以及支付给教育局的全额是否同(1)中银行出账水单上的金额相符。

执行结果:我们获取中国扶贫基金会的收付款明细和银行对账单,与百胜公司的汇入金额、明细账金额、中国扶贫基金会支付给教育局的金额进行核对,经核对,记录相符。

七、从教育局到鸡蛋和牛奶供应商

(1)获取教育局的所有相关银行入账流水单,并核对流水单金额同中国扶贫基金会汇出的捐款金额是否相符。

执行结果:经核对,记录相符。

(2)获取所有有关教育局汇款至牛奶和鸡蛋供应商的银行出账流水单,并核对该金额是否同供应商出具给教育局的发票金额相符。

执行结果:经核对,记录相符。

(3)查看(2)中获取的发票,并记录每张发票上的发票号和相关描述。任意选取25个样本。

执行结果:发票查看,记录完毕。

(4)从每家教育局获取收款明细表,并与中国扶贫基金会支付给教育局的捐款金额进行核对。

执行结果:我们获取了教育局的收款明细,与中国扶贫基金会支付给教育局的金额进行核对,经核对,记录相符。

八、鸡蛋供应商、牛奶供应商和炊具供应商的产品供应

(1)获取鸡蛋和牛奶供应商为"捐一元"项目供应鸡蛋和牛奶的按月汇总表。

执行结果:经核对,记录相符。

(2)获取每一家食品供应商所有相关的商品出库单,并与相关发票上的数量和品种进行核对。

执行结果:经核对,记录相符。

(3)向相关教育局发出书面询证函,检查相关教育局是否确认收到(2)中的出库清单上所述的食品。

执行结果:经寄发询证函确认,各教育局均已收到所述食品。

(4)获取炊具供应商的炊具出库清单,并且同相关发票上的数量和品种进行核对。

执行结果:经核对,记录相符。

(5)向相关教育局发出书面询证函,检查相关教育局是否确认收到(4)中的出库清单上所述的炊具。

执行结果:经寄发询证函确认,各教育局均已收到所述炊具。

九、百胜公司及顾客、员工捐款支付情况

2010年11月至2011年2月止,百胜公司及顾客、员工向中国扶贫基金会支付善款共计14573088.13元。

百胜公司及顾客、员工捐款情况详见附件。

十、中国扶贫基金会接受、使用捐款的收支情况

(一)"捐一元"善款接受情况

2010年11月至2011年2月止,中国扶贫基金会共计收到百胜公司及顾客、员工捐款14573088.13元。

(二)"捐一元"善款使用情况

2010年11月至2012年4月止,中国扶贫基金会共使用"捐一元"善款14491816.80元明细如下:

项目	金额
拨款至教育局	10711336.80
付款至炊具供应商	2780480.00
项目管理费	1000000.00
合计	14491816.80

备注:

(1)教育局拨款为牛奶、鸡蛋支出。

(2)炊具供应商付款为爱心厨房设备支出。

(3)项目管理费相当于捐款的6.86%,由百胜公司另行配捐。

(4)项目管理费包括与项目执行相关的差旅费、办公费及人力成本等费用,以及财务、监测及行政办公等支持费用。

(三)善款结余情况

截至2012年4月,中国扶贫基金会接受百胜公司及顾客、员工"捐一元"项目捐款资金结余81271.33元,已用于2012年"捐一元"项目下一阶段执行。中国扶贫基金会接受、使用捐款的收支情况详见附件二。

十一、2010年11月至2012年4月止,教育局食品、炊具接受情况

(一)"捐一元"善款接受情况

"捐一元"项目涉及的云南8家教育局共计收到中国扶贫基金会拨款10711336.80元。

(二)"捐一元"项目食品接受及款项支付情况

(1)"捐一元"项目涉及的云南8家教育局共计收到食品供应商提供的食品金额共计10711336.80元,其中收到鸡蛋金额共计3490361.72元,收到牛奶金额共计7220975.08元。

(2)"捐一元"项目涉及的云南8家教育局已全额支付食品款项10711336.80元。

教育局款项收支详见附件三。

(三)"捐一元"项目炊具接受情况

"捐一元"项目涉及的云南8家教育局各自均已收到炊具供应商提供的厨房设备10套,共计80套,价值共计2780480.00元。

审计报告的类型一般包括:无保留意见审计报告、保留意见审计报告、否定意见审计报告

和无法表示意见审计报告四种。公益慈善项目财务规范的情况下,会计师事务所一般都会出具标准的无保留意见审计报告。

第三节 公益慈善项目工作总结

一、公益慈善项目工作总结概述

公益慈善项目收尾工作完成以后,就是公益慈善组织进行工作总结的时候。工作总结一般是在项目会议上由各个项目成员对于自己负责的部分进行工作汇报,简要概括部门在工作中的大致情况,再由项目管理者总结并指出工作中的不足与优点,会后以工作总结报告的形式,递交给组织负责人,作为公益慈善项目的核心记录并保存。工作总结报告要求内容翔实,一般包含了工作回顾、未来计划、主要任务,更详细的还写有工作优势与不足以及对不足的改进方案等等。有时机构还会将工作总结对外公布,一般公布工作总结报告的摘要,以摘要的形式主要是为了内容简洁,披露一些公众关心的内容(主要是公益慈善项目的财物去向、收支情况),而且为了更简单,许多是采用表格的方式进行的。

二、公益慈善项目工作总结的特点

公益慈善项目工作总结准确地来说属于项目后评价阶段,对于一个公益慈善项目的评价可按项目实施过程分为前期评估、中期评价和项目后评价,下面通过与项目前期评估以及中期评价的比较,进一步得出公益慈善项目后评价的特点:

(一)现实性

公益慈善项目后评价是以实际情况为基础,对项目实施中现实存在的情况、产生的数据进行评价,所以具有现实性的特点。这一点和项目前期评估不同,如在前期评估中,项目可行性研究是预测性的评价,它所使用的数据为预测数据。

(二)公正性

公益慈善项目后评价必须保证公正性,这是一条很重要的原则。公正性表示在评价时,应持有实事求是的态度,在发现问题、分析原因和作出结论时避免出现避重就轻的情况,始终保持客观、负责的态度对待评价工作,做到一碗水端平,客观地作出评价。公正性标志着项目后评价及评价者的信誉,它应贯穿于整个项目后评价的全过程,即从后评价项目的选定、计划的编制、任务的委托、评价者的组成、具体评估过程直到形成报告。

(三)全面性

公益慈善项目后评价是对慈善项目实践的全面评价,它是对项目立项决策、设计施行、资源经营等全过程的系统评价,涉及公益慈善项目的公益效果、社会影响。

(四)反馈性

公益慈善项目的有关信息要反馈到有关专门部门并记录。反馈的信息要保证满足工作报告的现实性、公正性、全面性。

(五)反思性

公益慈善项目在审计评价过程中,对项目目标、执行过程、执行结果、财务情况等做全面评价,以相对客观公正给予评判项目质量是否达到预期,如果未达到预期,共同讨论原因,促进项目团队反思,总结经验与教训,避免再次发生同类问题。表14-1列出了世界宣明会的项目反思摘要。

表 14-1 世界宣明会的项目反思

设计/再设计的反思主题	• 伙伴权力分析是否完整——设计的角色和责任 • 项目/子项目逻辑 • 目标、风险和类增策略分析 • 可持续发展的模式——特别是关乎促进良好管制和充权 • 这个阶段的监测和评估计划过程是否完整 • 设定指标 • 项目设计是否与组织全球中心、亚太区办事处及中国办策略一致 • 谁参与了设计过程,过程是怎样的 • 鉴于捐助者有种种要求和限制,伙伴能维护项目完整性的程度
资料来源	• 年终报告/回顾 • 前期评估报告,包括伙伴权力分析 • 评估报告 • 设计过程笔记 • 其他机构的报告和研究
何时反思	• 在设计过程之前进行询问
采用什么方式	• 行动学习和小组会议 • 项目人员经常做记录 • 与设计小组一同检讨 • 与伙伴和地方机构的讨论与合作
反思的产物	• 设计文件 • 记录 • 笔录学习计划和学习协议

图表来源:世界宣明会:《从问责及规划的评估中学习》。

第四节 公益慈善项目评估

一、公益慈善项目评估概述

(一)公益慈善项目评估的定义及种类

很多公益慈善项目很多是为了解决社会生活中的个人以及团体的问题而实施的。例如有了儿童的虐待问题、年轻人的失业问题、老年人的孤独死等社会问题,项目就以儿童的健康成长、年轻人的职业支援,以及高龄者的社会融入等作为最高目标进行一系列的介入来解决此等问题。但在社会生态学角度上看,造成一个社会问题的脉络是极为复杂的,解决社会问题的角度也并不只是有一种,项目本身只能对利用者提供部分的贡献,因此何种路径具有更好的解决效果和效率就极为重要,而在此时就需要评估来达到该目的,从项目的运营和第三方看来,还会直接影响将来解决问题的模式。尽管评估的历史可以追溯到17世纪,但是,系统的评估研究则是出现在20世纪30年代左右,主要是改善文盲、职业培训和流行病发病率等教育及公共卫生领域的评估。美国学者希罗等撰写的《评估:方法和技术》中将评估定义为研究者运用社会研究方法,研究、评价并帮助改善社会项目的所有重要方面,具体包括社会问题诊断、概念化与设计、实施与管理、结果和效率。

总体来说,项目评估是运用系统的社会调查,在一定政治和组织环境条件下,致力于改善社会干预项目的绩效系统的一系列行为。项目评价的范围极为广泛,可包括教育、医疗、福利、商业等多个领域。公益慈善项目评估具体是指运用科学的工作和方法对公益慈善项目进行客观、公正、准确的评判。公益慈善项目评估与慈善组织等级评估在主体、机制和方法上都存在差异,它不仅是检验项目服务成效和资金使用合理性的重要措施,也是促进公益慈善组织规范化运营的重要手段。

根据项目评估的侧重点,有以下几种概念分类,这一分类同样也适用于公益慈善项目评估:

1. 产出型评估(outcome evaluation)

项目评估产生之初主要是从这个角度来定义评估,最开始的理解就是"开展一定的活动之后比较目标值和实际的所得是否吻合的情况"。这个评价的标准就是针对项目本身的完成程度,通过评判它的达成情况或者程度来评判项目的本身的价值。

2. 影响型评估(impact evaluation)

后期逐渐有人反对产出型评估的定义,因为它只是注重项目本身,而这并不具有说服力。如P. H. Rossi认为"评估是活用社会调查的方法,对社会项目等介入效果的体系化的研究,并可成为改善社会状况的社会行动的情报来源"。这与之前的价值本身鉴定为目的的评价定义相比,评估的最终目的是社会现状的改善,注重其影响的部分。这个时候就需要区分产出(output)与影响(impact)两个内容。产出就是项目对项目主体产生的最终结果,而影响可以理解为长期性的产出。例如,职业训练项目的产出是对于项目参加者是否获得工作来说的,但是其影响可能是项目对象地区全体的失业率相关的效果。因此,影响型评估的定义会联系到后期社会影响的部分,以便对重要决策构成直接影响,如项目的继续、资源分配、重组或法律行为。

3. 形成型评估(process evaluation)

后期学者们又认为以上两种评估仍忽略掉一个重要的因素,那就是项目结构如果没有得到足够重视的话,就很难最终得出项目与其产生效果之间的联系。该方面的代表性是学者H. T. Chen,他认为评估应该要检测项目在介入、实施与项目效果上的因果联系,以及这种效果是否可以一般化。据此他提出以下的定义:"项目评估就是查找并订正项目体系上的构造,应用相关的知识、技术来提升项目的计划实施。"此种定义下的评估注重活动间的逻辑,有利于形成相关的理论,指导同类型项目的开展。

4. 关注利用型评估(utilization evaluation)

另外一个评价定义注重在评价的实用性上面,代表的学者为M. Q. Patton,他强调评价的解惑和评价的过程要有机地使用起来,"项目评估是将项目的活动、性质和产出的信息有体系地收集起来,当项目实施过程中需要任何的判断,评估都要介入来改善其效果,并决定将来项目的情况"。这种评估所针对的观众主要是项目策划者(在项目策划阶段)、项目管理者、监察委员会或对优化项目绩效感兴趣的投资者。在这种情况下,评估者通常要和项目管理者以及项目方密切合作。

除此之外,项目评估根据实施过程中的评估者与项目方的主要互动形式可以分为以下几种:

(1)独立评估:评估者负责制定评估方案、实施评估以及评估结果全程。主办机构委托独立的评估者,只规定评估的目标和内容,其他的则由评估者从具体规划到实施自由执行。

(2)参与性或合作性评估:这类评估由项目方和评估者合作完成评估计划的实施和评估的过程。参与性评估的一个著名方式就是佩顿(M. Q. Patton)的"关注利用的评估"。佩顿的方法强调和某些特定的个体密切合作,他们利用评估结果来保证评估反映他们的需要,并产生他们能够实际使用的应用信息。

(3)授权性评估:在这类的评估中,评估方与项目方的关系是参与性或合作性的。另外,评估者的角色还包括对参与其中的项目进行咨询和帮助,例如能够让项目方自己实施评估,有效地利用评估结果来获得支持和改变。

还有一种在实际工作中比较常用的类型是项目自评估和第三方评估。项目自评估与工作总结有很多内容重合,但自评估通常还包括了项目成员按照评估体系的相关指标进行自评分的内容,其目的是为了向资助方或社会公众汇报该公益慈善项目的完成情况,接受社会监督,维护社会公众的知情权,树立公益慈善组织良好的社会形象,为以后的公益慈善项目顺利实施打好坚实的社会基础。第三方评估是指处于第一方(被评对象)和第二方(顾客对象)之外的一方开展的评估,通常具有独立性、专业性和权威性的要求。以第三方自身的组织成分作为分类依据,第三方评估还可以进一步细分为高校专家评估、专业机构评估、社会代表评估和民众参与评估。

一些公益慈善组织还有一些自身的衡量指标,比如某公益基金会的项目评判指标就包括以下方面,如表14-2所示。

表14-2 项目原则与思路

目标明确	每个项目有明确的目标,并且在项目执行管理过程中不偏离这些目标
设计清晰	每个项目对项目活动、完成时间、产出成果等都有具体清晰的描述
过程可控	项目执行按计划进行,允许项目进度在适度和可控范围内进行调整
评估有效	项目目标成果如实现后的产出、影响等可以衡量和被评估,且评估结果能为项目及机构未来的调整、发展提供参考性意见
信息公开	项目执行过程中,通过机构硬盘以及网络共享项目信息和文件用于内部信息公开,并且同时通过网站、简报、微信等方式,对外公开项目信息
参与其中	基金会项目管理过程中,在不干涉项目伙伴及执行方自主性的前提下,保持适度参与,提供必要协助和支持,保证项目目标的实现
关系和谐	项目合作各方本着互相尊重、积极沟通的原则,建立保持和谐伙伴关系
共同成长	项目合作各方在项目执行的过程中不断积累经验、充盈项目,共同学习与成长

(二)公益慈善项目评估的目的

(1)通过评估可以了解项目开展的进程,是实现项目目标的保证。这点主要是对项目资助者来说的,因为一般而言,资助者与项目执行者并不统一,他们比较关注项目的执行情况与原来的计划是否一致,是否达到了预期的目标。

(2)通过评估寻找项目中的可取之处,以及需改善的问题,并判断项目是否对目标人群有积极影响,能否有效提升公益慈善组织的能力。对于项目管理者来说这一点尤其重要。在项目的规划阶段,项目评估能够帮助其明确目标和服务对象;同时在执行过程中,帮助其梳理项目的逻辑,指导项目人员采取更为有效的计划。项目结束后也能帮助其总结经验教训,为将来项目的展开起到反馈的作用。如项目没有得到预期效果的时候,原因可能是项目根本就没有按计划实施,抑或实施不力,或者项目按照计划实施,但是问题出在最初的规划上,如目标人群的需求被误解等。

(3)通过评估有利于对比其他的项目途径,探讨项目本身的可复制性,为计划和政策制定提供信息。对于评估的研究者来说,有着重要的学术价值。

(4)通过评估可以对利益相关者负责,能够进而保护社会正义。公益慈善组织往往是为了公共的目标来开展项目,因此通过评估确保社会弱势群体能够接受到合理以及有效率的服务,会进一步推动社会的发展。

(5)通过评估可以树立社会组织的社会公信力。因为慈善组织很多资源来自于捐赠者,而且部分组织还享受了税收减免待遇和其他政策优惠,有责任向捐赠者、政府以及其他员工交代资源的使用效果。通过客观公正的项目评估以及基于评估的问责交代,有助于提升公益慈善组织的社会公信力。

(三)公益慈善项目评估的伦理原则

狭义上来说,项目评估伦理是项目评估者在评估社会项目过程中应该遵循的,处理项目利益相关者关系的道理和准则。美国在项目评估方面起到了先驱的作用,对其他国家和地区有着重要的影响。它的发展经历了两个阶段,即20世纪80年代的萌芽期和20世纪90年代以来的成型期。由于评估越来越专业化,美国评估协会后期采纳了Shadish等人制定的《评估工作者指导守则》(AEA guiding principles for evaluators),如表14-3所示。该守则总结了评估者实践工作的5条守则并对现今的项目评估伦理仍有重要的影响和指导作用。

表14-3 美国评估协会采用的伦理原则

①系统调查:评估者对评估对象进行有计划的,以数据为基础的调查。
②能力:评估者向项目方证明具备从事相关项目评估的资质和能力。
③正直:评估者保证在整个评估过程中的诚实和正直。
④尊重他人:评估者尊重接受调查者、项目参加人员、客户以及其他项目方的安全、尊严和自我价值。
⑤对大众福利的责任:评估者明了并重视与公众利益有关的利益和价值的多样性,评估研究的结果要有利于社会平等目标的实现,促进社会公共福利的增长。

注:每一条原则之下都包含若干小的要点,该原则由美国评估协会成员批准。

在具体的评估过程中,评估人员需要意识到评估的专业化程度以及评估研究的规范化问题。特别是在公益慈善项目中,需要经常与敏感性人群接触,要时刻保持自己的研究伦理的警觉。例如,在与儿童、残障人士进行调查过程中,需要获得其家人和监护人的同意,并保护敏感信息不被泄露,保存该部分信息时注意保密,允许研究对象以匿名的形式回答。

二、公益慈善项目评估的步骤与常见问题

(一)公益慈善项目评估的步骤

公益慈善项目评估工作主要是项目管理的后评价工作,具体步骤如下:

1. 确定项目评估人员

选择合适的项目评估人员对公益慈善项目进行评估是非常重要的。公益慈善项目评估包括自评估和外部评估。自评估类似于项目收尾阶段的项目工作总结;外部评估则显得较为正式,通常需要聘请第三方专业评估团队完成。一般而言,项目评估人员至少应包括项目的预期受益人、服务提供者和观察者三类角色。这些不同评估人员所扮演的角色各有所长,通过提供不同的信息来源形成多源验证,如表14-4所示。

表14-4 项目评估人员

信息来源	优势	弱点
项目的预期受益人		
个体参与者	能够提供项目运营的信息; 拥有独有的对项目的反映信息; 能够说明绩效的变化	对项目而言,不是专家; 见到改善时会产生偏见; 顾虑项目提供方的感受
社区居民	拥有独立的计划用于影响社区的项目的关注度信息; 可能倾向于不报告改进	对项目而言,不是专家; 可能意识不到项目的存在
服务提供者		
项目成员	能够提供项目运营的信息	可能会倾向于展示项目合意的一面
项目记录	独有的描述项目和参与者的信息; 没有不响应的问题	可能会倾向于展示项目合意的一面; 有时会造假来支持项目
观察者		
专家观察者	熟悉类似于被评估项目的那些项目; 可能没有支持项目的偏见倾向	拜访会很简略,观察者会被误导
受过培训的观察者	能够关注特定的感兴趣的变量; 可能不会有偏见	培训与维护项目现场的费用昂贵
重要的其他人员	观察参与人日常行为的最好的来源; 能够提供目标信息; 可能不会有偏见	见到改善时会产生偏见; 在数据搜集方面花费昂贵

2.确定评估指标

在组建评估团队之后,团队成员需要结合项目合同中约定的承诺行动和项目目标对评估内容及框架进行讨论,商讨公益慈善项目究竟应该选择哪些合适的评估指标。由于公益慈善项目的内容千差万别,公益慈善项目评估的指标和因素往往也不一致,往往需要结合具体问题具体分析。

▶ ························

1996年波士顿的海伦之家(Haley House)是一家针对低收入人群进行面包师技能培训的课程项目,它面向公众开放餐馆,部分员工是接受高品质食物加工培训的人员。完成6个月的培训期后,面包店还向受培训者提供就业服务,帮助他们在其他餐馆或者面包店找到工作。该店规划了自己的项目评估标准,具体包括:

① 绩效里程碑。
② 已经联合的同行数量。
③ 参与的社区活动数量。
④ 发放宣传材料的日期和场所数量。
⑤ 每周光临本店的顾客数量。
⑥ 顾客优惠券的使用情况。
⑦ 网站的访问量。
⑧ 每周零售收入。
⑨ 每月新增批发项目的数量和规模。

3.开展调查活动

为了获得更全面和真实的数据资料,评估团队有必要开展调查活动,访谈和问卷调查等是常用的调查方式。

4.收集和整理可比数据

在调查过程中,评估团队同时也在收集和整理数据资料。团队成员通过对收集的数据进行归类处理,同时淘汰一些无效调查数据,保证调查数据的完整性和有效性。

5.资料和数据分析

调查结束后,评估团队对收集的资料进行分析,分析既可采用定性,也可以采用定量,还可以采用两者相结合的方式进行。

6.撰写评估报告

经过专家的指导和建议,评估团队要将分析结果进行总结,填写详细的书面材料,便于报告使用方进行审阅。

7.沟通

评估团队将撰写的项目评估报告与组织负责人及项目团队进行沟通,从而了解该公益慈善项目的综合效果,并同组织发展总目标进行比较,同时反思项目是否存在优化和完善的空间。在这一环节,公益慈善组织及项目团队通常会对项目评估结果存在异议,双方需要进行协商和讨论。

8. 反馈

向资助方报告评估结果，展示流程及验证报告，使他们对组织的公益慈善项目绩效有明确的认识。资助方对项目报告进行讨论，并决定是否继续进行或支持该慈善项目。个别面向公众筹款的公益慈善项目还要将评估报告面向社会公布。

（二）当前我国公益慈善项目评估存在的问题

我国公益慈善项目评估是随着慈善事业的发展而兴起的，在整个公益慈善服务流程中居于末端，其出现的问题有些是因为主观重视的程度不够，有些是因为评估本身的技术手段欠缺，有些则来源于流程机制设置的不合理。对上述问题的合理归因，决定了问题在何种程度上得到有效解决。

在技术层面，公益慈善项目评估存在的问题主要有以下几点：一是项目评估指标设计。如联合之路出现丑闻后，人们曾质疑其第三方评估机构的公信力，然而第三方评估机构申辩说，按照他们的评价标准，结果就是没有问题的。这一事例反映出，任何评估指标都存在钻空子的可能。二是评估框架与模式。早期对这一问题的解决方案是倾向于发展出综合性的评价框架，但统一的评价模式难以有效评价各种不同需求类型的政府购买服务，而近期分类评价模式逐渐兴起。由于服务项目的千差万别，分类评价的复杂性也随之增加，目前仅在养老、救灾、教育等个别项目中得到了应用。三是评价工具与方法。行为事件访谈法、专家小组讨论法、调查问卷法、工作分析法等定性评价依然是主流，定量评价法尽管得到了一定程度发展，如层次分析法、数据包络分析法、神经网络法等，但由于模型设计较为复杂，实用性不够而未得到普及。四是定价机制。目前的项目评估市场依然还不够成熟，集中体现在卖方市场条件下，项目评估的行业定价机制却未形成，打包、卖牌子、均一价等定价模式都反映出评估方专业程度缺乏导致议价能力薄弱。

在管理层面，公益慈善项目评估面临的问题主要有以下几点：一是评估机构的资质。比如项目评估机构到底需不需要设置准入门槛？其标准和职业规范是什么？委托方、代理方和第三方评价机构权利义务关系如何？资格保证、利益回避、签名评分、信息保密等方面如何问责？二是评估机构的信息采集。评估机构信息采集通常采取单方任务式的收集，不仅成本高昂，也因为缺乏多个信息源的比对而无法保证信息的真实性。只有公益慈善组织的信息公开问题得到解决，评价中的信息搜集才能避免重复性的劳动，节约评价成本，并真正引入社会公众的参与。三是评估结果的发布。当前项目评估工具普遍被当成商业机密，评估报告变成了"不可见信息"，这不仅造成了被评估机构对评估结果的质疑，影响了项目评估的公信力，也一定程度上阻碍了评估方法的交流和进步。四是公益慈善项目评估的市场空间问题。尽管前景广阔，但当前项目评估的市场空间依然十分有限，行业只能容纳少数几家机构，"一招鲜吃遍天"的现象也屡见不鲜。

通过上述分析我们发现，公益慈善项目评估问题的症结是复杂的，围绕项目评估工作本身就事论事而忽视对整个项目机制流程方面的考察，容易将风险与责任单向化，不仅可能导致问题的错误归因，还可能使公益慈善项目陷入低水平循环。

三、公益慈善项目评估内容

在开始介绍公益慈善项目评估内容之前，要先了解一下项目本身的构成，如图14-2所示。项目根据其总目标,下设有具体的子项目目标,每一个子项目目标都有其活动和支出的具体内容。虽然项目是作为一个整体来进行评估的,但是因为项目本身里面包含了各种各样的子项目,所以从评价的视角上看的话,除了全体的效果以外还要加上项目本身的构成和相互关系。

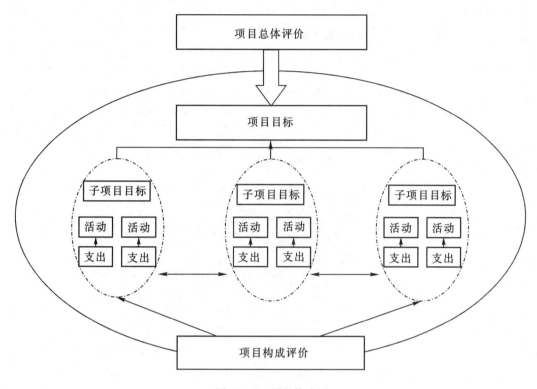

图 14-2 项目构成图

在这个系统之上,项目评估一般围绕五个维度中的一个或多个来谈(见图 14-3)。下面将从每一个维度来讨论其侧重点以及评估的相关内容。

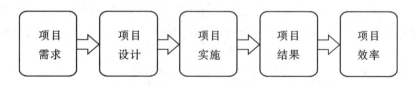

图 14-3 项目评估的内容

(一)需求评估

在项目的策划和设计阶段,需求评估起着极为重要的类似指南针的作用,直接影响之后的项目设计以及项目运营及结果。在项目结项之后需求评估也是所有评估研究的基础,是一个前提性的条件,需要评估者重视起来。下面还是以社区为例,可以看到同样是关于女性的需求,为女性提供的一些基本服务需求的项目也会根据其年龄以及婚姻状况等存在很大的不同,如表 14-5 所示。

表 14-5　女性需求评估

服务大类	服务分支	服务对象(女性)	服务内容
婚姻家庭	青年交友	未婚女性	通过举办丰富多彩的活动,为未婚女性搭建交友平台
	反家暴	已婚女性	开展家庭暴力干预,维权联盟建设,提供法律帮助和指导,提高维权意识
	亲子教育	已婚、生子女性	开展亲子阅读、艺术、儿童安全、心理健康等教育活动,提供亲子教育指导,促进家庭亲子关系和谐发展
	特殊家庭关爱	单亲家庭、低收入家庭、危机家庭的女性	关爱特殊家庭女性,提供子女助学、心理辅导等服务,促进其健康成长
技能培训	素质能力提升	白领女性等	搭建O2O服务平台,满足白领女性的发展需求,提升综合素养等
	健康保健	各年龄段女性	开展保健教育,提高保健意识,预防并及时治疗疾病
陪护	重症康复	重症妇女	关爱重症妇女,组织康复指导活动,提供心理辅导等服务,增强患者信心
	特殊型关爱	女性独居老人、智力障碍女性、老年失能女性等	关爱特殊群体女性,提供生活照料、心理辅导、健康维护等,促进其身心健康

需求评估通常作为设计和规划新项目或重组既有项目的开始,是用系统的社会科学方法回答项目运作所需的社会条件以及项目需求程度等问题,用来确定是否需要启动新项目来满足相关的需求。例如,我们可以参考一下社区需求方面的评估要求,评估人员可能会检视社区的社会经济概况、社区内部的社会问题,以及正在为社区服务的机构与其项目内容等,判断项目的哪些方面可能有用,进而为关键性的、未被满足的需求提供建议。评估者需要具体考虑的问题如下:

①问题的本质与范围是什么?
②需求人群的特征是什么?
③人群的需求是什么?
④需要什么样的服务?
⑤所需服务的规模多大,在什么时候需要?
⑥为了将服务提供给人群,应该安排怎样的渠道?

(二)理论评估:回答项目的概念化和设计等问题

项目理论用来描述项目产生预期社会收益以及为此需采取的策略和行动之间关系的一系列假设。项目理论细致地描述了项目资源、项目活动和项目结果之间的逻辑联系,揭示了项目所设想的运作过程,以及项目如何得到预期结果。项目理论评估要使理论明晰化,以便项目概念和预期实施方案的主要方面尽可能地没有不确定性。

项目理论的评估内容既包括项目理论研究假设的论证,同时也要兼顾项目实施的过程以及相应的结果。传统的评估研究主要关注基线评估以及末线评估,却忽略了项目运行过程中的需求、设计、过程,并没有把项目进行过程中的"黑箱"打开。因此项目理论评估在评估研究中是能够体现一定的综合性的。而且项目理论的评估更具有应用导向,注重对项目目标内在机理的提炼和论证,这些研究成果对于指导之后的项目也有重要的作用。

我们可以用青少年参加帮派并犯罪的例子来进一步了解何为项目的逻辑,机构在具体解决这个问题之前,一定要拥有相关的理论假设。例如青少年参加城市帮派并实施犯罪的原因,有的认为是参与其中的青少年仅仅是寻求一个替代性的家庭,有的认为是犯罪行为成果的吸引,还有的认为青少年参加帮派只不过认为帮派会提供保护,免于其他帮派的威胁。这些不同的理论建议使用不同的方法让青少年远离帮派。这些替代的干预方法就包括住院式治疗与不住院式治疗,个体疗法和群体疗法,社会认知的心理疗法和社会行为的心理疗法。当机构需要具体讨论项目设计的时候,理论是极为重要的逻辑支撑。在具体的理论评估过程中,需要回答以下的问题:

①应该为什么样的客户提供服务?
②提供什么样的服务?
③对服务而言,最好的送达渠道是什么?
④项目怎样才能确定、重新招募和保证既有客户的数量?
⑤应该如何串联项目中的活动?
⑥对于项目而言,怎样的资源是必须而又合适的?

(三)过程评估:回答项目的操作、实施以及服务送达等问题

项目过程评估就是对项目的过程、活动和项目的操作状况进行评估。开展对项目实施过程的评估,确保社会服务严格遵循计划开展是提升项目实施效果、实现项目目标的重要保证。在此过程中需要考虑的问题是:

①项目在实施过程中做了哪些方面的工作?项目计划或方案要求的服务是否完成?项目在执行过程中面临哪些问题?项目在进行中是否有所改变?
②项目的服务对象是什么人?项目的实际服务对象是否就是项目方案计划中的对象?怎么招募目标对象?目标对象在接受服务的过程中面临的困难和问题是什么?
③员工的构成如何?员工的工作效率有多高?相关的工作职责如何?员工的工作满意度如何?
④项目的成本和费用有哪些?有哪些人力、财力、物力资源被提供以及被使用?这些提供的资源对于项目本身是否充足?资助方面有什么变化?

(四)结果/影响评估:回答项目结果和影响等问题

结果评估要观察项目是否获得了预期的项目结果(个人、机构、群体以及公共政策等),项目对社会环境的干预是否包含发生了作用,以及项目影响中是否包含意想不到的效果。和过程评估不同,结果评估更注重在项目的效果上。影响评估的复杂性很大程度上是和对不接受

干预者地位的正确评估相关的。同时对于评估者来说,要决定什么时候适合影响评估以及什么时候应该使用其他的方案。一般来说,影响评估最适用于成熟的、稳定的项目,因为对于某些没有很好计划组织,又无法详细描述的项目的结果进行确认,没有太大的意义。即使找到了正面的影响效果,并不能明确是项目的哪些特性引发了结果。在结果评估中需要回答的问题如下:

①结果所需要达到的目标和目的是否已经达到?
②服务对参与者是否受到积极的影响?
③服务对参与者是否受到消极的影响?
④服务对某些参与者的影响是否比其他人的要大?
⑤服务企图改善的问题或情况是否有所改善?

(五)效率评估

效率评估是在过程评估和影响评估的基础上实现的,能决定项目执行无误并取得预期的效果。例如相对于投入的成本,项目是否产生了足够的收益,以及项目创造的收益是否比其他致力于相同目标的干预所消耗的成本小。效率评估分析技术性较强,本部分内容只进行简要介绍。其中需要考虑的问题如下:

①项目中的成本与收益分别有哪些内容?
②资源是否被充分利用?
③与收益最大量比较,成本是否合理?

四、公益慈善项目评估方法与工具

上一节中我们根据五个维度讨论了项目评估的内容,在这一节中我们会同样以这些维度来讨论具体的研究方法。对评估者而言,最大的挑战就是如何采用严谨的程序、方法来组织调查获得评估需要的相关数据。在进行具体的讨论前,需要普及一些主要的社会科学调查方法,在熟悉了其优劣之后,方便我们了解每一个评估内容最终要选取的具体方法。

调查的方法需要在保证正确性和可信赖性的同时,能够考虑花费的时间以及预算,避免过多的时间和劳力上的浪费,从而选择有效率的收集数据的方法,其中主要由定量和定性评估方法组成。定量方法是最传统的,同时也是最常见的评估研究方法,包括前后对比法、有无对比法、倍差法、断点回归设计法、工具变量法、随机化评估等。具体来说,就是通过对观察到的现象转化为数字,然后以图表及其他统计值来描述的评估方法,定量方法与演绎过程更接近,从一般的原理到特殊的情境中。定性方法指的是在社会环境中进行实地体验、访谈、参与式或非参与式观察、文献分析以及个案调查等研究方法。定性研究为归纳法,在收集一手资料的基础上,建立假设和理论。调查方法并不局限只是采取定性或定量的方法,根据具体的问题及需求分析,可综合各种研究方法或可提供更为多元的、新的研究方向。

(一)需求评估

需求评估是用系统的社会科学方法回答项目运作所需的社会条件以及项目需求程度等问题,用来确定是否需要启动新项目,或者比较、优先项目等的各类需求。需求评估的方法一般包括文献调查、调查问卷、案例分析、观察、关键人物访谈、焦点小组和开放式座谈等。需要注意的是,每一种方法都存在优缺点,例如:主要知情者调查可能相对容易实施,但是可靠性却需要核实;机构记录通常可以显示出对某项服务有需求的人,但是却不全面。一般性调查虽然可以提供更有代表性的有效数据,但是在获得上却需要较高的资金以及时间、人力;同时在二手资料选择上,需要注意资料来源渠道的权威性,尤其是对于网络资源与媒体资源的鉴定问题,如果权威文献对同样的数据存在矛盾和冲突时,我们在引用文献数据时,需要解释造成差别的可能的原因,并解释自己为什么选取某一渠道的资料。

▶ ┈┈┈┈┈┈┈┈┈┈┈┈┈┈
青年暑期社区项目评估案例

该项目的设计目的是帮助325名高风险儿童。警察与项目组合作,帮助他们培养责任感,展望职业角色,认识教育与找到好工作之间的关系,持有对警察的正面形象。这些儿童,年龄中位数是13岁,由学校顾问提名,来自于经济条件最差的地区。这个一周的项目包括:①一段时间内,用来清除垃圾,除杂草,清除在墙上的乱涂乱写;②公园中的午餐;③商业与博物馆参观旅程;④项目结束时40美元的收入;⑤与角色榜样交流,其中包括警察。

项目组使用了五个焦点小组来评估孩子们的直接反应,每一场都在周末时进行,持续一个小时。孩子们自愿发表的意见似乎跟项目的目标相互匹配:他们说学到了责任性,被鼓励去完成对他们的教育,还有绝大多数报告了对警察的良好感觉。

项目结束后,父母或监护人被随机抽取出来,进行了结构化的电话访谈,其中94%同意接受访谈。所有人都说他们的孩子谈过项目的积极方面,并希望下一个暑假再参与项目。几乎所有的响应者(90%)都说这个项目没有负面影响,并且大约一半的人说他们的孩子的确懂得了一定的责任感。

暑假结束时,所有的项目组员工都收到了调查问卷。响应者了解了组织上的问题;不过,几乎所有人都对项目持有正面的认知,所有人都建议下一个暑假再办这个项目,同时如果项目组再一次提供的话,所有人都想参与其中。

项目的费用是46311美元,或者说每个孩子约142.5美元。没有办法比较这个费用与长期的收益,不过这些努力即使仅促使少数高风险的孩子远离帮派或者毒品的话,那么也会避免相当大的苦难,在未来,社会也将节省很多执法、立法或改造的资金。

应该使用多样化视角的观测,其价值会被一项社区监管的项目评估明示出来。需要注意的是,参与式观察、焦点小组、电话调查、书面问卷等方式都被使用了,同时项目成本也被展示出来。还需要注意的是,四个利益相关者群体——参与人、父母或监护人、员工和纳税人的利益也被考虑了。

资料来源:埃米尔·J.波萨瓦茨,雷蒙德·G.凯里.项目评估:方法与案例[M].7版.于忠江,译.重庆:重庆大学出版社,2014.

┈┈┈┈┈┈┈┈┈┈┈┈┈┈ ◀

(二)理论/逻辑评估:回答项目的概念化和设计等问题

项目理论用来描述项目产生预期社会收益以及为此需采取的策略和行动之间关系的一系列假设。项目理论细致地描述了项目资源、项目活动和项目结果之间的逻辑联系。当评估者通过调研发现原有的项目设计不符合项目理论的假设时,项目干预或服务与预期达成的目标之间不存在关系,项目设计的逻辑关系不成立,项目理论验证失败。

想要探索项目理论最基本的资料来源有以下方面:①研究项目文件(上级部门发布的各类

文件,项目发起人、承办者或组织者起草的申请报告、规划报告,项目的实施计划,项目执行过程中产生的文献档案记录,项目总结或回报等)。②走访项目的执行者、主要项目方、服务对象和相关的知情人(单独访问、小组座谈),这些人士之所以最初发起、资助或者设计项目,一定具有深刻的考虑,特别是具有对于选定特定对象以及问题的具体考虑。同时不可以忽略服务对象对项目理论构建过程中的作用,要注意倾听服务对象的评价。③观察各种项目环境和项目功能。同时也可以通过比较法,找到相似的项目,或者是有着相似理论基础的项目,这样就可以在项目理论和相关依据之间进行整体比较。但是需要了解每一方提供的信息可能都是片面的,这就要求评估者加以辨别和判断,综合应用所有的信息资源。

▶

受益人提供的信息一定是可靠的吗?

多数受益人能够在项目的很多客观方面提供很少的数据或资料,但是对其他很多方面来说却做不到。例如:病人通常知道房间是否干净、护士或常住内科医师是否礼貌地对待他们,以及在放射检查时他们需要等待的时间长短,不过他们无法评价药物的选择是否正确或医师的能力是否胜任。

就受益人报告的事项而言,总会存在一些预期之外的局限。例如:在回忆上一周吃了什么的时候,人们就会遇到困难,同时,尽管"中等"的定义会发生变化,同一次调查的不同版本中会变化200%,但是多数人都会报告说吃了中等的饭量。

在调查阶段,各种小的差别可以影响到报告自身的结论判断。

资料来源:埃米尔·J.波萨瓦茨,雷蒙德·G.凯里.项目评估:方法与案例[M].7版.于忠江,译.重庆:重庆大学出版社,2014.

◀

(三)过程评估:回答项目的操作、实施以及服务送达等问题

项目过程评估就是对项目的过程、活动和项目的操作状况进行评估。用于获取监测目的的资料的一般方式如下:直接由评估者搜集、服务记录和项目参与者。在具体的方法层面,首先寻找项目既有的档案资料,例如实施计划(服务对象人口学的特征、服务对象的来源、员工的信息、项目活动的具体内容等)、项目执行记录(员工会议、程序和培训手册等、与项目有关的内部备忘录等)、项目财务收支等内容,以及项目总结档案,其中包括各类总结报告、服务对象反馈(服务对象满意度数据)、各类评估材料等。除此之外,自己也可以利用走访、通过实地观察等手段获得相关的资料。同时管理信息系统是随着计算机技术的发展而产生的一种社会项目管理或评估手段。随着科技的发展,大量数字化的管理成为管理以及检测的重要手段,有效地提升了项目管理的水平,它也将慢慢成为过程评估中的重要内容。

(四)结果/影响评估:回答项目结果和影响等问题

结果评估要观察项目是否获得了预期的项目结果,项目对社会环境的干预是否包含发生了作用,以及项目影响中是否包含意想不到的效果。

适合结果评估的方法有问卷调查、访谈、档案文献调查、观察和焦点小组等,同时还运用社会准实验的方式进行调查,通过干预组和对照组的比较就可以得出结果评估。例如,在居家养老的服务项目中,我们可以把选择不同养老方式的老人随机抽取样本进行比较,将居家养老的

服务对象作为控制组,然后在机构养老和家庭养老服务对象中选取样本作为对照组。当想要进一步控制社会环境对于养老服务的影响时,还要对研究样本进行前测和后测,在此不一一赘述。

对于一些较为简单的慈善项目,可以应用社区影响图表迅速获得对某一公益慈善项目的直观评估结果,如表14-6所示。

表14-6 社区影响图表

投入	活动	产出	结果	影响
您在生产商品或提供服务,以及为社会、环境或经济发展作出贡献所需资源,例如时间、金钱、员工等	您所做的对人、社区或环境有影响的事情,例如向人们提供服务、计划或商品	直接的结果和收益对象,例如可简单计算的内容、人数等	长期的变化基于对当地社区、人群或自然环境的意义及影响,说明产出的重要性,这是您将要检验的理论——您所做的与您所热切关心的事情之间的关系	思考您对更加广泛的外部世界所产生的影响,例如社区经济复兴,通过在一个区域建立信任和网络来实现社会包容

需要注意的是,社区影响图表并不是用来评估影响的一种综合性方法,它只是一个初级工具,并且能够作为深入研究的基础。社区影响图表可以帮助慈善组织思考自身的情况,明确项目的目标,以及反思项目实施流程。

在进行结果/影响评估的过程中,外部干扰是掩盖或增强效果表现的因素,为了评估项目的最终真实有效,评估者一定要认识到评估潜在的干扰因素,并设法消除或矫正其影响。下面用一个简单的例子来说明为什么基于不可观测因素的选择会使未参与项目者无法成为可信的对照组。假设有两个人,住在同一社区,都有资格参加政府的就业培训项目。培训中心距离他们居住的社区为5公里。甲有一辆自行车,可以骑车去培训中心,而乙因为没有交通工具,不得不放弃培训机会。培训结束时出现了两个几乎相同的工作机会,不同的是一份工作在培训中心附近,而另一份工作位于社区内。前者的月工资要比后者高10美元。甲选择了工资较高的工作,而乙选择了社区内的工作。如果只注意到两人是否参与了培训项目及工资上的差异,那么就可能将10美元的工资差距归结为培训项目的成效。较细心的评估者会考虑将交通成本的差异从工资差距中扣除,如果甲每月通勤成本比乙高4美元,那么参加培训只使月工资水平增加了6美元。然而,当考虑到是否拥有自行车才是导致两人参加培训以及工资水平方面差异的共同原因,我们会同意就业培训的作用还是被高估了,实际作用可能要小得多。

基于不可观测因素的选择导致选择性偏差,是困扰影响评估及其他采用观察性(非实验)数据进行因果推断的实证研究的根本性问题。

(五)效率评估

首先在成本构成的要素上来看,要收集的资料有人力资源要素(工作人员的工资和工资外的补贴、志愿者的劳动价值,根据提供服务的时间和类型来计算)、设备等物质资源(计算机和打印机、办公用品、录像机、录音带等),以及辅助类资源(网络、电话、水电、手册或书籍等费用等)。获得以上资料的方式主要是项目档案(项目申报书、项目计划书、经费预算、财务人事、项目总结等记录),考虑到档案材料本身不能提供全面的信息,可以采取其他方式来补充,例如相关人员访谈(项目的发起人、资助人、高层管理者,以及一线的服务人员和服务对象)。之后需要具体讨论的是项目成本计算的数值,主要分为以下的内容来考虑其计算方法:

(1)市场购买价格,即市场价格作为成本的参照值。如果项目中需要宣传的相关内容,则宣传册、宣传展板以及相关的广告等内容可以根据市场的价格进行汇总计算。

(2)影子价格,即指某种不存在完全竞争性市场价格的物品价格。

(3)价格损耗,即有些物品可以在一定期限内不断使用,这方面需要考虑进项目的成本之中。例如,在项目的实施过程中使用的器材,在这次活动中的折旧率。

在能够获得成本方面的计算方法后,关于项目收益方面需要区分效率评估中存在的成本—收益分析和成本—绩效分析。它们都是用来判断项目效率的方法。两者不同之处在于表达项目结果的方法不同。在成本—收益分析中,项目结果是用货币形式来表示的,例如需要计算出不再被利用的项目支出减少数值、其他收入的增加等;在成本—绩效分析中,结果是用实质性效果来表示的,也就是以单位成本所获得的结果来表现的。因为相当部分的社会项目的影响结果是无法用金钱来加以衡量的。例如,为乡村小学儿童提供免费书本的项目,它的成本—收益分析关注的是,该项目的开销和因儿童课余时间的充实形成的其他花费减少之间的比率。而成本—绩效分析所考虑的应该是,每1000元项目成本能够提高儿童的阅读平均成绩的分数。而且从不同的视角考虑收益也并不相同,例如通常使用的角度有对项目参加者的收益、对社会普通大众的受益服务提供者的收益、对社会总体的收益。

在选择何时使用成本—收益分析,何时使用成本—绩效分析时,需要知道成本—收益分析的应用需要满足以下几点:项目有独立的或单独的经费,项目的效果和影响已知,收益可以转换为货币形式。如果不能满足以上几点,建议选择成本—绩效分析。

(六)评估方法与工具的列表

以上为不同评估方面需要选取的方式,在决定了评估的方向和方法之后,为了后期的调查进行得更为规整,建议评估者能够绘制表14-7和表14-8。

表14-7 评估调查表

调查评估要求	调查项目(大项目)	调查项目(小项目)	调查方法	调查资料
(需求评估、项目理论、项目过程、项目影响、项目效率)	为了回答左边要求,评价需要调查的项目	左边调查项目具体的事项的小分支	为了回答左边调查项目需要选取的方法	左边调查资料需要的关联机构的介绍、花销等资料

表 14-8 调查表范例(只选取结果评价部分)

	调查项目	调查项目(小项目)	调查方法	调查资料
评估要求：结果评价	1-1 全体目标是否达成	1-1-1 将 A 地区的中学入学率提高到90%	按照教育统计信息来分析至今为止的倾向	政府发行的统计资料
		1-1-2 将 A 地区的毕业/入学比率提高到0.9	按照教育统计信息来分析至今为止的倾向	政府发行的统计结果
	1-2 目标达成与 J 项目支援活动是否有关？贡献程度如何？	1-2-1 J 机构对于毕业率的贡献有多大？	对各中学的毕业率和 J 机构支援进行回归分析	各种学校的被支援相关的信息
		1-2-2 特别有效以及特别无效的活动是哪个？	进行相关人士采访	相关人士的信息以及联系方式
			用有效性原因问卷进行问卷调查	调查问卷
		1-2-3 J 机构以外的支援活动的贡献度如何？	分析 M 机构教育行政改善评价报告上的影响情况	M 机构项目评价报告书
			对相关者进行问卷调查或者采访，是否有其他影响中学毕业率的事项	调查问卷，采访问题，采访者清单以及联系方式

当评估的调查项目和数据收集的方法都已经决定好后，需要核对，检查以下四点来提高调查项目和数据收集的质量。

①调查项目的有效性：是否已经确定好调查项目中应该评价的对象？
②信息的可信程度：信息获得的来源(访问对象、记录、报告书等)是否是可信赖的数据？
③获得的难易度：需要的信息是否都可以轻易获得？
④经费：此次调查的经费数量是否合理？

在具体评估的过程中为了更便利地收集到数据和获得反馈，需要注意一些技巧，如注意在评估进行中与合作方进行沟通，可以利用定期会议和非正式对话，也可以利用简短报告和总结、口头汇报以及非正式的互动来反馈相关结果。同时传播的内容也应该适合受众，并且让他们容易理解。要使用清晰的语言、图表以及生动的、具体的阐述进行传播。要能够提供项目和评估的背景信息，包含肯定的或否定的结果，提出有针对性的建议。

五、公益慈善项目评估的产出

一般的项目评估的产出形式有口头、书面以及其他多媒体方式，其中最为常见的方式仍是书面的评估报告，以下为评估报告的大纲，可供评估者参考。

```
                    评估报告撰写的大纲
1. 目录
2. 项目的概要
    2-1  项目实施的主体以及其历史背景
    2-2  项目处理的具体问题
    2-3  项目活动的概要
        2-3-1  项目活动的方针、目标
        2-3-2  项目计划的活动以及具体活动时间
        2-3-3  项目的资金来源以及费用利用
    2-4  项目实施的背景
    2-5  项目的工作人员
    2-6  项目的参加者
        2-6-1  参加者的人数以及属性
        2-6-2  参加者招募方法
        2-6-3  中途退出的状况
3. 项目评估的概要
    3-1  评估的实施背景
    3-2  评估的目的
    3-3  评估的具体问题
4. 评估方法以及实施过程
    4-1  评估形式
    4-2  评估设计
    4-3  收集数据的方法以及数据的种类
5. 评估结果
    5-1  基于数据的主要报告结果(包括图表)
    5-2  基于评估问题对报告结果的解释
6. 讨论
    6-1  项目决策等方面的建议
    6-2  评估之后的未来的工作方向
    6-3  评估的弱点和限制
7. 参考文献
   附录(A.项目实施相关的资料信息  B.相关数据的表格  C.评价指标  D.解析的详细信息)
```

本章小结

　　本章主要讲述了公益慈善项目收尾所要做的管理、审计、工作总结和评估四大块内容。介绍了公益慈善项目收尾基本的管理架构；分析了审计和工作总结的模板，并对相关利弊做出了分析。项目评估的定义总体来说是运用系统的社会调查，在一定政治和组织环境条件下，致力于改善社会干预项目的绩效系统的一系列行为。根据强调的视角不同，评估的定义可分为产出型、影响型、形成型和关注利用型。根据项目的构成，其中评估分为以下内容：需求评估、理论评估、过程评估、结果/影响评估、效率评估。每一个评估内容都根据其具体需要选取适合的方法论来获得数据。

课后习题

1. 公益慈善项目终止的原因有哪些？
2. 公益慈善项目审计的作用是什么？
3. 公益慈善项目管理收尾分哪几步？
4. 若你作为项目主管，撰写项目工作总结报告的时候应该注意哪些方面？
5. 什么是公益慈善项目评估？其主要类型有哪些？
6. 公益慈善项目评估的道德原则有哪些？
7. 在进行结果/影响评估的时候有哪些干扰因素需要考虑？
8. 公益慈善项目评估的基本流程是什么？
9. 案例分析。

某社会组织在S小区开展"爱在夕阳"项目，该项目提供给S小区老年人居家养老服务，他们提出希望能够获得项目的需求评估以及理论评估的服务，以便检验项目的目标是否正确以及项目资源、项目活动和项目结果之间的逻辑联系，同时发现其项目的长处与不足，督促项目在实施中及时改进。如果你的团队负责此次的评估，请问可以考虑采取哪些具体的研究方法来获得相关资料进行评估？

参考文献

[1] 崔建远.合同法[M].北京:法律出版社,1998.
[2] Micheal J. Worth. Nonprofit Management:Principles and Practice(2nd)[M]. Los Angeles:Sage Publiction, 2012.
[3] Tong-Zheng Lee, Maria Social Welfare Foundation. The Role and Functions of An Accountant in A Not-for-profit Organization[J]. WIT Transactions on Information and Communication Technologies，2014,56(2):585-590.
[4] 丁荣贵.成功的项目收尾(上)[J].项目管理技术,2008,6(11):73-75.
[5] 丁荣贵.成功的项目收尾(下)[J].项目管理技术,2008,6(12):73-75.
[6] 美国项目管理协会.项目管理知识体系指南[M].5版.许江林,等,译.北京:电子工业出版社,2009.
[7] 彼得·罗西,霍华德·弗里曼,马克·李普希.项目评估:方法与技术[M].6版.邱泽奇,译.北京:华夏出版社,2002.
[8] 方巍,祝建华,何铨.社会项目评估[M].上海:格致出版社,上海人民出版社,2012.
[9] 罗伊斯.公共项目评估导论[M].3版.王军霞,涂晓芳,译.北京:中国人民大学出版社,2007.
[10] キャロル·H·ワイス.入門評価学[M].佐佐木亮,前川美湖,池田満,译.东京:日本评论社,2014.
[11] 石田洋子.政策-プログラム評価ハンドブック[R].FASID(国际开发高等教育机

构),2001.

[12] P. H. ロッシ,M. W. リプセイ,H. E. フリーマン. プログラム評価の理論と方法[M]. 大岛严平,森俊夫,元永拓郎,译. 东京:日本评论社,2005.

[13] 安田节之,渡边直登,プログラム. 評価—対人・コミュニティ援助の質を高めるために[M]. 东京:新曜社,2008.

[14] Darlene Russ-Eft, Hallie Preskill. Evaluation in Organizations a Systematic Approach to Enhancing Learning, Performance, and Change[M]. Journal of Multidisciplinary, 2001(6):108-112.

[15] 埃米尔·J. 波萨瓦茨,雷蒙德·G. 凯里. 项目评估:方法与案例[M]. 7版. 于忠江,译. 重庆:重庆大学出版社,2014.

[16] Roth,J. Needs and the Needs Assessment Process[J]. Evaluation Practice, 1990(11):141-143.

[17] Scriven M., Roth J. Special Feature:Needs Assessment[J]. Evaluation Practice,1990(11):135-140.

[18] 李健. 如何破解政府购买服务绩效评价的难题[J]. 中国社会组织,2017(4):28-30.

[19] 亚洲开发银行. 影响评估最新进展评述[R]. 曼达卢永市,2011.

[20] 果佳,王海玥. 社会投资回报:一种社会影响力评估的工具[J]. 中国行政管理,2016(6):71-75.

[21] 李健. 我国慈善组织信息公开研究[M]. 北京:中国社会出版社,2017.

后记
Postscript

　　近年来，项目管理不仅普遍应用于商业领域，而且已经在政府机关和慈善组织中成为其运作的中心模式。据清华大学公共管理学院邓国胜教授对于1995年以来中国公益慈善组织的变化与发展趋势的分析，我国公益慈善组织的管理能力，特别是项目管理能力的提高大致是在1995年前后。此前，很多公益慈善组织开展的活动非常细碎，管理也十分混乱。1995年之后，随着与境外非政府组织交流的增多，一些与境外非政府组织开展合作的本土公益慈善组织开始接触并引入境外先进的项目管理模式，这也构成了我国公益慈善项目管理最初的知识框架。但总体来看，我国公益慈善组织的项目在运作过程中，大多没有应用完整的项目管理方法和理念，不重视项目管理经验的积累和总结，仅仅把项目管理作为进度计划工具，在具体项目实施人员中使用，并没有上升到管理层乃至整个组织的制度体系之中。通常，项目成员要在相当长的时间内，在付出昂贵的代价后，才能成为合格的项目管理专业人员。迄今为止，大量公益慈善项目管理人员仍在不断地重复摸索和总结这些知识。

　　随着公益慈善的快速发展，越来越多的组织和个人开始认识到项目管理知识、项目工具和项目管理技术可以为他们提供帮助，减少项目的盲目性并提升项目的绩效。在多种需求的促进下，我们想尝试去编写这样一部教材，提升公益慈善从业人员的项目管理能力。

　　本书以美国项目管理知识体系（Project Management Body of Knowledge，PMBOK）为框架，一共分为十四章，系统地介绍了公益慈善项目管理的理论知识与实务，涉及PMBOK的五个过程和十大知识领域。尽管部分章节内容目前对于一些规模较小的公益慈善组织而言还无法做到完全适用，甚至有可能会导致项目管理工作量的大幅度增加，但从长远来看，掌握一种科学的、标准化的项目管理理念应该是利大于弊的。为了能够让这本教材更加富有实用性，在编写过程中，我们借鉴了国内外有关项目管理和非营利组织管理的著作和教材及世界宣明会、行动援助、英国救助儿童会等境外非政府组织，以及中国扶贫基金会、南都基金会、亿方公益基金会等国内知名公益慈善组织内部的项目管理手册，还参考了世界宣明会中国办事处学习与发展顾问丘仲民、世界宣明会宁夏项目办主管周永军、创思客发起人洋葱等人的讲座内容,力求吸取众家所长,内容既包括了项目管理的通用知识和工具,也结合公益慈善组织的实际情况进行了精简和调整,做到理论性与实用性的良好结合。本书可作为高等院校公益慈善管理、非营利组织管理等专业本科生、研究生的教材和参考书,也可供公益慈善组织管理者、项目主管和项目成员学习和参考。考虑到不同读者的需要,本书侧重介绍了公益慈善项目管理较为重要的知识领域,并对五大过程进行了概要性叙述和说明。为了帮助读者更好地理解有关章节的知识,本书在每章开头部分设置了引例,结尾部分设置了课后习题。

整个教材的编写是集体智慧的结晶。毕向林和王君负责撰写第五章公益慈善项目范围管理、第六章公益慈善项目进度管理、第七章公益慈善项目成本管理、第八章公益慈善项目质量管理、第十二章公益慈善项目风险管理和第十三章公益慈善项目沟通管理,凌小童和王晓宇负责撰写第一章公益慈善项目管理概述,散萨尔负责撰写第二章公益慈善项目计划管理,赵旭负责撰写第三章公益慈善项目筹款管理,夏超负责撰写第四章公益慈善项目合同管理,战易琳负责撰写第九章公益慈善项目采购管理,陈曦负责撰写第十章公益慈善项目人力资源管理,代琳燕负责撰写第十一章公益慈善项目利益相关者管理,宝丽格和朱泽威负责撰写第十二章公益慈善项目收尾管理。全书由李健负责统稿修订,中央民族大学管理学院硕士研究生贾孟媛参加了部分资料的整理工作。

在本书的编写过程中,更是得到了慧海基金会康辉秘书长、公益慈善学园志愿者李勇、资深公益人杜凤娟、中咨律师事务所郭然律师、联劝基金会项目官员宋西桐、西南财经政法大学社会发展学院谢晓霞副教授、华东政法大学马金芳教授、温州市鹿城区政协副主席蔡建旺等业界专家和学者的大力支持,他们为本书提供了大量修改建议,帮助本书得以完善和提升,在此一并表示衷心感谢。

最后还要感谢西安交通大学出版社的赵怀瀛编辑,为本书的出版付出了大量的心血。因本人对项目管理领域也处在不断学习和消化阶段,为减少可能出现的错误,撰写过程中数易其稿,他都不厌其烦地更正和修改,在此尤其要向他表示衷心的感谢。

尽管我们团队用了一年多的时间来编写这本教材,中间数易其稿,但我们深知这本教材也只是在该方向上的初步探索,势必存在诸多的错漏与不足,衷心地希望广大读者和专家批评指正。

李 健

2018 年 4 月于文华楼